HEYNE REISEBÜCHER

D1726543

Bisher sind in der Reihe Heyne Reisebücher erschienen:

Urlaubsziel Großbritannien

Herausgegeben

von

Klaus Viedebantt

Originalausgabe

WILHELM HEYNE VERLAG
MÜNCHEN

BILDNACHWEIS:

Titelbild: Mauritius/Mehlig, Mittenwald
Innenbilder: Henry Braunschweig (1), Nana-Claudia Nenzel (2), Hans Dieter Kley (2), Bildagentur Bavaria-Verlag, Gauting (9), Britische Zentrale für Fremdenverkehr (32), Heinz Ohff (1)

Inhalt

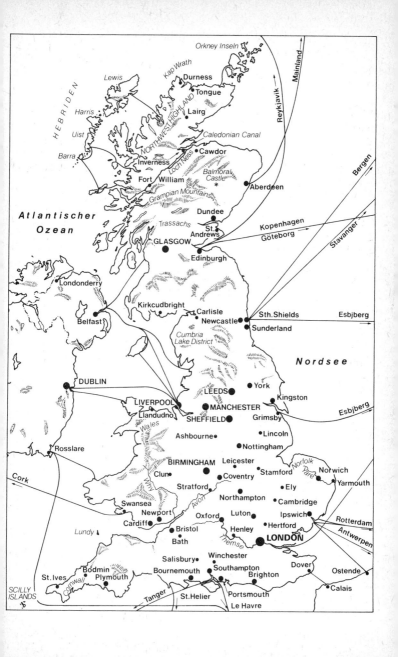

Vorwort

»Von den Wogen der Nordsee und des Atlantischen Ozeans bespült, liegt nördlich von Frankreich, nordwestlich von Deutschland der Mittelpunkt alles Welthandels, alles Weltgewerbefleißes, alles Weltreichtums, aller Weltherrschaft auf dem Meere, Europas größte Insel, Großbritannien.« So hieß es kurz vor der Jahrhundertwende in einem geographischen Werk für die »reifere Jugend«.

Vieles hat sich in den neunzig Jahren seither verändert. Großbritannien und seine Hauptstadt London sind nicht mehr das absolute Zentrum des Globus, wie sie es für eine lange historische Epoche gewesen waren. Aber London ist immer noch eine der wichtigsten Städte der Welt, nicht nur eine Metropole für Wirtschaft und Handel, sondern auch ein Zentrum für Neuerungen, Kreativität und Ideen. In den sechziger und siebziger Jahren bewies die Stadt, welches Potential noch in ihr steckt, mag auch die Weltherrschaft vergessen sein. London war der Fokus für eine neue Generation, hier machten die Beatles, die Rolling Stones und unzählige ähnlich erfolgreiche Musiker den Sound einer Generation; mit ihren »Minis« machten Austin und Mary Quandt Automobil- und Textilgeschichte, mit Twiggy wurde ein neues Schönheitsideal kreiert. All dies fiel in eine Epoche niedriger Flugpreise, schwacher Pfundkurse und preiswerter Reisen auf die britische Insel – Tausende deutscher, schweizer und österreichischer Jugendlicher entdeckten »swinging London« als billiges und aufregendes Ferienziel. Ganz nebenbei entwickelten sie dabei eine neue Urlaubsform, die kurze Flugreise, eine Entwicklung, von der heute Ibiza, Mallorca und andere südliche Reiseziele profitieren.

London ist wieder teurer geworden, zum Shopping fliegt heute, wer die angestammten Qualitätswaren der Upper Class erstehen will: feines Tuch, erlesene Accessoires der Tischkultur, Speisen und Genußmittel alteingeführter königlicher Hoflieferanten oder ähnliches. London ist nicht mehr das typische Reiseziel junger Leute mit großen Vorstellungen und kleinen Brieftaschen (wenngleich auch diesem Kreis noch viel geboten wird). Aber dennoch profitiert das Land von der »Penny Lane-Epoche«. Viele der damaligen London-Besucher haben das in vielerlei Hinsicht andere, eigenartige Nachbarland schätzengelernt und kommen heute, nicht selten arriviert, wieder zurück in das Land, dem man einst nur Nebelbänke und Regenwochen nachsagte. Die Hauptstadt ist heute weniger ihr Ziel, sie zieht es hinaus in die Landschaft.

Es hat sich herumgesprochen, daß Großbritannien ein außerordentlich vielseitiges Reiseland ist, von den bisweilen subtropisch wirkenden Inseln im Süden über die englische Gartenlandschaft bis hinauf in das schottische Hochland oder die rauhen Inseln im Nordwesten. Unterschiedliche Völker bewohnen dieses Staatsgebiet, das formal richtig »United Kingdom of Great Britain and Northern Ireland« genannt werden müßte, Völker, die nachdrücklich ihre Eigenarten betonen und ihre eigenen Fußball-Nationalmannschaften zusammenstellen. Daneben gibt es noch Flecken und Gemeinden, die auf ihre historischen Sonderrechte pochen und sich der Krone eher partnerschaftlich verbunden als untertan fühlen (auf den Kanalinseln beispielsweise). Wie sollte es anders sein in einem Land, das viel Geschichte erlebt und viel Geschichte gemacht hat. Letzteres bedeutet, daß auch historisch Interessierte reichlich auf ihre Kosten kommen, wenn sie die Britischen Inseln bereisen. Daß alle sportlich Begeisterten in einem Wunschland sind, muß man nicht gesondert erwähnen. Hier scheint der Sport ja nahezu geboren zu sein, hier ist Golf fast so populär wie Fußball, hier lebt das für unsereinen nahezu unverständliche Cricket noch wie einst.

In einem Land wie diesem muß man fündig werden, wenn man sich abwendet von den Hauptstraßen. Dieses Buch beweist es, beschreibt versteckte Wanderrouten wie einen Schmugglerpfad an der Küste oder Touren entlang historischer Wälle, es folgt den Spuren großer Dichter und geleitet zu kaum bekannten Inseln wie Lundy oder Sark. Aber auch die Stätten britischer Traditionen werden vorgestellt, berühmte Sakralbauten, Badeorte von imperialem Zuschnitt und Paläste der königlichen Familie. Es ist nicht nur das Großbritannien der Royalisten und Romantiker, das hier beschrieben wird. Auch die Großstädte des Landes, in dem die industrielle Revolution ihren Anfang nahm, sind repräsentiert mit ihren Glanz- und Schattenseiten.

Eine Stadt, so mag es scheinen, kommt etwas zu kurz bei diesem

Streifzug durch das Inselreich: London. Es mangelte nicht an Beiträgen, die hier Facetten dieser faszinierenden Metropole hätten schildern können. Aber das wäre auf Kosten des restlichen Landes gegangen. London ist ein eigenes Buch wert, deshalb ist die Stadt hier auch nicht aus dem Blickwinkel des Experten, sondern nur aus der Sicht eines London-Neulings vorgestellt. Daß der Unkundige sich mit dieser Stadt öfter und eingehender beschäftigt hat als mancher regelmäßiger London-Besucher, macht den Reiz dieser Betrachtung aus: Ein DDR-Schriftsteller, der Big Ben und Tower Bridge nie besuchen konnte, aber doch die klassische Kulisse für seine detailpusseligen Kriminalromane wählte, besucht erstmals seine »Tatorte«. Eine klassische Studienreise.

Studienreisen ganz anderer Art unternehmen jährlich Tausende von Schülern aller Altersklassen. Sie reisen über den Kanal, um bei Engländern Englisch zu lernen. Die Zahl derer, die ohne alle Kenntnisse dieser Sprache anreisen, wird zwar immer kleiner, nachdem auch Grundschulen Englisch lehren; dafür wächst die Zahl derer, die Spezialkurse besuchen, um den Anforderungen im beruflichen Alltag besser gewachsen zu sein. Es ist eine der besten Arten, dieses eigenwillige Land zu erleben, denn in den meisten Fällen leben die Scholaren während der Kursuswochen nicht in Hotels und Pensionen, sondern als zahlender Gast bei Familien. Sie müssen gleich umsetzen, was sie gelernt haben, sie nehmen aber auch Teil am Alltag einer Familie. Wer ein Land auf diese Weise kennenlernt, lernt es oft auch lieben. Einstige Sprachschüler werden häufig zu Stammkunden in der Touristenstatistik.

An Stammgästen fehlt es Großbritannien aber ohnehin nicht. Wer das Inselreich einmal besucht hat, kommt in der Regel wieder, um mehr von diesem Land zu sehen. Es ist ein Land für Individualreisende, für Entdecker, die in Winkeln suchen und mit Muße reisen. Rudolf Walter Leonhardt schreibt in seinem vorzüglichen Standardwerk »77mal England« zum Thema Urlaub auf der Insel: »Von echten Sehenswürdigkeiten und landschaftlichen Schönheiten wird in England wenig Aufhebens gemacht. Gerade deswegen ist es ein ideales Ferienland für die Art von Touristen, die nicht dauernd organisiert sein will.«

Diese Art zu reisen wird einem leichtgemacht in Großbritannien, das ist der nationalen Fremdenverkehrsorganisation British Tourist Association (BTA) zu danken. Sie und ihre regionalen oder lokalen Untergliederungen halten überall im Lande in Informationsbüros meist vorzügliche Broschüren und Karten parat – so, wie es sich gebührt für ein Land, in dem der organisierte Tourismus quasi erfunden wurde. Aber Großbritannien ist auch das Land des Understatements, der zurückhaltenden Untertreibung. Das gilt auch für den Fremdenverkehr, die BTA-Filialen drängen sich nicht auf, werben nicht um Besuche, bisweilen muß man die kleineren Informationsbüros im Lande mühsam suchen, um dann dort eine erstaunlich kenntnisreiche Unterweisung zu erfahren. Büros dieser Organisation sind auch im Ausland, in Deutschland trägt es die Bezeichnung »Britische Zentrale für Fremdenverkehr«. Diesem mit Sachverstand und Informationsmaterial gleichermaßen wohlversorgten Büro in Frankfurt schulde ich Dank für die Unterstützung bei der Arbeit an diesem Buch, ein besonderer Dank gilt Robert König für seine Hilfe.   *K.V.*

Piccadilly Circus, das Geschäftszentrum im Herzen der Londoner City

Erstmals nach London
Kriminalist auf eigener Spur

Von Erich Loest

Es wäre übertrieben zu sagen, in mir hätte sich Ende der sechziger Jahre die Ansicht ausgebreitet, London gäbe es gar nicht. Aber es war schon seltsam, wie ich da in der Deutschen Bücherei in Leipzig saß und »London für Anfänger« studierte. Freundliche Mädchen schleppten mir Folianten auf die Ausgabe-Theke: London im Nebel, »The Traditional Sights«. Ich folgte den bunten Linien der U-Bahn-Karte und ließ meinen Krimi-Helden, den einseinundfünfzig großen Privatdetektiv Pat Oakins, das Großmaul, den Karate-Kämpfer, in Oxford-Circus von der Central- auf die Bakerloo-Line umsteigen, er kaufte bei »Harrod's« ein. Mein London bastelte ich mir zurecht, ich, der Krimischreiber mit dem Pseudonym Hans Walldorf, der den Roman »Der Mörder saß im Wembley-Stadion« entwarf. Es war, so fand ich damals, eine für mich gute Zeit.

Vorangegangen waren sieben Jahre Zuchthaus, weil, so hatten Staatsanwalt und Richter gefabelt, ich die Regierung der DDR hätte stürzen wollen. Kenntnis allen Lebens mit Ausnahme des Knastalltags waren mir abhanden gekommen; über den zu schreiben jedoch bedeutet, sinnlos die Schubladen zu füllen. Zeit zum Eingewöhnen mußte gewonnen, nötigstes Geld verdient werden, und so kam ich auf eine der fruchtbarsten Ideen meines Lebens, Krimis in London anzusiedeln, wo ich sowieso nie gewesen war. Das geschah 1966, in England tobte eine Fußballweltmeisterschaft. Was also lag näher, als schnöden Mord mit Torschrei zu verbinden? Mein Mörder wurde schließlich im Wembley-Stadion geschnappt, während unten die Herren Stiles und Charlton, Seeler und Haller kunstvoll kickten. 240 Seiten, der Verlag nahm sie mit Kußhand.

Dieser Tage nun senkt sich eine British-Airways-Maschine auf die Piste von Heathrow, und nicht mein Kommissar Varney entsteigt ihr, sondern für mich beginnen Tage, die ich mir wundersam vorgestellt habe: Ich erfülle mir einen alten Männertraum. Da muß ich irgendwann mal hin, habe ich immer gesagt, ich muß endlich erleben, wie sich London anfaßt, wie es riecht, muß weg vom glatten Papier.

Und gleich decken sich Vorstellung und Erleben, links und rechts der Rollbahn in die City hinein stehen reihenweise Landhäuser aus Backstein mit weißen Fensterrahmen und den typischen Kaminen, nördlich vom Hyde-Park liegt das Hotel, nicht weit ist es nach Speaker's Corner, wo ein weißhaariger alter Inder einem Australier die Leviten liest, ich verstehe genug und fast nichts, und die Posten vor dem Buckingham-Palace haben wirklich Pelzmützen auf, aber die Wachablösung ist »cancelled«, also ausgesetzt, denn es regnet. Fände doch überall Martialisches bei üblem Wetter im Saale oder überhaupt nicht statt – die Genossen Unter den Linden jedenfalls schmeißen die Knochen auch bei Hagelschlag. Scotland Yard habe ich mir traditioneller vorgestellt, mit bißchen Plüsch sozusagen, nicht als hypermodernen Hochbau. Wenn ich gewußt hätte, daß unweit davon, zwischen den Betontürmen, ein dreistöckiges Haus mit spitzem Dach übriggeblieben ist, dann hätte ich natürlich dort meinen Kommissar seinen Whisky und seinen Tee kaufen lassen. So entdecke und vergleiche ich, und allmählich wächst – damit hätte ich nicht gerechnet – in mir ein ganz spezieller, trauriger Zorn.

Dabei fühlte ich mich damals, während ich Krimis schrieb, als ziemlich freier Mann. Nach dem Zuchthaus Bautzen II gibt es überhaupt nur Freiheiten. Zwar murmelten meine Verleger, Papier sei so knapp, daß sie mir nur eine Auflage pro Jahr unter meinem Namen zugestehen könnten. Aber bei Krimis unter Pseudonym wäre das etwas anderes – ich sollte nicht zu schnell wieder ins öffentliche Blickfeld rücken. Die Idee, beim Schriftstellerverband einen Antrag zu stellen, zu Studien nach London fliegen zu dürfen, war so absurd, daß überhaupt keiner darauf kam. Dafür ein Visum? Dafür Devisen? Eine Wahnsinnsidee für einen gerade erst wieder geduldeten Schriftsteller. Also schrieb Walldorf aus zweiter und dritter Hand; aus dem verbrauchten Tee anderer machte er einen weiteren Aufguß.

Nun wirkt London wirklich. Seltsam: Pakistani kredenzen in Soho ein erlesenes Mahl aus Hühnchen in Kokosnußsoße mit Curry, grobem Spinat und ganz wenig Kresse, freundlichst und

Soho Square

unter Verneigungen bereiten sie dem Gast eine Gaumenfreude. Anschließend geht einer von ihnen über die Straße und kehrt mit einer Tüte wieder, und ich sehe die Koch- und Servierkünstler in einer Ecke des Lokals Hamburger von McDonalds aus der Pappe mampfen. Vorsorglich: Auf viele Pflaster ist an Übergängen aufgemalt: Look right! Look left! So will man, denn es tost ja Linksverkehr, den Verschleiß an kontinentalen Touristen so niedrig wie möglich halten. Ich richte mich auf diese Erkenntnis ein: Autos kommen immer von allen Seiten.

Nicht so schlimm: Da hat mich doch die Dämmerung im Hyde-Park überrascht, wohl hatte ich gelesen, daß bei Dunkelheit die

Tore geschlossen werden; eine Kette ist vorgelegt, und ehe ich noch überlegen kann, wie und wo ich übers Gatter steige, rollt leise aus dem Parkesdunkel ein Auto heran, ein Uniformierter steigt aus, weiß leuchtet sein Schnauzbart. Er barscht nicht etwa sinngemäß, wie es mir in Leipzig geschähe: »Se genn wohl nich läsn!« Unter vielem gegenseitigen »Sorry« löst er mir die Kette und wünscht mir würdevoll »Good Night«. Es ist kurz vor fünf am Nachmittag.

Übertrieben: Da haben sich doch überall die verwandten Gewerke in denselben Straßen geballt: Da strotzt es von Antiquitätengeschäften in Kensington, Silber über Silber, und so viel Meißner Porzellan, daß mir die Augen übergehen, denn wieder Chinese neben Chinese, bei einem hängen Enten aufgeschnitten und flachgeklopft wie Fladen und gesalzen zum Trocknen im Fenster. Kino neben Kino um den Leicester-Square. Bedauerlich: Mein Schulenglisch ist einen Dreck wert, wäre ich doch fleißiger gewesen, hätte ich doch später...

Aber ich bin ja nicht zum Spaß hier: Natürlich fahre ich hinaus zum Wembley-Stadion, der Stätte meines kriminalschreiberischen Knalleffekts. Vor Scham und Wut rede ich drei Stunden lang kein Wort. So gut waren meine Stadtpläne, meine Photos nun wieder nicht, daß ich angenommen hätte, das Wembley-Stadion läge inmitten eines städtischen Bezirks mit dichten Straßen, gebaut um die Jahrhundertwende. Ein Tabakladen nicht weit vom Stadion spielt eine zentrale Rolle in meiner Geschichte, gegenüber liegt das Geschäft eines Bäckers – aber dort draußen ist alles windoffen, dort breiten sich Fabriken, Lagerhallen, öde Flächen und natürlich jede Menge Parkplätze aus. Seit 1966 sind in einiger Entfernung allerlei Betonklötze hinzugekommen, freilich auch sie ohne Tabakladen und Bäckerei. Wie in der Oststraße in Leipzig hatte ich mir alles vorgestellt, nun schlägt die Wirklichkeit mir mein Buch Seite für Seite um die Ohren.

Ich stehe im Wind und im Regen. Wäre ich doch gar nicht erst hierhergekommen. Wie gut, daß ich hierhergekommen bin. Man kann über sich selber gar nicht genug erfahren. Ich entsinne mich stückweise und mühselig: »Der Mörder saß im Wembley-Stadion« war ein Erfolg: Hardcoverausgabe, Taschenbücher immer wieder, Buchklub, Romanzeitung, Übersetzungen in Rumänien, Bulgarien. Das Fernsehen der DDR nahm sich den Stoff vor und verfilmte ihn mit erstklassigen Mimen des Deutschen Theaters, die Dame Habbema, die Herren Solter und Esche waren mit von der von Grund auf schmuddligen Partie.

Kein Lektor hatte dem Autor gesagt: Junge, das stimmt doch alles gar nicht! Leserbriefe hagelten keineswegs: Sie haben keine Ahnung, Herr! Die Fernsehzuschauer der DDR, in übergroßer Mehrheit dank umfänglicher Maßnahmen ihrer Regierung nicht weltläufig in westlicher Richtung, waren nicht schlauer als dieser Autor. Noch nicht einmal die Fußball-Nationalspieler der DDR hätten ihm Auskunft geben oder sich beklagen können, denn es fügte sich nie, daß sie auf diesen heiligen Rasen aufliefen. Dabei kochen Englands Kicker schließlich auch nur mit Wasser.

Fünfmal schlug Hans Walldorf mit seinen London-Krimis zu, dann fand er's genug in jeder Hinsicht. Den Schwur, derlei nie wieder zu tun, hab' ich längst abgelegt, es ist nicht nötig, ihn zu wiederholen. Im Blick zurück verblaßt der Zorn, es war für mich eine gute Zeit, selbst dieses Retortenschreiben machte ein bißchen Spaß, sonderlich anstrengend fand ich's nicht. Ich lebte nach sieben dürren, einsamen Jahren wieder einträchtig mit meiner Familie, hörte meinen Kindern englische Vokabeln ab: refrigerator – der Kühlschrank. Ich aß mich satt an Karpfen und Schnitzeln und lernte es, von etwas anderem als dem Knast zu reden und zu träumen. So gänzlich verlorene Zeit gibt es wohl nicht, irgendeine Erfahrung bleibt. Für den Schriftsteller E. L. aber waren die Hans-Walldorf-Jahre, endlich wird's endgültig klar, für die Katz.

Ach was, jetzt bin ich in London und will diese Stadt in mich aufnehmen und in mir speichern. Ich erlaufe sie mir, so weit die Füße tragen, und fahre ermattet mit der U-Bahn zum Hotel zurück. Robin Cousins, einst meines Landmanns Jan Hoffmann große Konkurrenz bei Eislaufmeisterschaften, springt jetzt für »Holiday on Ice« seine Doppelaxel, und am Schluß stehen wir alle, als es klingt: »God save the Queen«. Auf der Petticoat-Lane, dem straßenweiten Budenmarkt im Osten, höre ich einem Verkaufsmeister zu, Jean Gabin-Typ, der Kleider, längst ausrangierte Kaufhausware, für ein halbes bis vier Pfund verschleudert: Anprobieren ist nicht. Zwischendurch nimmt er immer mal einen Schluck aus der Whiskyflasche; an den Wänden hängen Photos: Ihm drückten schon Prinz Charles und Frau Thatcher die Hand. Zu diesem Anlaß trug er Smoking.

Nach Windsor Castle fahre ich hinaus, höre die Namen der Könige, die hier gekrönt und begraben wurden, und vergesse sie sofort wieder. Das Wochenende verbringt die königliche Familie gern hier, erfahre ich; wenn sie auf einem der anderen Schlösser weilt, darf das Volk in den Garten. Solches, fällt mir ein, geschieht in Wandlitz, wo Honecker und seine engsten Freunde wohnen, nicht, wenn diese gerade mal auf der Krim sind. Was kostet ein Königshaus? Was kostet ein Politbüro?

Ich esse chinesisch, indisch und bangladeschisch und schaue mir einen Film über das Leben und die Liebe der Lady Chatterley an – oh, was brunstet da Fleischeslust! Im Theater läuft und läuft gleichzeitig: »Kein Sex – wir sind britisch!« Von der Tower-Bridge schaue ich auf den River Thames und wundere mich, gelesen zu haben, dieser sei einer der saubersten Flüsse der Welt, durch große Mühen und Kosten habe man das erreicht. Ich versuche die Weite der Stadt zu erfühlen, den Großraum London mit seinen zehn oder sechzehn Millionen Menschen, je nachdem, wie man rechnet. Dafür habe ich keine Vergleiche, Berlin taugt ja dafür nicht mehr. Und wieder ein Museum und noch eines, und noch ein Antiquitätengeschäft, und wieder zehn Teppichläden in einer einzigen Straße. Des Sonntags ernüchtert diese oft beschriebene Ruhe, die Lokale haben geschlossen bis in die frühen Abend hinein. Fish and Chips gäbe es an jeder Straßenecke, habe ich gelesen, aber es stimmt nicht. Hamburger und Pommes schon eher.

Von der Arbeitslosigkeit und den politischen Querelen im Land spürt der Stippvisiter natürlich nichts. Daß das Britische Museum das größte der Welt sei, steht in jedem Reiseführer, schon Hans Walldorf schmückte sein Werk mit dieser Erkenntnis. Der berühmte schwarze Stein ist hier zu sehen, der die Entzifferung der Hieroglyphen ermöglichte, das Beste aus dem alten Griechenland, aus Rom, in der Bibliothek stehen goldgeprägte Lederrücken in zwei Etagen die Wände hinauf. In Vitrinen werden kostbare Bücher ausgestellt, Gutenberg-Bibeln, der »Urfaust«, verlegt bei Göschen in Leipzig, die erste Ausgabe des »Kapital«, des »Robinson«.

Inmitten aller alten Erlesenheit verblüffen zwei Vitrinen mit Zeitschriften von »Solidarność« aus Gdansk, Wroclaw, Katowice und Krakow, dazu Flugblätter und Abzeichen. Da bewundere ich die Wachheit dieser Museumsleute und überlege: Wer in der Bundesrepublik Deutschland tut es ihnen in diesen Tagen gleich? Aber es besteht eben ein anderes Verhältnis der Briten zu den Polen, schließlich zogen sie 1939 für Polen in den Krieg. Ein heutiger Museumsleiter, der damals etwa als Panzerkommandant in den Weichselbogen einfiel, kommt offensichtlich auf andere Ideen als einer, der als Junge hoffend zu den Jagdfliegern aufschaute, die London vor Görings Blitzbombern schützten; jeder achte Jagdpilot war ein Pole. Mir fährt der Schreck in die Glieder: Es muß wohl wahr sein, daß diese Schriften, diese Abzeichen schon museumswürdig sind, totgetreten von Soldatenstiefeln. Vielleicht wurde in ein Lager verschleppt, der sie schrieb oder bei dem sie gefunden wurden. Vielleicht kommt, was Walldorf passierte, in Polen wieder, wenn erst einmal die schlimmsten Formen des Kriegsrechts gemildert sind. Mit Arbeitern wurden auch Maler, Musiker und Schriftsteller eingesperrt, man wirft ihnen vor, was man mir vorwarf: Sie hätten die Regierung stürzen wollen. Wenn die Schriftsteller in einiger Zeit freikommen, dürfen sie vielleicht Krimis montieren, die in London spielen? Vielleicht darf Andrzej Wajda, einer der größten Regisseure der Welt, in einem Studio in Galizien gelegentlich einen Western drehen?

Irgendwann mußte ich einmal nach London. Daß es so nötig war, hatte ich nicht geahnt.

Im Hotelboot auf der Themse

Flußfahrt im Andante

Von Ingeborg Meyer-Sickendiek

In Kingston an Bord gekommen und schon einige Tage im »ruhigen, gelassenen Fortschreiten«, wie es in der musikalischen Definition des Andante heißt, themseaufwärts unterwegs, die Mehrzahl der Gäste sind angloamerikanischer Herkunft, weitgereist und dem snobistischen Anspruch internationaler Luxusliner mittlerweile entwachsen. Die größeren Flüsse Europas, darunter Donau, Rhein und Loire, haben sie schon »gemacht«. Oh, the Rhine is absolutely wonderful, fügt ein Ehepaar aus Atlanta mit der unverzichtbaren Überdosis an amerikanischer Emphase hinzu.

Schon im Längenvergleich kann der Rhein – 1230 Kilometer – die 336 Kilometer lange Themse, die zudem nur im Unterlauf bei Flut bis London schiffbar ist, leicht ausmanövrieren. Dazu seine Ritterburgen- und Rebenromantik, die malerische Zier seiner alten Uferstädtchen und das nationale Pathos, mit dem er die Schweiz, die Grenze zu Frankreich und Holland in Richtung Nordsee durchrauscht, von Kopf bis Fuß ein Erzvater unter den Strömen.

Ganz anders die Themse, die nach englischer Art eher zum Understatement neigt, darin einer bestimmten Sorte britischer Männer gleichend, die ihren intellektuellen Charme gerne unter abgetragenen Trenchcoats verbergen. Schon bei ihrem Austreten aus einer Kuhweide in den Cotswolds, nicht weit von Cirencester, gibt sie sich eher wie eine Viehtränke, die, käme ihr nicht nach fünfzehn Kilometern der größere Churn entgegen, zur Freude aller niedrigen Wasserbewohner wie Kröten und Insekten einfach versickern würde. Immerhin kann sie sich durch diesen Zufluß so weit regenerieren, daß sie in ihrem Mittellauf, wenn auch nur mit Hilfe von dreißig Schleusen, für flachgehende Boote schiffbar wird.

Das ist der Ausgangspunkt der touristischen Erwartungen, die unsere Skipper, Jonathan und seine Frau Katie, an den Erwerb eines ausgedienten Frachters knüpften. Unter dem Namen »Actief« hat er ungezählte Tonnen von Zement, Sand und Kies durch das niederländische Fluß- und Kanalsystem transportiert, bis er, auf einen Seelenverkäufer heruntergekommen, unseren jungen Engländern ins Auge stach. Bereit, eine gutbezahlte Position im Angestelltenverhältnis für eine riskante Unabhängigkeit aufzugeben, erwarben sie den schrottreifen Kahn, Baujahr 1907, und brachten ihn in gemeinsamer Anstrengung auf Hochglanz. Mit sechs Doppelkabinen, davon zwei als Wohnsuiten, weihten sie ihn unter dem alten Namen einer neuen Bestimmung. Er ist nicht der einzige seiner Art auf der Themse, der »barge cruising holidays« von drei bis zwölf Tagen Dauer auf verschiedenen Abschnitten des mittleren Flußlaufes anbietet.

Als wir in Henley zustiegen, ist der Wasserkarneval, auch ohne die Royal Regatta – sie findet an jedem ersten Juliwochenende statt –, in vollem Gange. Hausboote aller Größen, sogar ein winziges altes Dampfschiff mit imponierender Rauchentwicklung, Ruderboote und Segler schwärmen vorbei. Läßt man als Passagier auf dem Sonnendeck die fröhlichen Zurufe auf sich wirken, die die Schiffsbesatzungen mit dem Fußgängercorso auf den Uferwegen tauschen, kommen sie uns wie Ursignale eines Verständigungssystems vor, das alle Lebewesen, selbst die Hunde der Freizeitkapitäne, in diesen menschenfreundlichen Tumult einbezieht. An den entspannten Zügen eines Ingenieurs aus der kanadischen Provinz Saskatschewan läßt sich ablesen, daß er lange auf einen Zustand vergleichbarer Wunschlosigkeit hat warten müssen.

Unsere Skipper haben die Erfolgschancen realistisch eingeschätzt, als sie auf das romantische Einzelgängertum von Leuten bauten, die freiwillig dem neurotischen Zwang touristischer Erfolgserlebnisse entsagt und sich für ein Kontrastprogramm entschieden haben. Verklärt folgen ihre Blicke den Krickenten, die geschäftig nach Nahrung tauchen, eine in Hinblick auf die strikten Reinhaltungsregeln der Themse erfolgreiche Betätigung, desgleichen für die stolze Flottille von Schwänen und Kanadagänsen. Gelegentlich ein Fischreiher, der sich den Inhalt der wieder aufgefüllten Fischgründe friedlich mit den Anglern teilt. Tatsächlich hat das Themsewasser jenen Grad von Klarheit zurückgewonnen, die im frühen Mittelalter die Voraussetzung für ein königliches Taufbad war. So nahm in der ersten Hälfte des 7. Jahrhunderts der angelsächsische Herrscher über Wessex, Cynegils, unterhalb von Dorchester eine Vollwaschung vor, um sich von heidnischen Restbelägen zu befreien und Christ zu werden.

Zum nächtlichen Wasserbiwak treiben wir auf ein Wiesenufer zu, das, sieht man ab von dem Warnschild »Gib acht auf den Bullen«, mit seinem alten, efeuumrankten Baumbestand eher Puck und der Elfenkönigin Titania aus Shakespeares »Sommernachtstraum« gehört als einer polyglotten Reisegesellschaft. Eine schmale, von feuchtem Dickicht umschlungene Insel, die wir in einem zur Bordausrüstung gehörenden Dingi umfahren, bietet sich unserer Phantasie als das ideale Versteck für normannische Piraten an, die vor 900 Jahren hier aus dem Hinterhalt die Chancen einer Massenlandung an der englischen Küste getestet haben mögen. Sollten sich die Flußgötter vor dieser martialischen Invasion zurückgezogen haben, so ergriffen sie inzwischen wieder vollständig von den in dämmerige Grüntöne getauchten Lagunen Besitz.

Selbst die Namensgeberin der Themse, Tamisia, Sinnbild der göttlichen und natürlichen Ordnung, scheint ihre Hand im Spiel zu haben, als wir unter der Wasserlinie unseres schwimmenden Wigwams in einen von submarinen Träumen illuminierten Schlaf versinken. Erwachend, enthüllt uns ein Blick durch das Kabinenfenster eine jener von atmosphärischen Reizen überschwemmten Morgenlandschaften, wie sie John Constable am Ende des 18. beziehungsweise Anfang des 19. Jahrhunderts malte.

Es sind die gleichen, mit breitem Pinselstrich und in durchlässiger Farbigkeit aufgetragenen poetisch-realistischen Ansichten, die unter perlendem Vogelgezwitscher und dem saugenden Geräusch des Wassers in den Schilfniederungen wieder lebendig werden. Im Frühling, schwärmt unsere Skipperin Katie, wenn die erste Vogelbrut ausgeschlüpft und die Flußufer ein einziger schnatternder Kindergarten sind, denke ich jedesmal, dies und der Sommer sind die schönsten Jahreszeiten. Aber wenn dann der Herbst kommt und ein Laubbaum sich am nächsten entzündet, jeder in einer anderen Schattierung von Rot, Gelb und Braun verwelkend, das ist nicht weniger eindrucksvoll, ein Symphoniekonzert in großer Besetzung.

Man glaubt es ihr gerne, daß auch bei Regen ein beschwingtes Insideklima auf der »Actief« erhalten bleibt. Ausgestattet mit einem behaglichen Speise- und Aufenthaltsraum, Bar und Bordbibliothek kann sie maximal zwölf Passagiere über meteorologische Tiefs hinwegtragen. Es dauert nicht lange, und man hat begriffen, daß kontemplative Langeweile sich als therapeutisches Mittel sowohl gegen entleerte Eintönigkeit als auch gegen nervliche Reizüberlastung erfolgreich einsetzen läßt. Von raffinierten Bordmahlzeiten verwohnt, fällt die Beschäftigung mit sich selbst und anderen weniger kritisch aus als unter normalen Bedingungen an Land.

Selbst wenn man zum Besuch einzelner historischer Landsitze – Stratfield Saye des Herzogs von Wellington, des »iron Duke«, und die elisabethanische Mansion der Blount-Family »Mapledurham-House« mit Reminiszenzen an den Dichter Alexander Pope – kurzfristig von der »Actief« abmustert, läßt das Gefühl der Zusammengehörigkeit mit unserer multinationalen Crew und den Skippern nicht einen Augenblick nach.

Vierzehnmal zwischen Henley und Oxford passiert unsere Vergnügungsbarke eine Schleuse, ohne daß sich etwas an dem gemächlichen Bewegungskanon ändert. Die Abfertigung durch den Lockkeeper, der Austausch eines liebevoll angerichteten Tabletts mit »Actief«-Spezialitäten gegen Früchte, Fisch und Frischgemüse aus lockeigener Zucht wiederholt sich in geringen Abwandlungen. Auch das Bild des sorgsam gehegten Schleusenufers mit Blumenrabatten, gestutzten Buchsbäumen, die den Küchen- und Kräutergarten umgrenzen, daneben die kleinen, blitzblanken Häuschen als Bestandteil der »Thames Water Authority« bleibt sich im Grunde gleich. Ein Idyll, das Katie »immaculate« nennt, während sie die Leinen auswirft und Jonathan den Antrieb der »Actief« drosselt.

Unbefleckt, so empfinden wir es auch, bis die Concorde auf ihrem täglichen Weg nach New York und zurück wie ein Raketengeschoß über ihre Flugbahn rast und in unserer Wahrnehmung auseinanderkracht. Ein Atemzug, und sie ist verschwunden, so schnell, wie ein Schwan seine Halsspirale absenkt und mit Plankton wieder emportaucht. Nichts, nicht einmal die technische Perfektion dieses Donnervogels, könnte unser harmonisches Weltbild stören und den philosophischen Charakter einer Flußfahrt über die Themse in Frage stellen.

Themsetal

Auf den Spuren von Karl-Philipp Moritz

Von Silvia Lehner

Ein verwunschen schöner Ort. Wie gut, daß am Straßenrand der kleine Wegweiser gestanden hatte. Zwischen verwitterten, teils bemoosten und auch ein paar neueren Grabsteinen wuchert hoch das Gras, blühen Rosenstöcke und Unkraut in trautem Nebeneinander, und von der Holzbank aus blickt man auf das schlichte Kirchlein aus dem 12. Jahrhundert. Hinein können unverhoffte Besucher allerdings nicht. Die meisten englischen Dorfkirchen sind die Woche über verschlossen, aus Angst vor Diebstählen und Vandalismus. St. John Baptist bei Little Marlow im Themsetal macht da keine Ausnahme.

Dennoch hat sich der Abstecher gelohnt. Er liefert ein Steinchen zum Reisemosaik Englische Provinz, und zugleich läßt er ahnen, wie es im England vergangener Tage ausgesehen hat. Wie es aussah, als der deutsche Schriftsteller Karl-Philipp Moritz einige Sommerwochen lang das Königreich durchwanderte. Seiner Route bin ich nach 200 Jahren gefolgt, oft genug frustriert, weil zubetoniert oder verbaut war, wo sich einst grüne Hügel erhoben, dann wieder freudig überrascht, wenn sich manches fast unverändert fand.

Moritz, von der zeitgenössischen England-Begeisterung gepackt und getrieben, reiste zunächst von London aus nach Oxford. Schon in Richmond, damals »draußen«, heute im Stadtgebiet des grauen Molochs Greater London gelegen, gerät er ins Schwärmen. »O Richmond! Richmond! nie werde ich den Abend vergessen, wo du von deinen Hügeln so sanft auf mich herablächeltest, und mich allen Kummer vergessen ließest, da ich an dem blumigsten Ufer der Themse voll Entzücken auf und nieder ging... O ihr blühenden jugendlichen Wangen, ihr grünen Wiesen, und ihr Ströme, in diesem glückseligen Lande, wie habt ihr mich bezaubert.«

Heute muß man schon etwas weiter fahren, um der Schönheit

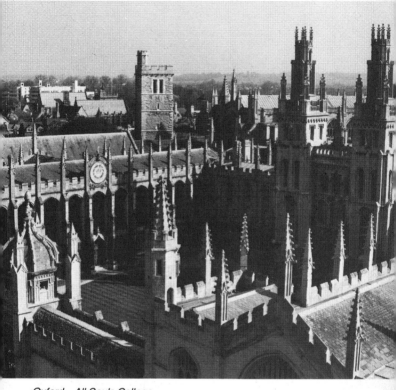

Oxford – All Souls College

des Themsetals auf die Spur zu kommen. Aber es gibt sie noch, die Idyllen am Fluß, auch wenn man das angesichts der sonntäglichen Blechlawine, die sich über die alte Brücke bei Maidenhead quält, nicht für möglich hält.

Die Stille hat ihre Refugien abseits der Hauptstraßen. Auf öffentlichen Fußwegen geht man ihr entgegen, auch auf alten Treidelpfaden am Ufer entlang, wo Gänseblümchen wachsen, Libellen in der Luft stehen, Enten ins Wasser gleiten. Nur ab und zu machen sich Geräusche moderner Technik vernehmbar:

25

das ferne Summen eines Flugzeugs, der Motor eines Kabinen-
kreuzers. In der Regel sind es Briten, die hier Urlaub auf dem
Wasser machen. Touristen aus dem Ausland haben die Themse
als Revier fürs Freizeit-Skippern noch nicht so recht entdeckt.
Dabei ist sie ab Lechlade schiffbar und erschließt eine sanfte
grüne Landschaft mit sehenswerten Marktstädtchen wie Abing-
don, Dorchester mit seiner Kathedrale, Wallingford oder Marlow.
Henley ist vor allem bekannt für seine Regatta. Am Ufer schau-
keln unzählige kleine Jachten auf dem Wasser. Wer selbst kein
Boot besitzt oder gemietet hat, kann von hier aus einstündige
Fahrten mit Ausflugsdampfern unternehmen. Auf der Hauptstraße des Städtchens wimmelt es von Passanten. Kleine Läden
verlocken zum Schaufensterbummel, Restaurants in allen Preis-
lagen sorgen für ein reichhaltiges gastronomisches Angebot.
Ein indisches Lokal ist in einem der schönsten Fachwerkhäuser
des Ortes, im »Tudor House« aus dem 16. Jahrhundert.
Moritz wird das Gebäude damals gesehen haben, auch die Kirche mit ihrem viereckigen, zinnengekrönten Turm und das traditionsreiche Red Lion Hotel gleich hinter der Themsebrücke,
in dem sogar einmal ein König, Charles I., sein Haupt zur Ruhe
gebettet hat. Doch dem 25 Jahre jungen Deutschen, unterwegs
auf Schusters Rappen, schien Henley nicht der rechte Ort zum
Übernachten.
Es sieht ihm alles »viel zu vornehm« aus, und er hat Angst, in
den Gasthäusern scheel angesehen oder gar abgewiesen zu werden – ein Schicksal, das ihm während seiner Reise öfter wider-
fahren ist. Damals ging man als ordentlicher Bürger eben nicht
zu Fuß, sondern buchte einen Platz in der Kutsche. So mar-
schiert er weiter. Erst in Nettlebed findet er endlich eine Bleibe.
Zu seinem Erstaunen wird ihm in diesem kleinen Dorf »ein ta-
peziertes Schlafzimmer mit sehr guten Betten« angewiesen, und
er fühlt sich bald wie zu Hause.
»The Bull Inn«, Moritzens Herberge in Nettlebed und früher
eine Postkutschenstation an der Landstraße von Maidenhead
nach Oxford, vermietet immer noch Zimmer. Falls man schon
anderswo Quartier bezogen hat, sollte man wenigstens auf ein
Glas Bier in das rund 500 Jahre alte Haus einkehren und eine
Weile in der gemütlichen Gaststube sitzen. Im Innenhof, hinter
der hohen Toreinfahrt, liegt übrigens noch ein Relikt aus der

Kutschenzeit: ein »mounting stone«, ein großer Stein, der das Aufsteigen aufs Pferd erleichtern sollte.

Oxfordshire besitzt viele solcher historischen Herbergen. »The Royal Sun Inn« in Begbroke zum Beispiel, ein efeubewachsenes Haus aus dem 17. Jahrhundert, oder »The George Hotel« in Wallingford, um das sich eine tränenreiche Liebesgeschichte rankt. »Ye Miller of Mansfield« (Goring-on-Thames) veranstaltet regelmäßig mittelalterliche Bankette, und der Gasthof »The Bird Cage« in einem putzigen Fachwerkhaus in Thame legt in seiner Werbung Wert darauf, daß hier ein Geist umgehe. Besonders pittoresk wirkt »The Crown« in Pishill nahe dem sehenswerten Landsitz Stonor House.

Oxford ist das nächste Tagesziel. In der Universitätsstadt geht es quirlig zu, auch wenn die bauliche Kulisse mit vielen Türmen und Zinnen Altehrwürdigkeit suggeriert. Kurzbesucher überwiegen: Oxford will jeder gesehen haben, und wenn's nur für ein paar Stunden reicht. So schieben sich kamerabehängte Massen die Bürgersteige entlang und atmen abgasgeschwängerte Luft ein. Vielleicht denkt mancher Tourist insgeheim, daß er sich alles eigentlich etwas anders vorgestellt habe. Desillusionierung als eine von vielen möglichen Reiseerfahrungen – auch Moritz hat sie erlebt.

Dem geschichtsträchtigen Gemäuer, das heutige Reisende mehr oder weniger in seinen Bann zieht, kann er nicht viel abgewinnen. »Die Kollegiengebäude sind größtenteils in gothischem Geschmack mit Verzierungen überhäuft, aus einem grauen Stein erbauet, der vielleicht, wenn er neu ist, besser aussieht, aber jetzt die ekelhafteste, widrigste Farbe hat, die man sich nur denken kann... Mir schien Oxford einen sehr traurigen und melancholischen Anblick zu haben, und ich begreife gar nicht, wie man es nächst London für eine der schönsten Städte in England halten kann.« Trotzdem absolvierte er brav ein Besichtigungsprogramm, das sich von dem moderner Touristen gar nicht so sehr unterscheidet.

Sein Domizil nahm Moritz im Gasthaus »The Mitre«. Und wer hätte gedacht, daß es Gebäude und Namen noch gibt? Wo unser Reisender in einen Kreis eifrig zechender Prediger geriet und nolens volens in einen theologischen Disput verwickelt wurde, floriert nun das Geschäft einer Billig-Restaurant-Kette.

Bekannt für seine gute französische Küche und ausgesuchte

Weine ist Studley Priory, wenige Meilen nordöstlich von Oxford gelegen. Dieser ehemalige Landsitz, fast unverändert seit der Zeit Elizabeths I., wurde 1961 zum Hotel umgestaltet. Alles strahlt hier Atmosphäre aus. Die Räume sind mit antiken Möbelstücken ausgestattet, jahrhundertealte Wandvertäfelungen aus Eiche sorgen für Behaglichkeit, durch bleigefaßte Fensterscheiben blickt man hinaus in die wellige Landschaft. Gegen Westen wölben sich die baumlosen Buckel der Cotswolds, weiter im Norden erstreckt sich »Shakespeare's country«, das Land des Dichters.

Von beiden Regionen hat Moritz kaum etwas zu Gesicht bekommen, weil er von Oxford nach Birmingham ausnahmsweise mit der Postkutsche fuhr, wodurch er »zwar in großer Geschwindigkeit von einem Orte zum andern kam, aber nichts weniger that, als reisen«. Reisen – das war für ihn gleichbedeutend mit Wandern. Per pedes wollte er Land und Leuten näherkommen, nicht in der geschlossenen Kutsche, »diesem rollenden Kerker«.

Wer heute mit dem Auto durch England fährt, sollte sich jedenfalls Zeit zum Bummeln nehmen, Blenheim Palace mit seinem herrlichen, vom Landschaftsarchitekten Capability Brown gestalteten Park besichtigen oder im benachbarten Woodstock einen Blick in die noch arbeitende Handschuh-Manufaktur tun. Vor allem lohnen die Dörfer und Städte in den Cotswolds-Hügeln einen Besuch. Ihre melodisch klingenden Namen zergehen gewissermaßen auf der Zunge: Bourton-on-the-Water, Bourton-on-the-Hill, Stow-on-the-Wold, Moreton-in-the-Marsh ... Die Häuser, jahrhundertealt, sind aus dem typischen honiggelben Stein der Region erbaut und oft noch mit Steinschindeln gedeckt. Kletterrosen ranken sich um die Fenstersimse und -stürze aus Stein, und blankpolierte Messingtürklopfer glänzen in der Sonne. Kein Wunder, daß sich an den Wochenenden die Ausflügler gegenseitig auf die Füße treten. Die meisten bleiben in den bekannteren Orten hängen, in Broadway beispielsweise; dabei führen Nebenstraßen zu winzigen Dörfchen, die mindestens genauso bezaubernd sind – aber kein bißchen überlaufen. Ein Bild totaler Kommerzialisierung gibt Stratford-upon-Avon ab. Die Kleinstadt hat einige sehr schöne Fachwerkhäuser, doch ihre touristische Popularität verdankt sie ihrem großen Sohn William, der hier nicht nur von Porzellantellern lacht, sondern in einem Andenkenladen sogar in Gestalt einer Stoffpuppe käuflich zu erwerben ist: Kitsch-as-Kitsch-can scheint die ausgegebene Devise.

Über den Kult, der um Shakespeare getrieben wird, mokierte sich schon Moritz. Nachdem er das Wohnhaus des von ihm verehrten Dramatikers besichtigt hat, notiert er, der Stuhl des Genies sei schon arg zerschnitten, »denn jeder Durchreisende schneidet sich zum Andenken einen Span davon ab, welchen er als ein Heiligtum aufbewahrt. Ich schnitt mir auch einen ab, weil er aber zu klein war, habe ich ihn verloren ...«

Weiter geht es durch das Herz Englands in Richtung Derbyshire. Der Peak District, heute ein Nationalpark, war das eigentliche Ziel der Moritz'schen Wanderung. Hier wird es wieder hügelig. Auf den Wiesen grasen Schafherden. Weideland überwiegt, im Norden dehnen sich auch Heide- und Moorgebiete, und viele sorgsam aufgeschichtete graue Feldsteinmauern erinnern ein wenig an den Westen Irlands. Hineingestreut in die oft karge Szenerie sind liebliche Täler.

Die »Dales« – so werden diese Täler genannt – sind Paradiese für Wanderer und Naturfreunde, meist autofrei und entsprechend ruhig. Schwer zu sagen, welches am schönsten ist: Dovedale oder Bradford Dale, Lathkill Dale oder Miller's Dale? Ich denke am liebsten zurück an das Monsale Dale in der Nähe von Bakewell; Moritz könnte damals hindurchgestiefelt sein, die Landschaftsbeschreibung in seinen Reiseaufzeichnungen scheint jedenfalls zu passen:

»Wir sahen ... unter uns einen tiefen Abgrund, der wie ein Kessel aus der umgebenden Erdmasse herausgeschnitten war, und auf dem Boden desselben ein kleines Thal, wo der grüne Teppich der Wiese von einem kleinen Flüßchen in schlängelnden Krümmungen durchschnitten wurde, und die reizendsten Spaziergänge waren ... Uns führte ein ziemlich steiler Weg in das Thal hinunter, durch welches wir gingen, und auf der andern Seite zwischen den Bergen wieder herauskamen.«

In den Städtchen des Peak begegnet man auf Schritt und Tritt dem England von Gestern und Vorgestern. Ashbourne wäre da zu nennen. Links und rechts der Hauptstraße stehen in langer Reihe Häuser in georgianischem Stil, errichtet aus rotem Backstein. Hier hat auch eine der alten, im 17. und 18. Jahrhundert gebräuchlichen Gasthaus-Reklamen die Zeiten überdauert:

eine Metallkonstruktion, die – von Giebel zu Giebel reichend – die Straße überspannt; der Pub »The Green Man and the Blacks's Head« wirbt auf diese ungewöhnliche Weise um Gäste. »Ein paar Reihen niedriger Häuser, von unbearbeiteten grauen Steinen erbauet« – das ist Tideswell, heute wie vor 200 Jahren. Hauptanziehungspunkt für Besucher ist die »Kathedrale« des Peak, seit 1400 im wesentlichen unverändert. Im Frühsommer haben Ausflügler einen weiteren Grund herzufahren. Dann nämlich findet das traditionelle »well-dressing« statt. Diese Sitte des Brunnenschmückens, vermutlich heidnischen Ursprungs, wird nach wie vor in vielen Dörfern gepflegt. Nur schade, daß der Zauber der kunstvollen Bildwerke aus Blüten, Beeren, Moos und Rindenstücken so vergänglich ist.

Bakewell, Verwaltungszentrum des Nationalparkgebiets mit einem modernen Touristeninformationszentrum, schmiegt sich in einer Mulde zwischen bewaldeten Hügeln. Zur Kirche mit dem normannischen Rundbogenportal führt eine steile Straße hinauf. Ein Stückchen entfernt, im ältesten Haus des Ortes, ist das Heimatmuseum untergebracht. Die Brücke über den Wye ist noch älter als das »Old House«; seit dem 14. Jahrhundert verbindet sie die beiden Ufer.

Am Wye liegen auch die beiden wichtigsten Sehenswürdigkeiten der Umgebung. Haddon Hall, ein mittelalterlicher Adelssitz, war lange in einem Dornröschenschlaf versunken. Erst zu Beginn dieses Jahrhunderts veranlaßte der Besitzer, der neunte Duke of Rutland, die Restaurierung der Gebäude.

Bekannter noch ist Chatsworth House. Der im Stile Palladios gehaltene Palast der Dukes of Devonshire enthält unschätzbare Werte, nicht nur kostbares Mobiliar, sondern auch Gemälde und Skulpturen, Porzellan, Tapisserien, schwere Kronleuchter aus Kristall oder massivem Silber. Zu den »Wundern« der Region zählte er schon im 18. Jahrhundert, doch frühe Reisende hatten bestenfalls Gelegenheit, ihn von außen in Augenschein zu nehmen.

Moritz interessierte sich davon abgesehen nicht sonderlich für Baudenkmäler. Was ihn vor allem fesselte, war die englische Landschaft, waren Naturschönheiten. Bei Matlock, einem einstmals gesuchten Kur- und Badeort, glaubt er sich in Miltons »verlorenem Paradiese«.

Den Höhepunkt seiner Reise durch das Königreich bildete

Chatsworth House – der im Stile Palladios erbaute Palast enthält unschätzbare Werte

jedoch Peak Cavern, die große Höhle von Castleton. Vierzig Minuten dauert heute die Besichtigung der unterirdischen Gänge und Hallen, des »Tempels« mit gleichmäßig gerundeten Bögen, des plätschernden Baches, der früher als »Fluß zur Unterwelt« von den Einheimischen argwöhnisch betrachtet wurde. Moritz erlebte die Szenerie beim schwachen Schein zweier Fakkeln, begleitet von einem Führer »von wildem und rauhem Aussehen«. Zutiefst beeindruckt bemerkt er nach seiner Höhlentour: »Voll Ehrfurcht und Erstaunen sah ich hier in den innern Tiefen der Natur die Majestät des Schöpfers enthüllt …«
Der Effekt auf heutige Besucher ist ungleich geringer. Elektrische Beleuchtung und die ständigen Witzeleien des jungen Fremdenführers lassen Gefühle wie Ergriffenheit gar nicht erst aufkommen. Das Naturwunder wird touristisch vermarktet und hat dadurch viel von seinem ursprünglichen Reiz eingebüßt. 200 Jahre sind eben doch eine lange Zeit.

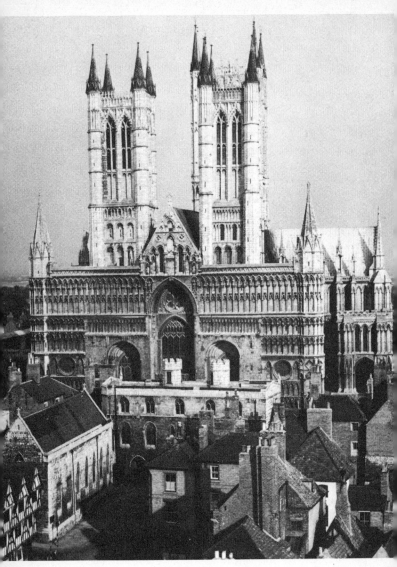

Lincoln Cathedral, eine im hochenglischen Stil erbaute Kirche

Kathedralen in England
Gottes Burgen

Von Hans-Joachim Nimtz

Der Vorurteile über England und die Engländer ist kein Ende. Das fängt beim Wetter an, das stets regnerisch und neblig sein soll, das geht weiter mit dem Essen, mit den angeblich zugeknöpften Bewohnern der Insel, das geht tiefer mit dem Nichtwissen darüber, daß England zu den ganz großen Kunst- und Kulturerlebnissen gehört, eingebettet in eine landschaftliche Vielfalt, die den schönsten und begehrtesten Reiseländern der Welt in nichts nachsteht. Die kleine Zahl der eingeschworenen England-Fanatiker behält es wohl für sich.

Zum eindruckvollsten, das England zu bieten hat, gehören seine Kathedralen, vom Norden, nahe der schottischen Grenze, bis in den äußersten Südwesten. Es gibt, um das ganz summarisch zu sagen, außer Frankreich kein vergleichbares Kathedralenland. Diese mächtigen, meist in eine gepflegte Umgebung mittelalterlicher Städte und zauberhafter Landschaft gestellten Bauwerke, sind Zeugnisse des englischen christlichen Mittelalters, aber auch des Charakters und Wesens dieser Nation, die dem Kontinentaleuropäer durch die Geschichte hindurch immer wieder rätselhaft erschien.

Warum nicht im Norden anfangen, wo in Durham die vielleicht mächtigste aller Kathedralen steht? Der Völkerpsychologe Hellpach prägte den Begriff des »Grenzreizes«, womit er meinte, daß Völker und Stämme an den Grenzen, wo sie auf Fremdes und Feindliches stoßen, zu einer Höchstleistung der eigenen Kultur gereizt werden. Durham, nahe dem lange feindlichen und unzähmbaren Schottland gelegen, ist ganz zweifellos ein solcher Fall.

Auf einem beherrschenden Hügel, um den sich der Fluß Weare herumwindet, liegt sie breit, fast drohend hingelagert wie eine Festung Gottes, eine Herausforderung an die Barbaren, Christus und der Heiligen Jungfrau geweiht. 1093, also keine dreißig

Jahre nach der normannischen Eroberung begonnen, ist sie das Bauwerk des normannischen Stils schlechthin. Der Innenraum wird beherrscht von den gewaltigen Säulen, von denen keine aussieht wie die andere; dennoch entsteht der Eindruck des Einheitlichen, einer düsteren Harmonie. In jenen oft rauhen, aber auch bedrohten Gegenden liebt man dicke Wände und vergleichsweise sparsame Fenster. Hier ist noch nichts zu spüren von der Auflockerung und Auflösung des Massiven in späteren Stilen.

Nur wenn die Sonne strahlt, dann hellt sich dieser Innenraum auf, wirkt er etwas heiterer, sonst liegt er in einem Dämmer, der die Geborgenheit einer Fluchtburg vermittelt. Trotz verschiedener Anbauten dominiert der Eindruck der Geschlossenheit und einer nachdenklichen Stille. Zwei berühmte Kirchenmänner liegen hier begraben: der zu den bedeutendsten Missionaren zählende Beda und St. Cuthbert. Obwohl an den Rändern zu einer stellenweise häßlichen Industrie- und Kohlestadt geworden, hat sich um die Kathedrale herum Durham die mittelalterliche Umgebung bewahrt.

Wer viel sehen will, der schlage vor der Reise nach Süden einen Bogen nach Norden, er wird reich belohnt mit einem Besuch am Hadrianswall, die in römischen Zeiten befestigte Grenze gegen die Schotten und über weite Strecken ganz oder teilweise erhalten oder restauriert. Unter Vermeidung der langweiligen direkten Nord-Süd-Verbindung, der A 1, nehme man sich die Zeit und reise auf kleineren, oft wenig befahrenen Nebenstraßen durch den Lake District mit seinen unzähligen Seen. Diese in wilden Bergen eingebetteten Seen und Meeresfjorde gehören zu allen Zeiten zu einem der nachhaltigsten Landschaftserlebnisse, besonders im Frühjahr und Herbst. Von dort läßt sich über die Hochmoore von Yorkshire das nächste Baudenkmal erreichen, die Kathedrale von York Minster.

Hier ist das mittelalterliche Ambiente noch vollständig erhalten, der Anreisende kann das erhabene Bauwerk mit seinen drei mächtigen Türmen, der größte zentral über der Vierung, viele Meilen über die Stadtmauer herausragen sehen. Ein Spaziergang um die ganze Stadt auf der alten Mauer ist wie ein Ausflug in vergangene Jahrhunderte.

Die Kathedrale ist jünger als die von Durham, was die Engländer den frühen englischen oder auch Spitzbogenstil nennen, also

York Minster – Die Kathedrale ist eine der größten Englands. Sie hat eine romanische Krypta, ist aber im wesentlichen ein gotischer Bau

etwa unserer Gotik entsprechend, aber doch mit ganz charakteristischen, für England typischen Unterschieden. Mit den Normannen waren zwar viele und starke Elemente aus Frankreich gekommen, aber der Stil ist unverwechselbar englisch.

Reizvoll ist ein Abstecher ins weiter südlich gelegene Lincoln. Auch hier wieder ragen drei mächtige Türme weit in die Landschaft hinunter, zwei über der Fassade, einer über der Vierung. Die urprüngliche normannische Kathedrale stürzte wahrscheinlich wegen falsch berechneter Statik ein, und so wurde gewissermaßen eine im hochenglischen Stil erbaute neue Kirche darüberkomponiert.

Dabei sind normannische Elemente, wie die tief in die Fassade eingeschnittenen Portalnischen, erhalten geblieben, umgeben von einer breit hingelagerten Fassade, wahrscheinlich der breitesten in ganz England. Da die Briten sich mit dem Bau ihrer Kathedralen nicht allzuviel Zeit ließen, nämlich stets nur 150 bis 200 Jahre, wirken sie alle ziemlich geschlossen, aber mit ihren zahlreichen Nebenkapellen und Andachtsräumen nicht leicht artifiziell, wie einige der im 19. Jahrhundert relativ schnell hochgezogenen deutschen Kathedralen, etwa der Kölner Dom. In Lincoln kann man übrigens die besterhaltene der vier Urabschriften der Magna Charta bewundern.

Ein anderes fällt einem bei den drei beschriebenen und den noch zu erwähnenden Kirchen auf: die unvergleichlich herrscherliche Position, ob auf einem Hügel oder in der Ebene. Hier haben große Herren gebaut, Fürstbischöfe meist, mit einem Blick und Sinn für Dominanz. Die Gestaltung der Vorplätze hat nichts Kleinbürgerliches, sondern eher etwas Patriarchalisches. Sie wird heute in den meisten Fällen mit größter Liebe gepflegt, wie überhaupt der Besucher Englands feststellen wird: die ländliche Provinz ist im Gegensatz zur Schmuddeligkeit großer Industriestädte eine heile, saubere Welt, in der man, rastet man in einem ländlichen Gasthaus oder Pub, im allgemeinen freundlich aufgenommen wird und zu Gesprächen über einem Glas Bier findet.

Stoßen wir mit dem flüchtigen Fuß des Wanderers und Pilgers nach Süden weiter. Unendlich viel wäre zu sagen und zu beschreiben, hier kann es nur Anregungen geben. Von Lincoln kann man südlich die Route nach Peterborough wählen, wo es nicht nur eine Kathedrale, sondern in Burghley eines der großen englischen Herrenhäuser gibt. Von dort über das Mekka der Rennpferde Newmarket, nach Cambridgeshire, nach Ely. Hier steht ganz sicher die versponnenste, bis zur Skurrilität originelle Kathedrale des Landes. Den durch die unwirkliche, wie als Hintergrund eines Gainsborough-Porträts anmutende Landschaft Reisenden begrüßt eine Vielfalt von Türmen und Türmchen über einer halb eingestürzten und in diesem Zustand konservierten Fassade.

Hier hat sich gleichzeitig verspielter und machtvoller Bauwille vereint. Elys Ursprünge gehen auf die fromme englische Königin, die Heilige Etheldreda, und deren Mann, den König Egfrid, zurück. Unter dem Gewirr der Türme verbirgt sich einer der reinsten normannischen Innenräume, von geradezu gotischer Schlankheit, überdacht von einer weiteren Kostbarkeit: einem bemalten Holzgewölbe. Das Oktogon unter dem Zentralturm ist dagegen »englisch« mit einem ebenso kunstvollen wie verwirrenden Rankenwerk, das wir in noch weitergetriebener Form ein paar Kilometer weiter südlich in Cambridge in der berühmten Kapelle des King's College finden.

Haben wir in Cambridge Glück, so probt oder spielt David Willcox mit seinem Orchester und dem nicht weniger berühmten Chor des College. Bach, Händel, Vivaldi harmonieren vollkommen mit den englischen Kirchenräumen. Oft bekommt man ihre Werke geboten oder auch den strahlenden Gesang der Knabenchöre beim »Evensong«. Dostojewski hat einmal gesagt, er ziehe die kleinen Dorfkirchen den Kathedralen vor, dort lasse es sich besser beten als in der Erhabenheit großer Bauwerke. Die Engländer haben es verstanden, auch in ihren größten sakralen Bauwerken Bezirke zu schaffen, in denen es sich verweilen läßt.

Von Ely und Cambridge ein Sprung hinunter ins liebliche sattgrüne Wiltshire. Dorthin fährt man über Römerstraßen, das merkt man hier besonders, weil sie Meile um Meile schnurgerade durch die wellige Landschaft führen. Kühler, imperialer Wille hat hier bis heute die kürzeste Verbindung zwischen zwei Punkten geschaffen, eher unenglisch.

Dort liegt, was viele Engländer ungeniert die schönste Kirche der Welt nennen: Salisbury Cathedral. In erhabener und heiterer Eleganz thront sie in weitem Grün. Wer möchte ihr den Titel der Schönsten bestreiten? Über dem hellen Baukörper erhebt sich der sicherlich prächtigste aller Türme, der höchste im Lande, und diesmal alleingelassen auf der Vierung, keine Ecktürme lenken ab von diesem Wunderwerk der Baukunst. Man kann jenen alten Baumeistern, die die statischen Berechnungen anstellten, nur Bewunderung zollen. Wie sie diesen aufragenden Turm

mit seinem massiven Helm über die Vierung gesetzt haben, um später durch elegante Stützbögen zu den Seitenschiffen zusätzlich Schubableitung zu schaffen, das ist ebenso gekonnt, wie auch der Innenraum nach der blendenden äußeren Erscheinung nicht enttäuscht: hochenglischer Stil in seiner reinsten Form mit unübertroffen edlen Proportionen, die Sandsteinsäulen von eleganten Diensten aus Basalt abgestützt.

Schlimmer erging es den Baumeistern am Schlußpunkt unserer Reise in Wells in Somerset. Hier ist man bereits im schönsten Südwesten. Die Vierung hat den schweren Zentralturm nicht getragen. Doch den Architekten fiel eine verblüffende Lösung ein, die beim Betreten des Innenraums vermuten läßt, hier habe Picasso gewirkt: beim Wiederaufbau setzte man ins Mittelschiff hinein zwei gewaltige aufeinandergesetzte, ineinander übergehende Spitzbögen. Bei der in England üblichen Länge des Zentralbaus wird der Raumeindruck nicht weiter gestört. Dieser Raumeindruck wird übrigens in den meisten Kathedralen noch verstärkt durch weitgehenden Verzicht auf Bestuhlung.

Burghley House, eines der großen englischen Herrenhäuser

Diese Aufzählung des einmaligen Reichtums einer Nation ist unvollständig. In diesen Kathedralen drücken sich englisches Christentum ebenso aus wie das Wesen der Engländer überhaupt und das Verhältnis zu ihrer Geschichte. Wie diese Bauwerke selbstsicher in sich ruhen, so drücken sie mehr aus als Frömmigkeit, sondern auch Anspruch auf Geltung und Größe. Auch die schönsten unter ihnen sind anders als anderswo fest auf dieser Erde verankert. Sie zeigen nach oben, aber man spürt ihre festen Wurzeln. Wenn man in ihnen wandelt, wird man überall diskret, aber deutlich mit englischer Geschichte vertraut gemacht, einer Vergangenheit, mit der die Engländer im Frieden leben, die man im Guten wie im Bösen akzeptiert und in die Gegenwart hineinnimmt.

Englands Kathedralen sind Zeugnisse für die ganz eigentümliche, in sich ruhende Stärke seiner Menschen.

Norfolk Broads

Zwischen Haubentauchern und Blesshühnern

Von Henry Braunschweig

Die im Südosten Englands, 170 Kilometer nordöstlich von London, in den Grafschaften Norfolk und Suffolk gelegenen Broads sind ein für sich abgeschlossenes Wasserstraßensystem. Der River Bure mit seinen Nebenflüssen Thurne und Ant sowie die River Waveney und der Yare mit seinem Seitenarm, dem Chet, bilden in Verbindung mit den unzähligen »Broads« ein schiffbares Wasserstraßennetz von mehr als 300 Kilometer Länge. Dies ist altes Moorland, und die Broads, die der gesamten Landschaft ihren Namen gaben, sind kleinere und größere Seen, die in den vom Torfstechen zurückgebliebenen Aushebungen entstanden und zumeist durch schmale, Dykes geheißene Durchstiche mit den Flüssen verbunden sind. Auf einem dieser Broads, Barton Broad, erlernte der junge Nelson in den Schulferien das Segeln und die Anfänge der schwierigen Seemannschaft …

In diesem europäischen Florida sind rund 3000 mietbare Kabinenkreuzer stationiert und machen es somit zur Wassersportregion Nummer eins für Charterbootfahrer. Alles ist hier problemlos: Weich der Grund und weich die Uferbänke, auf langsames Dahintuckern (11 bis 8 km/h) reduzierte Geschwindigkeiten, keine Schleusen, überwiegend minimale Strömung und nur gemäßigte Tide in den Unterläufen der Flüsse, massenhaft Liegeplätze entlang der Ufer, gute Markierungen und – abgesehen von ein paar seltenen, den Yare bis Norwich hochlaufenden Küsten-Motorschiffen – sind die Yachten (und zwar fast ausschließlich Charterboote) unter sich. Also das ideale Gebiet für den Anfänger, dem man ein Boot jeglicher Größe in die Hand gibt, ohne nach mehr als dem Autoführerschein zu fragen. Doch kein reines Anfängerrevier schlechthin, denn durch seine landschaftliche Schönheit und Einmaligkeit verlockt es auch erfahrene Skipper, dort immer wieder ihren Urlaub zu verbringen (in jeder einer Saison tummeln sich hier rund 6000 Deutsche).

Selbst in nur einer Woche kann man wesentliche Teile des Reviers abfahren. Wenn der Süden an landschaftlicher Schönheit dem Nordteil mit seinen oft dschungelartigen, an die Everglades Floridas erinnernden Naturreservaten auch etwas nachsteht, so sollte man schon wegen des lohnenden Besuchs von Norwich keineswegs auf ihn verzichten.

Ideal, wenn einem zwei oder drei Wochen zur Verfügung stehen, da die meisten der Broads zu längerem Verweilen einladen und mit den entsprechenden Aufenthalten zum Fischen, Sonnen und Badevergnügen die sommerlichen Ferien erst vollkommen werden lassen. Das Wasser ist trübe vom Moor, doch sauber, fischreich und abwässerfrei – alle Boote besitzen Fäkalientanks. Apropos Fischen: Zwischen Mitte März und Mitte Juni ist das Angeln verboten, sonst ist es sehr preiswert.

Und Sonnen und Baden? Unsere Vorstellung von diesem Land ist von Kriminalfilmen und dem sprichwörtlichen »englischen Wetter« geprägt. Von London wissen wir, daß es dort früher viel Nebel gab, und von Schottland, daß es überwiegend regnet und man sich im Hochsommer freuen würde über Temperaturen, wie sie in den Mittelmeerländern vielfach zur Winterszeit herrschen. England ist kein nordisches Land, es liegt nicht in der Nachbarschaft von Skandinavien, wie das viele immer noch annehmen. London zum Beispiel liegt südlicher als Berlin. Die Golfstromküste von Cornwall verzeichnet höhere Badetemperaturen als bei uns Nord- und Ostsee und in den Norfolk Broads fällt weniger Regen als in Frankfurt oder in Mailand (die in Zürich verzeichneten Niederschlagsmengen liegen dreimal so hoch).

Auf den Broads sitzen neben den größten und bedeutendsten Yachtbauern Europas eine Unmenge kleiner Werften. Man findet hier also nicht wie anderswo die gleichen Schiffe einer Großserie vor, sondern jede Werft baut praktisch ein halbes Dutzend verschiedener Typen von ganz klein bis ganz groß, so daß die gesamte Norfolk-Broads-Flotte schon ein recht abwechslungsreiches Bild bietet. Die meisten der komfortablen Boote verfügen über Heizung, Dusche, fließend Warmwasser, Kühlschrank, Propangasherd mit Backofen/Grill, Radio, Fernsehen usw.

Vieles hier erinnert verblüffend an die Niederlande: Die Landschaft ist flach und eben und nur ein paar Hügel erheben sich zu einer 100 Meter nicht übersteigenden Höhe. Zu römischer Zeit

noch waren sie lediglich Inseln inmitten einer ausgedehnten Seen- und Morastfläche. Bis die Menschen entlang der Flüsse hochwanderten, ihre Ufer eindämmten, so daß der Boden von den ihn bedeckenden Wassermassen befreit und, abgesehen von dem Netz der Wasserwege, von nun an für alle Zeit zu richtigem soliden Festland wurde. Noch heute fährt man vielerorts durch charakteristisches Polderland – das heißt, die von Dämmen vor dem Auslaufen geschützten Flüsse liegen mit ihrem Wasserspiegel höher als das sie umgebende Land.

Die im Südosten Englands gelegenen »Broads« sind ein für sich abgeschlossenes Wasserstraßensystem

Auf dem Oberlauf des River Bure, wo in Wroxham die meisten Reisen beginnen, gleitet man durch eine einzigartige Parkland-schaft, die ahnen läßt, warum so viele Leute England trotz seines Klimas lieben: Das Ufer erhebt sich gewöhnlich kaum mehr als gerade eine Handspanne über die Wasserlinie, seine Kanten von Holzplanken sauber bewehrt. Vor Saft strotzender

Rasen, kurz wie ein Veloursteppich, bedeckt das sich anschließende flache Land. Beschnittene Hecken, riedgedeckte Ferienhäuser, die zum Teil im Wasser auf Pfählen stehen, mit dem
Bootsliegeplatz gleich darunter. Nebenarme und flache, nicht
schiffbare Teiche, Schilffelder und, so sauber wie mit einem
Messer ausgestochen, zu kleinen Privathäfen führende Abzwei-
gungen, hinter denen sich, halb versteckt von uralten Bäumen,
Landhäuser und Villen erheben, deren Anblick Reichtum zu
einer erstrebenswerten Sache werden läßt.

Das Land ist mal wie eine einzige Sommerfrische und dann wieder wie ein undurchdringlicher Dschungel, wobei den Betrach-
ter aber der Verdacht nicht ganz losläßt, daß auch an der Gestaltung dieser Wildnis noch ein geschickter Gartenarchitekt eine
Hand mit im Spiel hatte … Zerzauste abgestorbene Bäume mit
efeubewachsenen Stämmen und Zweigen, kleine Häuschen und
strohgedeckte Bauernhöfe, alte Mühlen, noch ältere Kirchen
mit wuchtigen zinnenbewehrten Quadrattürmen; Schilf, Buschwerk und wieder Dschungel.

Der Fluß, auf dem man nun langsam abwärts gleitet, ist 20 bis 25
Meter breit und voller Wasservögel, von denen uns nur die wenigsten bekannt sind: Haubentaucher, Fischreiher, Wasser- und
Blesshühner, Schwanenfamilien, Enten aller Farbschattierun-
gen, zahllose verschiedene Wildgänsearten von kanadischen bis
zu chinesischen (eins der Broads-Handbücher enthält eine Liste
von 126 seltenen Vogelarten); am Ufer Fasane und lustig hop-
pelnde Hasen.

Das Boots- und Ferienzentrum Horning ist eine alte römische
Niederlassung. Die Parallelstraße entlang des Flusses wird ge-
säumt von lieblichen »old-fashioned« Häuschen und zum Wohnen umfunktionierten Windmühlen; von urigen Brücken überspannt sind die Nebengewässer. Hier herrscht sommers das
Verkehrsgewimmel eines chinesischen Flußhafens. Ranworth
am Malthouse Broad ist ein beliebter Liegeplatz (und daher
früh am Nachmittag gewöhnlich schon voll besetzt) mit seinem
gemütlichen »Malster's Inn« und der St. Helen's Church aus
dem 14. Jahrhundert, eine der sehenswertesten in ganz Norfolk.

Acle wirkt etwas verschlafen und erwacht nur an Donnerstagen
zu kurzem Leben, wenn hier Markt in Verbindung mit Auktio-
nen abgehalten wird. Die Acle Bridge ist neueren Datums. Von
ihrer Vorgängerin, einer jahrhundertealten malerischen Stein-

konstruktion mit drei, die Charterschiffahrt nicht gerade fördernden engen Bogendurchfahrten, existieren nur noch ein paar blasse Aquarelle in den Fenstern der Souveniershops: Einst ein verrufener Platz, wo des Nachts die Seelen der hier gehenkten Verbrecher umgingen.

Zwei niedrige, nicht bewegbare Brücken vor Great Yarmouth versperren größeren oder sehr hoch gebauten Yachten die Einfahrt in den Bure von See her und verlangen von allen Broadsbooten, daß man sie bei Niedrigwasser durchfährt. Eine Gezeitentabelle findet sich in jedem der Handbücher; außerdem wird die Heimatwerft stets gerne bereit sein, die Durchfahrtszeiten für unerfahrene Bootsbesatzungen zu errechnen.

Der River Yare ist der größte der Broads, gut doppelt so breit wie der Bure, und Küstenfrachter bis zu 600 Tonnen fahren ihn nach Norwich hoch. Er durchquert typisches, ziemlich kahles Marschenland, das zumeist unter Flußniveau liegt, also echtes Polderland ist und ständig entwässert werden muß. Mal ein Gehöft, ein Pumpwerk oder eine Mühle; einsame Pubs, in deren Türbalken mittelalterliche Jahreszahlen eingeschnitzt sind, in der Ferne die dunklen Silhouetten von Wäldern.

Norwich, die Hauptstadt der Broads und von East Anglia, kündet sich an mit Lagerkais, Schuppen, Silos, Eisenbahnen und alten Fabrikgebäuden aus verwittertem roten Backstein. Dies ist eine der ältesten englischen Städte und einen ausgedehnten Landgang wert. Sachsen, Dänen, Normannen und Holländer waren hier die Herrscher, und der alte Stadtkern ist reich an Sehenswürdigkeiten. Neben der romanisch-normannischen Kathedrale aus dem 11. Jahrhundert gibt es hier noch 32 mittelalterliche Kirchen, von denen eine jede älter als ein halbes Jahrhundert ist – ein einsamer Rekord, mit dem nicht einmal die Metropole London konkurrieren kann.

Keinesfalls auslassen sollte man den Nordteil des Reviers: Der dreifach gegabelte Thurne-Oberlauf gehört zu den schönsten Gebieten der Broads. Sein Eingang wird versperrt durch die bei den Broadsskippern berühmte Potter Heigham Bridge, eine mittelalterliche Steinbrücke, über die seit mehr als 700 Jahren der Verkehr vom Norden nach Yarmouth läuft. Ihr enger Rundbogen hat eine lichte Höhe von nicht mehr als 2,30 Meter, und jedes echte Broadsboot ist flach genug gehalten, um hier durchzupassen – »Pilots«, Lotsen, vollbringen diese Millimeterarbeit.

Leicester

Warten auf eine Gesandtschaft der Coritani

Von Ingeborg Meyer-Sickendiek

»Graf Leicester komme her«, befiehlt Elizabeth I. in Schillers Trauerspiel »Maria Stuart« barsch. In diesem Theaterstück handelt es sich zwar nur um einen Bühnenschurken, sein Name aber wertet die Grafschaft Leicester bei einem Teil des deutschen Reisepublikums auf. Hier wird wie vor 800 Jahren, als religiöse Orden mit der Urbarmachung des waldreichen Leicestershire begannen und vier Jagdgründe für die Hofgesellschaft aussparten, noch immer bei Quorn, Belvoir, Cottesmore und Fernie zur herbstlichen Fuchsjagd geblasen. Sie erbringt zusammen so viel Beute, daß alle Kiltmacher Schottlands mit ihrem Pelzwerk für das traditionelle Accessoire versorgt werden könnten. Es wäre voreilig, Leicestershire für eine vergessene Provinz zu halten.

Von Birmingham kommend, sind wir im »Herzen der Shires«, wie die Grafschaft auch genannt wird, angelangt. Der Tourist findet keine Spuren von den Jugendkrawallen, die aus den englischen Industriezentren in die Straßen von Leicester überschwappten. Rundherum ländliche Idylle. Sanft geschwollene Hügel, Täler, Waldstücke und Wasserläufe, Heckenwege und mittelalterliche Torstraßen bilden zusammen jenen grünen Körper, der zu Englands Erholungsreservaten gehört. Mit dem Jubilee- und Vikingway, einem Reit-, Rad- und Wanderweg mit historischen Seitensprüngen, mit Countryparks und Picknickflächen und einem ausgedehnten Kanalnetz für Freizeitschiffer scheint Leicestershire eine glückliche Landschaft zu sein. Zu diesen Einrichtungen kommt der größte Tieflandsee der Insel: das künstlich geschaffene und für die Brutkolonien seltener Vögel wie für Angler und Segler gleichermaßen anziehende Rutland-Water.

Zahlreiche Ortsnamen mit den Worten »on the woods« erinnern an den ursprünglichen Waldcharakter der Landschaft, der den nach 450 eindringenden Germanen heilig war. Ein paar

Zu den mittelalterlichen Gebäuden gehört die Guildhall

Bauminseln haben sich erhalten, im Charnwood-Forest zum Beispiel, der auf Granitfelsen des Präkambriums fußt.

Nirgendwo sieht man mehr Bauten aus Eisenstein als in Leicestershire. Ihre warme goldbraune Farbe mischt sich in die wechselnde Palette der Sommer-, Herbst- und Wintertöne; unaufdringlich und anheimelnd. Zwischen den Ansammlungen von Cottages und Farmhäusern, jeweils überragt von einer Dorfkirche im »Perpendicular-Stil«, jener an kunsthandwerklichen Überraschungen reichen englischen Spätgotik, breitet sich das Land aus.

Man würde sich nicht wundern, käme von einem der für die östlichen Midlands typischen Erdwerke, den Hügelforts, eine Abordnung aus dem Stamm der Coritani herab. Diese Ureinwohner wurden von den Römern bezwungen; ihre Existenz blieb eine Zeitlang in der ersten Bezeichnung »Ratae Coritanorum« für das römische Lager am River Soar für die vergeßliche Nachwelt erhalten. Die Germanen hinterließen die Andeutung eines sächsischen Ackersystems, eines aus schmalen Furchen bestehenden und bis heute erkennbaren Erdrasters. Heutzutage erinnern noch Pflugwettbewerbe an die Lehrmeister der englischen Landwirtschaft, auch wenn die Ochsen von Pferden abgelöst wurden.

Deutsche waren uns zu jeder Zeit willkommen, gesteht ein städtischer Tourismusfachmann in vielsagender Vertraulichkeit. Er gibt nicht zu erkennen, ob er dabei an die germanischen Föderierten in der römischen Garnison von Leicester oder an die von Bismarck umworbene Tochter eines Landpfarrers aus Scarsdale in Leicestershire denkt. Heute würde er gern mehr Deutsche seine Stadt als Konferenzort oder als Ausgangspunkt für toruristische Entdeckungen nutzen sehen.

Zunächst fesselt uns der römische Kern mit dem Jewry Wall, der höchsten Mauerkonstruktion im römischen Britannien, und die Reste des Forums und die Bäder davor. Tempel, Villen und Basilika sind im Umkreis nachweisbar. Dagegen hat das seit Mitte des 8. Jahrhunderts christianisierte Angelsachsentum des Königreichs Mercia alle Spuren hinter sich verwischt. Vielleicht behalten die Archäologen recht, und unter den Straßenzügen wird eines Tages eine vollständige sächsische Siedlung zum Vorschein kommen. Bis auf eine sächsische Fenstergalerie in St. Nicholas, der ältesten Kirche der Stadt, sind hier alle anderen klerikalen Bauten normannisch. Sieht man einmal von der sächsischen Kirche Breedon-on-the-Hill in der nordwestlichen Grafschaft ab, halten sich auch im Umkreis in winzigen Marktflekken nur ein paar sächsische Kreuze, Schäfte oder Teilstücke religiöser Skulpturen versteckt.

Kirby Muxloe Castle

Ähnliche Zwerge in der Kunst der Repräsentation waren auch die Dänen, die über Leicestershire bis 955 als eine der 5 Boroughs des »Danelaw« (oder Danelagh) geboten. Zahlreiche Ortsnamen mit der Endsilbe »by« erinnern noch daran. Alles andere ist in den Jahrhunderten abhandengekommen, die man in der englischen Geschichtsschreibung die »dark ages«, das dunke Zeitalter, nennt.

Danach freilich mehren sich die Spuren königlicher Gunstbeweise: Burgen, Schlösser, historische Häuser und Landsitze mit Jagdparks für die Aristokratie. Leicester, von den Normannen als strategisches Glacis ausgebaut, hatte seinen Vorteil davon und wurde zum Marktzentrum für das »Gute und Notwendige«,

49

wie es in einem Sechszeiler aus dem Jahre 1571 heißt. Noch immer ist es für den roten Leicester- und den Stiltonkäse bekannt. Sie sind, wie Wolle, Leder und die Strick- und Wirkwarenindustrie, die Hinterlassenschaft der im 12. Jahrhundert von Mönchen eingeführten Schaf- und Rinderzucht. Auf dem Weg zum Viktualienmarkt fallen verschiedene Gebäude auf.

Dazu gehören die mittelalterliche Guildhall und das verwinkelte Wohnhaus des Roger Wygston, der als reicher Wollhändler schon zu seinen Lebzeiten die Brüder einer lokalen Ordensgemeinschaft zum ewigen Gebet für sein Seelenheil engagierte; die von ihm gestifteten Hospitäler, die Stadttore, der Glockenturm und die Ruinen der Abtei, in der Kardinal Wolsey bei seinem Tode im Jahre 1530 Zuflucht fand. Sein Verfolger, Heinrich VIII., tritt bei einem historischen Bankett in der Coombe Abbey des benachbarten Coventry als der »notorious Henry« auf, ungeliebter Wüterich in der klerikalen Landschaft Englands.

In einer Templerherberge, aus dem 13. Jahrhundert und heute zum Hotel umgebaut, können wir uns auf alles, was Leicester an königlicher Vergangenheit hat, einstimmen. Diesen Vorgang beschleunigt ein Drink mit dem Namen »Bloody Mary«, der beziehungsvoll an die von Mary Tudor veranlaßte Hinrichtung der Lady Jane Grey im Jahr 1553 anknüpft. Königin für neun Tage, hatte sie, nicht weit von hier, das zu melancholischen Ruinen zerfallene Bradgate-Haus bewohnt. Der erste der Tudors, Heinrich VIII., konnte 68 Jahre zuvor den Krieg der weißen und roten Rose gegen Richard III. auf dem Schlachtfeld von Bosworth, zwanzig Kilometer westlich von Leicester, für sich entscheiden. Bis zu Karl I., der kurz vor seiner Hinrichtung 1646 als Gefangener im »Engel« von Leicester logierte, waren die englischen Herrscher – Edwards, Henrys und Richards – immer wieder in der Stadt eingekehrt.

Will man den Aufzeichnungen des Benediktinermönches Geoffry von Monmouth glauben, ist der sagenhafte König von Britannien, Lear, von seiner Lieblingstochter Kordelia in einem Gewölbe unter dem River Soar von Leicester begraben worden.

Burghley House/Lincolnshire
Glückliches altes England

Von Ingeborg Meyer-Sickendiek

Auf dem Merkblatt, das jedem Besucher des Burghley-Hauses ausgehändigt wird, entbietet ein Mr. Exeter ein freundliches Willkommen. Dahinter verbirgt sich Lord Burghley, der 6. Marquess von Exeter. Ältere Sportfans erinnern sich, daß er 1928 im Hürdensprung olympisches Gold gewann. Heute ist er entschlossen, zur Erhaltung seines Familienbesitzes die finanzielle Hürde nicht weniger siegreich zu nehmen. Darum hat er das Haus seiner Vorfahren dem National Trust überlassen, während er selbst mit dem Wohnrecht auf Lebenszeit von einem Flügel seines stolzen Adelssitzes aus die Gäste zu begeisterter Neugier animiert. Wir erfahren, daß vom Gärtner bis zur Putzfrau, vom Heizmaterial bis zu den Reparaturen alles der National Trust finanziert. Wer hofft, klärt uns der zu unserer Begleitung bestellte Curator auf, sein kostbares Erbe mit Hilfe von Löwenparks, Ausstellungen und Kerzendinners retten zu können, irrt. Der National Trust ist der einzige Weg.
Als Sir William Cecil, Königin Elizabeths I. Hoher Schatzkanzler, Minister und unersetzlicher Ratgeber, der erste Lord Burghley von Stamford, mit dem Bau dieses Palastes begann (1552), spielte Geld keine Rolle. Denn seine Königin, wohl ausgestattet mit dem Sinn zur Ausweitung der britischen Machtsphäre auf der Grundlage maritimer Freibeuterei, hatte England zu einem der wohlhabendsten und einflußreichsten Länder Europas gemacht.
Das Haus, in mehreren Bauabschnitten entstanden, war 1587 vollendet, ein Jahr, bevor der Sieg über die spanische Armada Elizabeth als ruhmvolle Herrscherin über ein Weltreich bestätigte. Davor freilich gab es auch empfindliche Krisen wie den Bann durch Papst Pius V. (1570) mit der Folge scharfer Ausnahmegesetze, denen sie daraufhin die englischen Katholiken unterstellte, und die von ihr befohlene Hinrichtung ihrer Riva-

lin Maria Stuart im Jahr 1587. Selbst ein von persönlichen Erfahrungen, die bis zum Mord an ihrer Mutter Anna Boleyn durch ihren Vater Heinrich VIII. reichten, und von der Rücksichtslosigkeit ihrer Zeit derart abgehärtetes Gemüt wie das der Königin konnte dabei aus dem Gleichgewicht geraten.

In Zeiten solcher Anfechtungen suchte sie gerne das Burghley House bei Stamford, einer kleinen gediegenen Landstadt auf. Diese besaß damals eine Universität und 17 Kirchen, davon sind nur sechs übriggeblieben. Gleichwohl gilt sie mit ihren aus lokalem Kalkstein errichteten Häusern und ihren gewölbten Toreinfahrten für Kutschen und Karossen als eines der feinsten Beispiele mittelalterlicher Architektur in England. Die Herbergen erglänzen im matten Widerschein von Messing und Kupfer.

Stamford, wo der Schatzkanzler einen Teil seiner Schulzeit verbrachte, ehe er, sechzehnjährig, Dozent der Logik im St. Johns College in Oxford wurde, war der natürlichem Sympathie der Königin sicher. Es bedurfte daher nicht seiner besonderen Überredungskunst, ihr den »Freizeitwert« des alten Familiengutes der Burghleys und späteren Klosters schmackhaft zu machen. An der Konstruktion des daraus entstandenen Burghley-Hauses in Form eines Parallelogramms soll er gestaltend mitgewirkt haben.

Graziös und ausladend in einem, spiegelt es die ungehemmte Repräsentationslust im merry old England wider, eine mit Gesimsen, Kuppeln und Kaminen geschmückte Pagode des königlichen Zeitvertreibs und das größte elisabethanische Bauwerk seiner Zeit auf der Insel überhaupt.

Der bei Elizabeth zu höchsten Ehren aufgestiegene William Cecil, der unter einem ihrer Vorgänger, Edward V., vorübergehend im Tower schmachtete, gilt noch immer als eine der umstrittensten Figuren ihrer Regierungszeit. Sie indes nahm an seiner »Vorstrafe« so wenig Anstoß, daß sie ihn die Finanzen des Reiches ordnen, mit Schottland Frieden schließen und mit Spanien erfolgreich verhandeln ließ. Danach war seine Karriere nicht mehr zu bremsen. Nicht nur, daß er als ihr erster Ritter des Hosenbandordens in delikaten außenpolitischen Missionen für sie handelte, er führte auch bei ihrem Müßiggang Regie. Daß ihm, entgegen allen Prognosen, in den blutigen Kron-Intrigen jener Zeit sein eigener Kopf nicht abhandenkam, ist bei weitem seine größte taktische Leistung.

Burghley House – der erste Lord Burghley von Stamford fing mit dem Bau dieses Palastes im Jahre 1552 an

Dieser Tatsache verdanken wir es, daß er als Überlebenssymbol eines skrupellosen Jahrhunderts der historischen Polonaise, die sich zu den vorgeschriebenen Öffnungszeiten durch die 18 Prunksäle bewegt, als würdevoller Zeremonienmeister voranschreitet: So stellt ihn auch das Porträt von Marc Gheeraedts dar: ein rosiger älterer Herr mit leichtgelocktem Knebelbart, der, so weiß wie seine plissierte Halskrause, in paradoxer Weise die Farbe der Unschuld impliziert. Angetan mit einer über seiner Leibesfülle gegürteten Velvetrobe in sattem Purpur, trägt er eine schwere Ordenskette und vom Kinn abwärts ein Siegel am Band, dazu auf dem Kopf ein schwarzes Samtbarett und in der Rechten einen schlanken Heroldsstab.

Noch meint man etwas von den anrüchigen Staatsgeheimnissen zu wittern, die ihn mit der Königin verbanden. Ihr vom gleichen Künstler gemaltes Porträt ist dem ihres Schatzkanzlers an der Wand des Pagodenzimmers vertraulich nahe, eine schon in der Zuordnung ihrer Konterfeis angedeutete gegenseitige Abhängigkeit. Wissend, daß ihre weibliche Schönheit Grenzen hatte, entzog sie sich einer Abbildung zu Lebzeiten. Das Porträt, erst nach ihrem Todesjahr (1603) entstanden, zeigte sie in vorgeschrittenem Alter mit ausgebleichter rötlicher Haartracht, Perlen, Spitzen und Korallenschmuck, eine von ihrem üppigen Renaissancekostüm zusammengeschnürte Erscheinung, mit schmalen Lippen und einem kühlen, durchdringenden Blick, der zu allererst auf das Nahziel einer wachsenden Weltgeltung des Empire gerichtet ist. In dieser Ausschließlichkeit ihrer Gedankenwelt liegt ihre Größe. Darunter, zu einem bescheidenen Brustbild verkleinert (Holbein), ihre Schwester Mary Tudor, die unglücklich und ein wenig hausbacken, den Weg zur Macht durch ihren eigenen frühen Tod nach einer lieblosen Ehe mit Philipp II. freigab. Rechts von Elizabeth ihr glatter Günstling Robert Devereux.

Von allen Räumen des Hauses ist ihr Schlafzimmer das diskreteste Gemach. Schon wenn man es betritt, stellt sich die unbestimmte Empfindung ein, man müßte es eilig und unter einem gemurmelten »I'm sorry« nach rückwärts wieder verlassen. Die grüngoldenen Samtvorhänge eines Baldachins, der das Bett wie eine opalisierende Muschelschale umschließt, sind verblaßt wie die Gobelins an den Wänden. Hier suchte sie, wenigstens vorübergehend, der Last ihrer staatspolitischen Verantwortung ledig zu werden und aus der ihr zugewachsenen Größe ins Private auszubrechen. Von ihrem Menschsein künden auf rührende Weise die Gegenstände auf dem Boudoirtisch, Münzen, Salzstreuer und Pomadenbüchse. Diese Linde, erklärt der Curator mit einem Blick aus dem Fenster, hat sie eigenhändig gepflanzt. Der Baum stürzte vor 150 Jahren um und erneuerte sich aus seinen Wurzeln wieder bis zu seiner jetzigen Größe.

Das Parkgelände, so wie es sich heute darbietet, hat sein Aussehen seit Elizabeth I. gründlich verändert. Was nun eine weitgeschwungene Grünanlage mit freistehenden Baumgruppen, Brücken und einem Wasserteich ist, war damals ein intimer Ort, ein Lustgarten mit Laubengängen und Lavendelbeeten, mit

Springbrunnen, Statuetten und Volieren, Taxusgrotten und Pfauenpaaren, weniger zum Promenieren als zum galanten Versteckspiel geeignet, natürliche Kulisse für Schäferspiel, Maskeraden, Fackelzüge, Feuerwerk und fröhliche Feste, doch auch für englische Vokalmusik und Tanz- und Trinklieder zur Laute. Es dauerte knapp 200 Jahre, bis »Capability« Brown (Mr. Launcelot) diese empfindsame Idylle zerstörte: ein progressives Genie, das über die konservative Natur einer ganzen Nation hinweg im letzten Viertel des 18. Jahrhunderts fast die gesamte Insel einer gärtnerischen Neuordnung unterzog. Gleichzeitig opferte er seinem Sendungsbewußtsein einen mit Shakespeares hellen Komödien verwandten Teil der englischen Landschaft, entschlossen und ohne Reue, wie sein Gemäldeporträt im Pagodenraum ahnen läßt. Als Elizabeth und ihr Hofstaat hier ausschwärmten, läuteten freilich noch die Glöckchen einer silbernen Verzauberung durch dieses verwunschene Gartenparadies. Der Hochschatzkanzler inszenierte solche Aufenthalte als opulente Gala, an der sich die umwohnenden Aristokraten bis an die Grenzen ihres wirtschaftlichen Bankrotts beteiligten. So viel war ihnen die Huld ihrer Herrscherin wert, wie es unser Curator ausdrückt, daß sie sich allein zur Unterhaltung und Fütterung des königlichen Gefolges von ihren letzten Reserven auf Lebenszeit entblößten.

Wie dieser Einsatz aussah, davon kann man sich in der gotischen Hallenküche, die zum ältesten Teil des Hauses gehört und bis in die jüngste Zeit hinein benutzt wurde, eine Vorstellung machen. Ausgestattet mit 260 Kupferutensilien, darunter Kessel, Bratpfannen, Töpfe, Kellen, Becher, Maße und Backformen und ein Bratspieß, der sich mit einem ganzen Ochsen über dem Feuer drehen konnte, ruft dieses riesige Gewölbe Schreckvisionen an einen zur ewigen Unersättlichkeit verdammten Zustand hervor. Von Tauben und Schildkröten, die zur Schlachtung angeliefert wurden, sind ihre Skalps, makabre Relikte einer fleischfressenden Menschheit, nachgeblieben und wie in einem naturkundlichen Museum zur Schau gestellt. An der Stirnwand das Rubens zugeschriebene Gemälde eines aufgeschnittenen Ochsens, der, senkrecht von einer Leiter herabhängend, sein Blut in ein Behältnis entleert. Übergangslos führt der Weg über eine Treppe in die von Paolo Veronese mit Altarbildern ausgeschmückte Kapelle, die ununterbrochen, von Elizabeth I. bis zum 6. Marquess von Exeter, der geistlichen und besinnlichen Einkehr dient.

Dahinter öffnet sich die Flucht der Säle, die nach der »jungfräulichen Königin« von zahlreichen gekrönten Häuptern der englischen Dynastien besucht und bewohnt wurden. Ein Kunstkabinett, das man gesehen haben muß, um zu verstehen, wieviele Bilder berühmter europäischer Meister den Museen der Welt zu ihrer Vollständigkeit fehlen. Sie hängen im Burghley House.

York
Die kleine Großstadt

Von Joachim Wille

Die Kritik des kleinen Mannes ist machtlos, aber bissig: »Ich bin kein Tourist, ich lebe bloß hier.« So zu lesen auf dem runden Anstecker, den sich der vom neuen Lokalpatriotismus ergriffene Bürger der kleinen Großstadt York im Norden Englands an den Pullover oder, falls vorhanden, an den Hosenträger steckt. Der Unmut der »ganz einfachen Bürger« gegen die touristischen Heerscharen ist nicht militant.

Er wächst, seitdem die vordergründig friedliche Armee der englischen und ausländischen »day trippers«, der Ein-Tages-Besucher, die sommerliche Kernstadt regelmäßig und vollständig erobert und sich diese Erkenntnis im kulturell und politisch agilen Klima des ehrwürdigen York Publizität verschafft. Man will das mittelalterliche Stadtzentrum, das kolossale Münster, das geschichtsträchtige Pflaster nicht zur touristischen Sperrzone erklärt wissen. Man fordert, daß die Stadt wieder zuerst deren Bürgern und nicht den Fremden gehört.

York ist dem traditionsbewußten Volk der Engländer ein kulturgeschichtliches Muß, das irgendwann im Leben auf dem Urlaubsplan auftaucht. Den natursüchtigen Deutschen hingegen ist es jedoch meist nur als Trittstein auf der Reise nach Schottland bekannt. York mit seinen gut hunderttausend Einwohnern, mit wenig Industrie, viel Handwerk und Handel und einer neuen Universität am südöstlichen Rand der Stadt, nur zwei Eisenbahnstunden von London entfernt. Es ist ein echtes Schienenzentrum und auch per Straße aus allen Teilen der Insel gut zu erreichen.

Die Kombination aus der guten Infrastruktur und dem anerkannt hohen touristischen Vorzeigewert allerdings begründete auch das Dilemma. Das Journal der »York Chamber of Trade and Commerce«, einem Zusammenschluß der örtlichen Geschäftsleute, widmet dem »Touristenroulette« die entsprechende Titelgeschichte: das Problem brennt auf den Nägeln. Runde drei Millionen Besucher schieben sich jährlich zwischen den mittelalterlichen Mauern hindurch, drängen die Einwohner in die Defensive. Wer es vermeiden kann, geht in der Saison samstags nicht zum Einkaufen in die Stadt – etwa zum reichbestückten Markt –, verkneift sich selbst den liebgewonnenen Besuch in der Stammkneipe.

Fahrradfahren im Zentrum ist so gut wie hoffnungslos. Touristen schlendern gelassen über alle Straßen und Wege. Autofahrer, die einheimischen zumindest, müssen langsam lernen, daß Yorks enge Straßen nicht das Rechte für die motorisierte Fortbewegung sind. Alles fährt Schritt, die Parkplätze sind mit fremden Autos zugeparkt, die abgasgeschwängerte Luft beißt.

Die »Chamber of Trade and Commerce« ist indes nicht eine Organisation, die den Tourismus bekämpfen würde. Einmal läßt sich an Touristen einiges verdienen, auch wenn Geschäfte des täglichen Bedarfs tendenziell Andenkenläden, Cafés und ähnlichem weichen müssen, zum anderen sichern die Fremden etwa 4000 Arbeitsplätze in der »tourist industry«, wie Jim Chrichton, Yorks »Director of Tourism«, zu berichten weiß. Die Zahl wiegt besonders schwer, zieht man Englands wirtschaftliche Situation in Betracht und die Arbeitslosenquoten, die im Norden des Landes noch bedeutend höher sind als im Landesdurchschnitt. Während Industriefirmen rationalisieren, etwa die Süßwarenfabrik Rowntree Mackintosh oder die Autozuliefererfirma Armstrong Patents, verzeichnet Direktor Chrichton im Hotel- und Gaststättengewerbe ein leichtes Plus.

Das Arbeitsplatzargument ist genauso einleuchtend wie gefährlich. Unter seinem Dogma nähme eine verhängnisvolle Entwicklung ihren Lauf, die gerade noch aufzuhalten scheint. Chrichton liefert ein paar Fakten aus der Fremdenstatistik, die den richtigen Weg weisen, die sogar den pfeifenschmauchenden »kleinen Mann« vom Anti-Touristen-Anstecker und die profitorientierten Rechner versöhnen könnten.

York, so die derzeitige Situation, leidet hauptsächlich unter den Ein-Tages-Gästen, die Kultur, Geschichte und Lebensfreude im Fünf-Stunden-Konzentrat »genießen«. Sie sind laut Chrichton das Produkt eines krebsartigen, fehlgeleiteten Massentourismus, geben wenig, aber zuviel für die falschen Dinge aus, sind also kein förderungswürdiger Wirtschaftsfaktor.

Nur zehn Prozent der drei Millionen Besucher jährlich sind »echte« York-Urlauber. Sie übernachten in einem der Hotels oder Bed-and-Breakfast-Häuser, bleiben mehrere Tage oder Wochen, benutzen die fast zweitausend Jahre alte Stadt als Ausgangspunkt für eine Reise in die Vergangenheit oder in die nahegelegenen, hierzulande viel zu wenig bekannten »National Parks«, der North Yorks Moors und der Yorkshire Dales.

York hat mehr zu bieten als die im Reiseführer zwingend vorgeschriebenen abendländischen Kulturdenkmäler aus römischer und angelsächsischer Zeit, aus der Herrschaft der Wikinger und der Normannenkönige, aus dem Mittelalter und der georgianischen Periode. Nicht um »zwanzig sehenswerte Kirchen in drei Stunden« – wie sie der offizielle Stadtführer auflistet – kann es gehen, auch nicht um den »unvergeßlichen Spaziergang, fast fünf Kilometer lang, auf der 700 Jahre alten Stadtmauer«.

Die These, die hinter den nachfolgenden Tips steht, ist, daß es in York eine Art von anderer Lebensqualität gibt, die ein Kennenlernen lohnt, aber unkonventionell erschlossen werden muß. Das historische Element ist dabei nur eines von vielen. Wer in seinem Urlaub ein intensives Erlebnis in der fremden städtischen Umgebung sucht, ist besonders in York gut beraten, das Alltägliche der Bürger dort mitzumachen. Zum Alltäglichen gehören hier die kleinen Läden, die 365 Pubs, das Theater- und Kino-Angebot, die Kirchen und die Stadtmauer aber genauso.

Den Aktivitäten innerhalb Yorks sind kaum Grenzen gesetzt, über Museen, historische Gebäude, Galerien und Sportmöglichkeiten informiert preiswert der offizielle Stadtführer, der für 30 Pence in Zeitungsgeschäften und Buchhandlungen zu haben ist. Besondere Erwähnung verdient das große Eisenbahnmuseum in der Leeman Road, das in seiner Größe sicher einzigartig in Europa ist. Den meisten Spaß dürfte allerdings der haben, der sich an einem schönen Tag von der Atmosphäre des alten Stadtzentrums gefangennehmen läßt, wenn er möglichst ziellos durch die Straßen und Gassen wandert. Innerhalb der Stadtmauern laden die Parkanlagen ein (Museum Gardens) und außerhalb die großzügigen Grünflächen in den Wohngebieten. Besonders sehenswert ist die Arbeitersiedlung, die der Rowntree-Konzern um die Jahrhundertwende baute. Sie gilt als richtungsweisend für humane Architektur.

Mitteilsam und hilfsbereit sind die Leute, die in den letzten Jahren die Kooperativen-Bewegung ein gutes Stück nach vorne gebracht haben. Über ein halbes Dutzend selbstverwaltete Handwerksbetriebe und Läden bieten Dinge, die auch für den ausländischen Besucher von Interesse sind; etwa der »Community Bookshop« (73 Walmgate) zum Stöbern, die »Gillygate Bakery« (12 Gillygate) für den Hunger, die »Cycleworks« (16 Lawrence Street), wo man Fahrräder für Tages- und längere Ausflüge mieten kann.

Abendliche Kultur (im engeren Sinne) und Abwechslung bieten das »Arts Centre« in einer ehemaligen Kirche in Micklegate und das »York Film Theatre« im Audimax der Universität. Das Arts Centre bringt täglich ein Kleinkunstprogramm auf die Bühne, also Theater, Musik, Pantomime, Lesungen. Das Film Theatre bietet jeweils donnerstags und sonntags ein empfehlenswertes Programm.

Yorks nähere und weitere Umgebung – das Meer ist nur etwa 40 Meilen entfernt – kann je nach Geschmack und Entfernung zu Fuß, per Fahrrad, Bus oder Auto erkundet werden. »Walks in the Vale of York«, ein Heft des Yorker Wandervereins, erhältlich in Buchhandlungen, macht 14 Vorschläge mit detaillierten Wegbeschreibungen. Die Monteure bei »Cycleworks« halten einige gute Tips für Radler bereit.

Auskünfte über Busverbindungen gibt es am Depot in der Rougier Street. Den Autofahrern weist der offizielle Stadtführer den Weg. Nachdrücklich empfohlen seien die wilden North York Moors, das Seestädtchen Whitby und die Nordseeküste zwischen Scorborough und Whitby.

Hadrianswall

Das römische Erbe

Von Hans Dieter Kley

Laut einer landläufigen Meinung wurde England nur einmal in seiner Geschichte erobert, nämlich im Jahr 1066 durch den Normannenherzog William. Soweit zurück reichen die Stammbäume vieler alteingesessener Familien. Wer weiter zurückblickt, stellt aber fest, daß bereits Dänen und Römer große Teile der Insel eingenommen hatten. Die Nordeuropäer kamen in erster Linie als Zerstörer, die Römer hingegen als Vertreter einer überlegenen Kultur. Die Römerherrschaft, darin sind sich viele Historiker einig, habe der Insel zum Guten gereicht. Mit den Römern habe die »feine britische Art«, die Lebensverfeinerung schlechthin, begonnen. Man sagt dies mit einem Seitenblick auf Nordeuropa und Irland, deren Zivilisation sich ohne römischen Einfluß entwickelte. Man ist stolz auf die ältere Kultur.

Indes sehen die Briten angesichts der »Europäisierung« eine Identitätskrise auf sich zukommen. Das Für und Wider des britischen Beitritts zur Europäischen Gemeinschaft, die Diskussion um das »Englischsein« hat dazu geführt, daß sich die Briten auf ihre Vorfahren besinnen. Dabei entdecken sie aufs neue ihre mannigfachen verwandtschaftlichen Beziehungen zu Kontinentaleuropa, wie etwa zu den Sachsen und zum Haus Hannover. Daß aber auch römisches Blut in angelsächsischen Adern fließt, erscheint manchen Briten eher kurios. Dabei weiß jeder aus den Schulbüchern, daß traditionsreiche Städte wie London, Canterbury, York und Chester ursprünglich römische Gründungen waren.

Leider sind hier weniger römische Bauwerke erhalten geblieben als etwa in Nimes oder Trier. Wer in England den Spuren der Römer folgt, findet die eindrucksvollsten Relikte in den kunstvoll-raffiniert angelegten, heute noch intakten römischen Bädern von Bath in Südengland und an der Hadriansmauer im rauhen Norden.

Der Hadrianswall ist eine einzigartige Sehenswürdigkeit in Europa. Zwar ist er weniger imposant als die Chinesische Mauer, doch ungleich besser erhalten als der römisch-germanische Limes. Die Mauer verläuft an der engsten Stelle Englands, zwischen Carlisle und Newcastle, über Berg und Tal in einer Länge von gut 115 Kilometern. Hadrian, der römische Reisekaiser, gab im Jahr 122 unserer Zeitrechnung den Befehl zum Bau der Mauer; sie sollte die eroberten Gebiete der römischen Inselkolonie vor den kriegerischen Stämmen des Nordens schützen.

Wahrscheinlich hat Hadrian den Norden Englands nie besucht. Sein Hauptverdienst bestand in der Konsolidierung jenes Riesenreiches, das unter seinem Vorgänger Trajan die weiteste Ausdehnung erfahren hatte. Eine natürliche Grenze wie den Rhein, die Donau und den Euphrat gab es im Norden der Insel nicht. Die weite Hügellandschaft vermochte lediglich eine Vorahnung auf das schottische Hochland zu geben. Entlang der Mauer entstanden nicht nur Kastelle, Gräben und Signalposten, sondern mehrere Garnisonsstädte mit Soldatenquartieren, Villen, Tempeln und öffentlichen Bädern.

Die Ausgrabungen haben erstaunliche Anlagen und Gegenstände zutage gebracht. Unter der Anleitung erfahrener Archäologen graben an Orten wie Cilurnum und Vindolanda auch Laiengruppen, darunter junge Leute ab 14 Jahren. Die Römer hatten in England, wie überall in ihrem Imperium, solide gebaut, so als würde ihr Weltreich nie untergehen.

Aber viele Bauwerke wurden im Laufe der Jahrhunderte abgetragen, vieles widerstand nicht dem feuchten englischen Klima. Römische Quader findet man heute in Mauern von Kirchen, Schlössern und Bauernhäusern, besonders an der schnurgeraden Straße, die parallel zum Hadrianswall verläuft.

Wenn man auf der Mauer herumspaziert und unter sich in der Bergsenke die Regenwolken sieht, die heraufquellen, aber nicht über den Kamm gelangen; wenn Scharen von Krähen aufsteigen und schwarze Kühe brüllen; wenn Northumberland so düster, herb und melancholisch wirkt wie sein Name – unter dem Eindruck solcher Naturstimmungen fragt man sich, wie wohl den Eroberern aus dem Süden in diesem ungemütlichen Teil des römischen Imperiums zumute gewesen ist. Zwar dienten im römischen Heer auch Soldaten aus nördlichen Gefilden, aber die langen, nassen Winter und der Rheumatismus dürften

Die Mauer des Hadrianswalls ist 115 Kilometer lang

vielen zu schaffen gemacht haben; darauf lassen allein die zahlreichen Bäder schließen.

England war bereits durch den Einfall Cäsars in den Sog der europäischen Geschichte geraten. Doch erst Claudius vermochte den größten Teil der Insel seinem Herrschaftsbereich einzuverleiben. Schottland, Wales und Cornwall blieben unbesetzt; diese Landesteile waren den Römern entweder zu unzugänglich, zu unfruchtbar oder zu wild. Das Imperium Romanum bezog aus der Kolonie Britannien unter anderem Blei, Eisen und Getreide. Die Römer verbesserten in hohem Maße die Infrastruktur, sie bauten Häfen, Brücken und Straßen. Die Briten genossen das römische Bürgerrecht. Grund zur Auflehnung schien nicht gegeben; ein zorniger junger Mann wie Hermann der Cherusker kommt in der englischen Frühgeschichte nicht vor.

Als sich die Römer immer mehr in Kämpfe mit den Ostgoten verwickelt sahen und allmählich ihre Truppen aus Britannien abzogen, entstand ein Machtvakuum, das nur allzubald von weniger kultivierten Eroberern aus Germanien und Skandinavien gefüllt werden sollte. Wales und Cornwall wurden zu Zufluchtsorten romanisierter Briten. Für die ehemals römische Kolonie Britannien begann eine düstere Zeit. Erst die christliche Mission aus Irland, dem damaligen Land der Kirchen und Klöster, brachte eine neue fruchtbare kulturelle Entwicklung. Die späteren Glaubenskämpfe zeigten, daß auch die Herrschaft der römischen Kirche zwei Seiten hatte – wie alles in der Welt. Aus langen, zuweilen blutigen Konflikten zwischen absoluten Herrschern, Adel, Klerus und dem Volk ging die älteste Demokratie des neuzeitlichen Europa hervor.

Dem Besucher der traditionsbewußten Insel fällt an mehreren Stellen der Hadriansmauer ein Schild mit einem abgebildeten Eichenblatt auf; es ist das Gütezeichen des »National Trust«, einer seit 1895 existierenden privaten Stiftung, die in England, Wales und Nordirland heute 230 historische Gebäude und Gärten verwaltet. Eine ähnliche Stiftung gibt es in Schottland. Der »National Trust« ist ein Vorläufer des modernen Heimat- und Umweltschutzes; er kam durch die Initiative von Bürgern zustande, die angesichts des industriellen Fortschritts die Landschaften und historischen Stätten Großbritanniens gefährdet sahen. Von einem der wohlhabendsten Männer Englands, dem

Herzog von Westminster, tatkräftig unterstützt, ging der »National Trust« daran, Natur- und Kunstschätze zu erwerben, um sie vor Zerstörung und Verfall zu retten. »Zum Wohle der Nation« – so lautet das Motto der Gesellschaft – »fördert der ›National Trust‹ die dauernde Erhaltung von Land und Gebäuden, die sich durch besondere Schönheit oder historisches Interesse auszeichnen.«

Heute hat die Stiftung über 800 000 Mitglieder; ihr gehören Schlösser und Burgen, Kirchen und Klöster, Herrensitze und alte Dörfer, Fabrikbauten aus der frühen Industriezeit, Wind- und Wassermühlen, Brücken und Kanäle, prähistorische Stätten, darunter das berühmte Stonehenge und Teile des Hadrianswalls, außerdem Vogelschutzgebiete, ganze Inseln und Küstenabschnitte, dazu Wohnsitze bekannter Dichter, Maler und Politiker sowie Kunstsammlungen von unschätzbarem Wert. Ein erklecklicher Teil dieser Schätze ist dem »National Trust« durch Schenkung übereignet worden. Doch die Stiftung ist keine staatlich kontrollierte Institution, sondern finanziert sich aus privaten Mitteln, vor allem aus Mitgliedsbeiträgen und Zuwendungen der Wirtschaft. Jedes Mitglied zahlt jährlich umgerechnet rund 28 DM und erhält dafür kostenlosen Zutritt zu den Besitztümern des »National Trust«. Öffentliche Spendenaufrufe zur Finanzierung bestimmter Projekte sind an der Tagesordnung, ebenso Appelle an Stadträte und an das Parlament, massive bauliche Eingriffe etwa in ein Stadtquartier oder die kommerzielle Erschließung eines Landstrichs zu verhindern, sondern vielmehr für die Sanierung besorgt zu sein. »Wir möchten, daß auch unsere Kinder noch in einem Land leben können, das lebens- und liebenswert ist«, heißt die Devise.

Öffentlichkeitsarbeit wird beim »National Trust« großgeschrieben; er veranstaltet Kurse in Landschafts- und Denkmalspflege, Vorträge und Kunstführungen, er gibt mustergültige Publikationen heraus und er unterhält in nahezu hundert Zentren des Landes einladende Informationsstellen, die auch Gesundheitsnahrung und geschmackvolle Souvenirs feilhalten. Hinter alledem entdeckt man eine gute Portion Nostalgie, vor allem aber die Überzeugung, daß kein Volk auf die Dauer ohne Tradition leben kann.

Literarische Schottlandreise

Wo Macbeth die Hexen traf

Von Peter Sager

»Scott's View« heißt der klassische Aussichtspunkt auf der Höhe von Bemersyde, Sir Walters Bellevue. Im Tal macht der Tweed eine Ehrenrunde, vor uns die Panorama-Ansichtskarte der Borders, im Mittelpunkt die Eildon Hills, drei vulkanische Hügel, wie geschaffen für Mythen und Märchen.

Der Mann, der die Borders über die Grenze Schottlands hinaus zum Begriff machte, zum »Scott Country«, der Schriftsteller, dessen historische Romane im 19. Jahrhundert zu einem neuen schottischen Nationalbewußtsein führten, Sir Walter Scott, ist heute nicht mehr in seinen Büchern am lebendigsten, sondern dort, wo er sie schrieb, in seinem Haus am Tweed. Abbotsford (1816-23) mit seinen Erkern, Zinnen, Ecktürmen und Stufengiebeln wurde zum Vorläufer des viktorianischen Bardnialstils, eine »Romanze in Stein und Mörtel«.

Scott baute sein Haus nach Art seiner historischen Romane, eine romantische Fiktion aus realistischen Details. Das macht Abbotsford so authentisch wie phantastisch. In die Mauern sind Teile abgerissener historischer Gebäude eingelassen, unter anderem ein Türflügel des alten Tolbooth-Gefängnisses in Edinburgh. Der Haupteingang ist einem Portal von Linlithgow Palace nachgebildet, wo Maria Stuart geboren wurde.

Eisern bewachen zwei Ritter den Eingang zu Sir Walters Arbeitszimmer. Ein Entreé voller Helme und Harnische – »Dein Schwert, wie ist's von Blut so rot? Edward, Edward!« –, Waffen von Culloden und Waterloo, auf dem Kaminsims königlicher Nippes, eine Kopie des Totenkopfes von King Robert Bruce. In Scotts Waffenkammer könnte sich eine schottische Meininger-Truppe originalgetreu rüsten zur Aufführung sämtlicher Schlachtenszenen aus seinen Romanen. Sie fände hier so prominentes Zubehör wie das Pulverhorn von König James VI. und Bonnie Dundees Pistole. »A wild world, my masters, this Scotland of ours must have been«, schrieb er in sein Tagebuch.

Scotts Bibliothek birgt den zivileren Teil seiner Reliquiensammlung:

Locken von Nelson und Charles I., Maria Stuarts Perlmuttkreuz, das sie bei ihrer Hinrichtung getragen haben soll, und Bonnie Prince Charlies hölzernen Whiskybecher mit einem Boden aus Glas, damit ihn keiner beim Trinken überraschen konnte – ein ingeniöses, schottisches Patent: viel Feind, viel Whisky. Das also ist das Zeughaus seiner Dichtung, hier führte Sir Walter sein bürgerliches Heldenleben. Scotts Tusculum am Tweed war eine Romanfabrik, der Landlord ein Sklave seines Schreibtisches. Auf seinen Tagesablauf konnten die Verleger sich verlassen. Scott stand um fünf Uhr auf, schrieb bis zum Frühstück um neun, danach weiter bis Mittag. Die Nachmittage widmete er seinem Beruf, denn Sir Walter war Jurist: seit 1799 Stellvertreter des höchsten Richters in der Grafschaft Selkirk. Bei dieser Arbeit in den Borders sammelte er das Material für seine »Schottischen Grenzland-Balladen«, die ihn zusammen mit Versromanzen wie »The Lady of the Lake« (1810) und den historischen »Waverley«-Romanen zum populärsten Autor seiner Zeit machten.

Wer Schottland besuchte, besuchte Scott. »Die gnadenlose Neugier der Touristen« beklagte schon sein Schwiegersohn Lockhart. Im Juli 1829 besichtigt ein junger deutscher Komponist auf seiner Reise zu den Hebriden, Felix Mendelssohn-Bartholdy, das literarische Denkmal am Tweed: »Wir fanden Sir Walter Scott im Begriffe, Abbotsford zu verlassen, sahen ihn an wie ein neues Tor, fuhren achtzig Meilen und verloren einen Tag um eine halbe Stunde unbedeutender Konversation … wir ärgerten uns über große Männer, über uns, über die Welt, über alles. Der Tag war schlecht.«

Schon 1833, ein Jahr nach Scotts Tod, wurde Abbotsford dem Publikum zur Besichtigung geöffnet. »Wir atmeten auf in der frischen Luft und fühlten uns wie von einem leisen Drucke befreit«, erinnerte sich Fontane an seinen Besuch im Sommer 1858, als sei er im Innern eines Reliquienschreins gewesen. Den »Waverley«-Autor aber pries er als den »Shakespeare der Erzählung«.

»Inzwischen haben wir pro Jahr rund 70 000 Besucher«, sagt Patricia Maxwell-Scott, die Ur-Ur-Urenkelin des Dichters, die im Familienmuseum wohnt. Deutschen Besuchern zeigt sie stolz die beiden Goethe-Medaillen, die der eine Klassiker dem anderen schickte, nicht zuletzt als Dank für Sir Walters Übersetzung des »Götz von Berlichingen«. Mit ihren lyrischen Partien und dramatischen Szenen, ihren großen Gefühlen und nationalen Leidenschaften erwiesen sich Scotts Romane als ideale Opern-Libretti, nicht nur für Donizettis »Lucia di Lammermoor«. Noch populärer wurden sie indes, auszugsweise, als Werbetexte des Fremdenverkehrs. Scotts Bücher waren Heimatkunde im besten Sinn. Sie weckten das Interesse an der eigenen schottischen Geschichte, und das hieß immer auch: Enthusiasmus für die schottische Landschaft.

Zum Beispiel die Trossachs, der schottische Lake District am Rand der Highlands: Berge, Seen und Wälder, bis heute ein populäres Ausflugsgebiet nicht nur der Glasgower. Man zitierte Sir Walter Scott und besuchte die Schauplätze der »Lady of the Lake«. Diese »Jungfrau vom See« war Ellen Douglas, der See Loch Katrine, und noch heute heißt die Insel im See, wo sie lebte, Ellen's Isle. Hier hatte sie mit ihrem Vater William Douglas, vom König verbannt, Zuflucht gefunden bei Roderick Dhu, dem Führer des Clans MacGregor. Die Trossachs waren damals wild und unzugänglich wie die MacGregors, die »Kinder des Nebels«, und als der König sich auf der Jagd verirrte und am Loch Katrine die schöne Helene traf, da war es fast um ihn geschehen. Liebe und Kampf in den Bergen, die Idylle am See, das Duell am Fluß und ein Happy-End in Stirling Castle: Mit dieser unwiderstehlichen Mischung wurde »The Lady of the Lake« zum Bestseller und die Trossachs zum Touristengebiet.

»Man brach in Scharen auf«, erinnerte sich ein Edinburgher Verleger, »um den Schauplatz Loch Katrine zu besichtigen ... und da das Buch kurz vor der Ausflugssaison erschien, war jedes Haus und jede Wirtschaft in der Umgebung überfüllt mit einem nicht abreißenden Strom von Besuchern.« Der Postkutschenverkehr stieg sprunghaft. Auch der Herzog von Montrose erkannte die Zeichen der Zeit und ließ 1820 für die Scott-Fans eine Straße von Aberfoyle nach Loch Achray bauen, mitten durch sein wildes Wald- und Moorland – »Duke's Pass«, der Vorläufer der heutigen A 821.

Im Herbst 1837, als die »Jungfrau vom See« schon in über 50 000 Exemplaren verbreitet war, beobachtete Lord Cockburn, wie sich in einem Wirtshaus in der Nähe der Trossachs etwa hundert

Der Fischerhafen von Kirkcudbright am Solway-Firth, eine beliebte Künstlerkolonie

Leute (»all of the upper rank«) um die wenigen freien Zimmer stritten und in drangvoller Enge übernachteten: »Die Schweine waren genauso bequem untergebracht. Ich sah drei oder vier englische Gentleman ihr eigenes Stroh auf der bloßen Erde ausbreiten im Bretterverschlag ohne Kamin und ohne Möbel. Und derlei passiert hier täglich.«

Als Queen Victoria 1869 am Loch Katrine stand, hatte schon der Dampfer »Rob Roy« den Linienverkehr in die Einsamkeit aufgenommen, und natürlich hatte auch die Königin »The Lady of the Lake« in der Handtasche und auf den Lippen: »Where shall he find, in foreign land/So lone a lake, so sweet a strand!« Heute ist Loch Katrine in der Saison überlaufen. Kaum einer liest mehr Scott, aber alle benutzen ihn, denn seit 1900 verkehrt der Dichter als Dampfer auf dem See: »Sir Walter Scott«, Symbiose von Romantik, Literatur und Tourismus.

Auf einer eigens ausgeschilderten Poetenstraße, dem »Burns Heritage Trail«, lassen sich auch Leben und Lieder des zweiten schottischen Nationaldichters von Ort zu Ort (und von Pub zu Pub) verfolgen: von Alloway, wo Robert Burns 1759 geboren wurde, bis Dumfries, wo er 1796 starb.

Hier, im Süden Schottlands, habe ich eine andere literarische Fährte aufgenommen. Kirkcudbright, ein Fischerhafen am Solway Firth, Häuser in Pastellfarben, eine Künstlerkolonie. »Wer in Galloway wohnt, der fischt oder malt.« Wer nach diesem ersten Satz des Romans »The Five Red Herrings« (1931) eine Idylle erwartet, kennt Dorothy L. Sayers schlecht. Es geht um Mord, das Opfer ist ein Landschaftsmaler namens Campbell, der Schauplatz Kirkcudbright und Umgebung. Dorothy L. Sayers verbrachte hier oft ihre Ferien. So topographisch exakt hat sie die »Fünf falschen Fährten« beschrieben, daß wir Lord Peter Wimseys Wege bei der Aufklärung des Falles bis ins Detail verfolgen können. Nehmen wir nur seinen Ausflug zum Tatort: »Es war ein herrlicher Augusttag, und Wimseys Seele schnurrte vor Vergnügen, als er seinen Wagen durch die Gegend kutschierte. Die Strecke zwischen Kirkcudbright und Newton-Stewart ist von einer abwechslungsreichen, schwer zu übersehenden Schönheit, und mit einem Himmel voll strahlenden Sonnenschein und aufgetürmten Wolkenbänken, den blühenden Hekken, einer gut ausgebauten Straße, einem temperamentvollen Motor und der Aussicht auf eine schöne Leiche am Ende der Reise fehlte Lord Peter nichts zu seinem Glück. Er war ein Mensch, der sich an kleinen Dingen freuen konnte.« Die Gegend hat, auch ohne Leiche, ihre Reize.

»Zu Roß, wir reiten nach Linlithgow«: Als gute Reisebegleiter erweisen sich auch einige Balladen Fontanes, der von sich sagte, er sei schon früh »mit Maria Stuart zu Bett gegangen und mit Archibald Douglas aufgestanden«. Fontanes »Brücke am Tay« im Ohr und die neue Eisenbahnbrücke nach Dundee vor Augen, nähern wir uns den Highlands. Auch hier gibt es so etwas wie eine deutsch-schottische Wahlverwandtschaft. Das Stichwort heißt »Ossian«.

Nebulös und realistisch verbindet sich bis heute Macphersons Ossian-Fiktion mit der Landschaft seines mythischen Helden, mit der Melancholie der Highlands und ihrer Geschichte. Wo könnte Johann Gottfried Herder, der dem jungen Goethe »Ossian« als »Urpoesie« empfahl, heute auf einer Schottlandreise ossianisch empfinden? In der Fingalshöhle, auf Mendelssohns Hebriden-Ouvertüren-Insel Staffa? Im wilden Glen Coe? Am düsteren Loch Ossian, nördlich von Rannoch Moor?

Herder würde heute, im Auto nach Norden, die Stimmen der Völker in der Hitparade hören, und da wäre er voll abgefahren auf die schottische Pop-Gruppe OSSIAN: elektronische Variationen gälischer Lieder, mit Billy Jackson an der keltischen Harfe. So käme Herder auf der A 9 ins Spey-Tal, ins »Macpherson Country«, zum Geburts- und Sterbeort des Dichters.

»Fair is foul, and foul is fair«, schön ist häßlich, häßlich schön: Es war ein Wetter wie im ersten Akt des »Macbeth«. Dunst und Nebel und dann, literarischer Hexenregie zum Trotz, die Sonne. Es war ein Tag, um nach Cawdor Castle zu fahren, zur Burg des Macbeth.

Forres ist eine jener Kleinstädte, denen man nichts Böses mehr zutraut außer ihrer tödlichen Langeweile. Forres war die Stadt der Königsmorde. König Donald, Donalds Sohn Malcolm I., Malcolms Sohn Duff: sie wurden, einer nach dem andern, in oder bei Forres erschlagen. Sieben von neun schottischen Königen wurden zwischen 943 und 1040 ermordet. Thronfolge, Mordfolge. »Um so blutsverwandter / so mehr verwandt dem Tode«, sagt Donalbain zu seinem Bruder Malcolm nach der Ermordung ihres Vaters Duncan: eine schottische Faustregel (»Macbeth«, II, 4). Der historische König Duncan hielt im frühen 11. Jahrundert in Forres Hof.

»Rundum dreht euch so, rundum: /Dreimal dein und dreimal mein. / Und dreimal noch, so macht es neun – / Halt! Der Zauber ist gezogen.« So singen »the Weird Sisters«, die drei Unheilsschwestern, die Macbeth im ersten Akt auf dem Weg nach Forres trifft ... »upon this blasted heath«. Statt »dürrer Heide« sehen wir nördlich der A 96 eine Fichtenschonung, umgeben von Weideland: Macbeth's Hill. Das also war der Ort, wo die »Schicksalsschwestern« Macbeth prophetisch als »Than von Cawdor« und »künft'gen König« begrüßten.

Cawdor Castle liegt nur wenige Meilen von der »dürren Heide« entfernt, abseits der Hauptstraße nach Inverness. »Dies Schloß hat eine angenehme Lage«, sagt König Duncan, als er die Burg seines Mörders Macbeth betritt. »Gastlich umfängt die leichte, milde Luft / Die heitern Sinne« (I, 6). Park und Wald umgeben

Klosterruine aus dem Jahre 1142 in Kirkcudbrightshire

die Burg: ein Flüßchen auf der einen, ein Burggraben auf der andern Seite; eine Zugbrücke, ein umwallter Burghof, die Mauern des mächtigen Turms: Hier könnte es gewesen sein. Ein cleverer Burgherr hätte leicht neben dem Himmelbett einen dunklen Fleck auf dem Fußboden präparieren können. Aber Lord Cawdor ist ein ehrenwerter Mann, und touristische Faxen hat er so wenig nötig wie literarische Anleihen. »Duncan starb auch nicht in unserer Burg«, sagt Lord Cawdor ohne Bedauern. »Er starb auch nicht meuchlings im Bett, sondern Macbeth erschlug ihn in der Schlacht bei Elgin im Jahre 1040. Im übrigen stammt der älteste Teil unserer Burg, der Zentralturm, erst aus dem 14. Jahrhundert.« Aus für Macbeth, »Than von Cawdor«.

Lord Hugh, der heutige 25. Than von Cawdor, hat eine Familiengeschichte, als sei's ein Potpourri aus Shakespeares Gesammelten Werken, eine Ahnengalerie voller komischer und tragischer Helden. Der 4. und der 11. Than von Cawdor wurden ermordet, der 12. machte bankrott, der 13. wurde verrückt, der 16. ertrank und der 21. war ein notorischer Rennplatzhengst, von dem es hieß, er werde sich ruinieren, weil er »drei langsame Pferde und zwei schnelle Frauen« hatte. Der 24. Than von Cawdor schließlich, der Vater des jetzigen, wurde durch seine Lieblingsziege Albert bekannt: Albert bekam jeden Sonntag ein Päckchen Zigaretten (Capsten Full Strenth), die der Ziegenbock samt Silberpapier vernaschte; er starb, vor seiner Zeit, nach dem Genuß einer Gallone Rostschutzfarbe und erhielt »ein schlichtes, aber bewegendes Begräbnis«. Angesichts dieses Stammbaums beweist der 25. Than von Cawdor Kontinuität, indem er neben den Waffen der Ahnen seinen schwarzen Aikido-Gürtel ausstellt (»eine der jüngeren Kriegskünste«).

Architekt und passionierter Moorhuhnjäger, trägt er der populären Shakespeares-Verbindung immerhin mit einigen Ausstellungsstücken Rechnung: mit einer Macbeth-Zeichnung von Dali und einer Vitrine voll Shakespeare-Literatur. Macbeth hat seine Schuldigkeit getan, das Publikum kann kommen. Fast 100 000 Besucher im Sommerhalbjahr sind genug, im Winter wollen Lord und Lady Cawdor ihre Ruhe haben. Und Shakespeare lesen: »Glamis mordet den Schlaf«, heißt es da von Macbeth, der ja auch Than von Glamis war. Wenn nun alles dort stattgefunden hätte, am anderen Ende der Highlands: in Glamis Castle?

Auch diese Burg »hat eine angenehme Lage«, in einem Landschaftsgarten von Capability Brown (um 1770). In einer Talsenke am Ende einer langen Eichenallee liegt »the noble palace of Glamis« (Defoe), die Krönung schottischer Burgenromantik. Keine Hollywood-Kulisse für den Film »The Macbeth Murder« könnte schottischer sein: hallende Wendeltreppen, stumme Verliese, ein Geheimkabinett im meterdicken Mauerwerk, aus dem manchmal Kartenspielgeräusche zu hören sind, zehn Prunkgemächer und hundert leere Zimmer, in denen die Ratten rascheln, als seien es die Seidenroben einstiger Gäste von Glamis. Sir Walter Scott verbrachte hier 1793 eine unruhige Nacht: »Ich muß gestehen, daß, als sich Tür nach Tür hinter mir schloß, als mein Führer sich zurückgezogen hatte, ich begann, mich zu weit entfernt von den Lebenden zu fühlen und etwas zu nah den Toten.«

Wenn die heutige Gräfin von Glamis nach nebenan ins Familienmuseum geht, empfindet sie manchmal »so ein Gefühl von Schrecken, vibrations of the past«. Das ist ganz unbegründet, zumindest was Macbeth betrifft. Denn Duncan's Hall, wo man noch im 19. Jahrhundert Besuchern das Mordbett zeigte, selbst dieser älteste Teil der Burg, wurde erst ein Jahrhundert nach Duncans Tod gebaut. Für die Figur der Lady Macbeth aber stand vielleicht Lady Glamis Pate, die eine Generation vor Shakespeare lebte und der Planung eines Giftmordes an James V. bezichtigt wurde, zu Unrecht, und 1540 in Edinburgh als Hexe auf dem Scheiterhaufen endete. Heute strömen die Besucher von Glamis ins Schlafzimmer der Queen Mother, der Tochter des 14. Grafen von Glamis und Mutter von Königin Elizabeth. Deren Schwester, Princess Margaret, wurde 1930 in Glamis Castle geboren – die erste königliche Prinzessin seit 300 Jahren, die in Schottland zur Welt kam. »Macbeth's Castle« heißt ein Hügel in einem Wald südwestlich von Glamis, wo die Tragödie endet. Der historische Macbeth floh nach der Schlacht gegen Siward und wurde erst drei Jahre später, 1057, bei Luphanan getötet. Dort sind noch Reste alter Erdwälle erhalten, und »Macbeth's Cairn«, von Bäumen umgeben, markiert die Stelle, wo er vermutlich fiel. Von diesem »Teufel Schottlands«, wie Shakespeares Macduff ihn nennt, von König Macbeth, heißt es in einer Chronik von 1577, er habe zehn der siebzehn Jahre redlich regiert. Eigentlich gar kein so schlechter Prozentsatz.

Edinburgh – Lothians

Der Schatten Maria Stuarts folgt einem überallhin

Von Ingeborg Meyer-Sickendiek

Was in Transportkreisen in lapidarer Vereinfachung Ed oder E-burgh genannt wird, stellt sich, selbst dem Berufsreisenden, als eine Art von dramatischer Einlage dar. Nichts deutet bei der Ankunft mit dem im Zweistundenrhythmus zwischen London einerseits und Edinburgh und Glasgow andererseits pendelnden Airshuttle darauf hin. Im Gegenteil, die sich zu den nördlichen Inselgruppen, den Shetlands und Orkneys, fortsetzenden Flüge, von denen einer seine Passagiere gerade unter dem Abflugschild »Kirkwall« zusammenruft, lassen eher den Eindruck eines verbissen gegen »England« verteidigten Provinzialismus aufkommen.

Um so eindrucksvoller wächst die düster-kompakte Masse dessen, was die Schotten »eine der edelsten Städte der Welt« nennen, über den Vorstadtgürtel aus halbmondförmig angelegten Plätzen und den in grauer Eleganz erstarrten Straßen im »Georgian Style« empor. Zwei vulkanische Bergstöcke, Arthurs Seat und der sich 135 Meter über dem Meeresspiegel erhebende Burgfelsen, schon zur Bronzezeit befestigt und von König Edwin von Northumbrien im 7. Jahrhundert als Verteidigungsstellung ausgebaut, sind die herausfordernden Höhepunkte der Silhouette. Im Näherkommen werden sie, sowohl durch ihre bizarre Ausformung als auch durch die glimmende Färbung ihres ausgeglühten Lavagesteins, zum Synonym für alle heroischen Schrecken der schottischen Geschichte.

Man hält ihnen am besten nach einem kräftigen Frühstück stand, eingenommen in einem der nobel gegliederten Hotels des 18. Jahrhunderts, während der Frühjahrstag auf diesem insularen Nordausläufer verspätet die von der Nacht eingetrübten Luftschichten durchdringt. In wunderbarer Klarheit, der von drei Seeseiten kühles Licht zuströmt, breitet sich Edinburgh

Edinburgh – Hauptstadt von Schottland und der Grafschaft Midlothians, am Eingang des Firth of Forth

vom Steilpaß seiner Straßen vor uns aus, ein nach Osten in das zeitlose Blau der atlantischen Ferne geöffnetes Fenster mit dem Blick zum Firth of Forth. Von Ptolemäus »Bodotria« genannt, bildet dieser in die zentralen Lowlands eintretende Meeresarm den Mündungstrichter des River Forth. An seiner engsten Stelle ist er von zwei gewaltigen Brückenwerken überspannt. Aus der flachen Küstenebene betrachtet, gehen Eisenbahn- und Straßenhängebrücke mit den gewölbten Linien der Pentland- und der Lammermuirhügel in die Lothians über, die die Landschaft beherrschen.

Als eine der fünf viel besuchten Ferienregionen Schottlands haben die Lothians als grenznahe südlichste Provinz von englischer Seite den meisten Zulauf. Wenn es während der gut dreihundert Jahre dauernden schottischen Unabhängigkeit zwi-

schen 1361 und 1688 hauptsächlich unwillkommene englische
Truppen waren, die über die mehr fiktive Trennungslinie vom
Solway Firth am River Tweed entlang nach Schottland einmar-
schierten, sind es heute ausschließlich Touristen mit ungetrüb-
ter Vorliebe für eine noch urwelthafte Naturlandschaft und deren dramatische Konturierung durch die Geschichte.

Freilich hat das alles, besonders für Reisende aus dem englischen Teil der Insel, nationalen Beschwörungscharakter. Selbst
die von der Stuart-Dynastie eingeführten und viel benutzten
Golfplätze, an denen die Lothians besonders reich sind, wollen

In schwindelnder Höhe erhebt sich die markante Ruine des seit 1347 befestigten Schlosses Tantallon

auf patriotische Tradition nicht verzichten. Doch anders als in den Highlands und auf den Islands, wo das gälische Erbe in Sprache und Kultur einen fast aggressiven Eigenwert besitzt, läßt sich Edinburgh, schon seinen internationalen Festspielen zuliebe, eher als origineller britischer Außenseiter feiern. Außer Scotch, dem schon seit Jahrhunderten auf Gerstenbasis hergestellten Kornbranntwein, und Haggis, dem Gericht aus Hammelinnereien, werden auch die politischen Alleingänge der Vergangenheit nicht anders als der Aufzug der Dudelsackpfeiferkapellen unter dem Stichwort »Ein Hauch von Schottland« in den Dienst touristischer Folklore gestellt. Mit Liedern zur Clarsach, der schottischen Harfe, und zur Fiddle unterhalten kleine Musikgruppen die Hotelgäste zur Winterszeit.

Kein Zweifel, wer der »Straße des Whiskys« nach Norden folgt, wird bei Hochlandspielen und Klan-Zusammenkünften im Kreise piktischer Nachfahren auf eine rebellische Grundstimmung stoßen. Keinem Römer gelang es während der 300 Jahre dauernden Besetzung Kaledoniens, über den Antoniuswall zwischen Firth of Clyde und Firth of Forth tiefer ins Piktenland einzudringen. Daß England kaum länger brauchte, um die schottische Unabhängigkeit auszuhöhlen, grämt die Anhänger der Autonomie bis heute. Und dies ist ein Grund, warum in ihrem Weltbild die Briten von der anderen Seite die Rolle des ewigen Klassenfeindes spielen. Dabei wird, wenn auch widerwillig, eingeräumt, daß Schottland ohne diesen Antagonismus wohl niemals das Land romantischer Heldenverehrung geworden wäre, die überschwenglich um Gestalten wie Robert Bruce und Bonnie Prince Charles kreist. Auch der poetische Genius eines Sir Walter Scott, Robert Burns und Robert Louis Stevenson, um nur die berühmtesten zu nennen, bedurfte zu seiner vollen Entfaltung dieser resignativen Hochstimmung. Gleichwohl hat Queen Victoria unbefangen von ihren »dear dear Highlands« geschwärmt.

Von den Touristen, die nicht unter die Kategorie der »british subjects« fallen, sind Deutsche unter dem Eindruck von Schillers »Maria Stuart« und Fontanes »Archibald Douglas« für Schottland nicht weniger anfällig als Franzosen in Erinnerung an die »Auld alliance«, jenes historische Bündnis zwischen Franzosen und Schotten mit Blick auf ihren gemeinsamen englischen Feind. Etwas von jenem Wahnsinn, wie ihn Donizetti in seiner nach einer Dichtung Walter Scotts entstandenen Oper »Lucia di Lammermoor« zelebriert, ist in der konspirativen Verschwiegenheit der Jakobitenschlösser zu erkennen. In der von sanften Hügeln durchwogten Parklandschaft begleiten sie unseren Weg von den Borders über die Lothians nach Edinburgh. Dank Herder, in dessen Liedersammlung »Stimmen der

Völker« die schottische Ballade einen besonderen Platz einnimmt, ist das Element schicksalhafter Verstrickung in den meist gotischen Burganlagen mit Zwischenwällen und turmbewehrtem Mauerwerk noch immer unübersehbar. Fast alle haben sie ebensoviel mit Intrigen und Meuchelmord des schottischen Adels wie mit Maria Stuarts Irrwegen zu tun. Eine Maria-Stuart-Gedächtnisreise ist als touristisches Jubiläumsangebot zu erwarten, wenn sich 1987 ihr Tod zum vierhundertstenmal jährt. Sie greift über die Lothians hinaus – angefangen vom Palast Linlithgow am stillen Südufer eines Sees mit dem zeitlosen Anblick von Schwänen, wo sie als Tochter Jakobs V. 1542 geboren wurde, über Schloß Stirling, wo man sie im Beisein ihrer französischen Mutter, Mary Guise aus dem Haus Lothringen, als Kleinkind von sieben Monaten krönte, bis zur Dundrenna-Abtei, in der sie vor ihrer Fahrt nach England in ihrer letzten Nacht Zuflucht fand. Dazwischen die Stationen ihrer Flucht vor den äußeren Feinden und vor sich selbst: Craigmillar Castle, wo sie nach dem Mord an ihrem Sekretär Rizzio in das Komplott zur Beseitigung ihres englischen Gemahls, Lord Darnley, einwilligte, und Hermitage Castle, wo sie nach einem nächtlichen Ritt von achtzig Kilometern heimlich mit ihrem Liebhaber Bothwell zusammentraf, und schließlich das Schloß auf einer Insel im Loch Leven bei Konross, aus dem sie 1568 entfliehen konnte, bevor ihre Cousine, Elizabeth I., sie auf englischem Boden abermals gefangensetzte, insgesamt dreizehn Jahre bis zu ihrer Enthauptung 1587. Allein ihre Totenmaske, die zusammen mit anderen Gegenständen aus ihrem persönlichen Besitz in einem vorübergehend von ihr bewohnten Haus in Jedburgh (Borders) verwahrt wird, und das Gemälde eines unbekannten Meisters im Edinburgher Nationalmuseum legen ihr labyrinthisches Leben an jenen Punkten frei, zwischen denen sich bei Schiller das Thema dramatisch verdichtet: Hier die in ihrer Haft porträtierte, um ihre königlichen Ansprüche betrogene Frau, verbittert und machtlos, mit ihren 36 Jahren älter aussehend, dort ihr eigenartig verjüngtes, von den Resten menschlicher Leidenschaft entschlacktes Totenantlitz, ruhig und verklärt.

Wie ein Echo auf Schottlands wildbewegte Vergangenheit rollen im Osten der Lothians die Wogen der Nordsee an den Strand von North Berwick. In schwindelnder Höhe, auf einer Klippe am Eingang des Firth of Forth, erhebt sich die markante Ruine

des seit 1347 befestigten Schlosses Tantallon, nach vielen Beschießungen, zuletzt durch Cromwells Truppen, nur eine ausgehöhlte, gleichwohl gewaltige Bastion. Einst Sitz des mächtigen Adelsgeschlechtes der Douglas, das mit Archibald, dem 6. Earl von Angus, in das Schicksal der Stuarts eingriff, steht das rötliche Gemäuer in kaltem Kontrast zum funkelnden Blau der Fluten, unversöhnlich, wie die in Fontanes Ballade durch Familienzwist entzweiten Protagonisten. Seit der Vertonung durch Karl Loewe im Jahre 1851 haben Generationen ein romantisches Rühren verspürt, wenn sich der im Stolz versteinte König Jakob V., Maria Stuarts Vater, vom Pferd zu seinem Bittsteller, dem von ihm verbannten Grafen Archibald, seinem Vormund und Stiefvater, mit den erlösenden Worten herabneigte: »Zu Roß, wir reiten nach Linlithgow, und du reitest an meiner Seite, dort wollen wir fischen und jagen, froh als wie in alter Zeit.«
Fischen und jagen, einschließlich der Pirsch auf Fasan und schottisches Moorschneehuhn, das kann man in den Lothians »als wie in alter Zeit«. Auch die weißgetünchten Fischerdörfer am Firth of Forth strahlen noch die gleiche Frische und Genügsamkeit aus, wie sie Mendelssohn-Bartholdy zusammen mit den Mythen der Vergangenheit vor 150 Jahren zu seiner »Schottischen Sinfonie« und der Ouvertüre »Die Hebriden« musikalisch verschmolz.
In Schottland hat sich auch ohne den Druck des Denkmalschutzes an der historischen Kostümierung ganzer Landstriche nie etwas geändert. Dank des insularen Traditionalismus hält Edinburgh mit seiner High Kirk, der Kathedrale St. Giles, und der mittelalterlichen Monumentstraße, der Royal Mile, auch die weniger rühmlichen Daten seiner Geschichte fest, indem es mit blankgeputzten, ins Straßenpflaster eingelassenen Metallplatten Hinweise auf schreckliche Bluttaten und öffentliche Hinrichtungen gibt.
Die Kirchenfenster in St. Giles, Schauplatz nicht nur nationaler Gottesdienste, sondern auch von Verschwörung und Rebellion, überraschen mit der Darstellung politischer Morde nicht weniger als mit Grabmälern, die unter schottischen Regimentsfahnen freimütig bekennen, daß etwa der hier bestattete Marquis von Argyll der von ihm erzwungenen Exekution des am anderen Ende der Kathedrale beigesetzten Marquis von Montrose angeregt zugeschaut haben soll, bis ihn das gleiche Schicksal ereilte.

St. Andrews
Einst war Schottland ein riesiger Golfplatz

Von Ernst Hess

Keith Mackenzies herrlicher Baß rutschte für einen kurzen Moment einige Oktaven höher, dieweil der stramm gezwirbelte Walroßbart traurig nach unten sackte: »Es ist richtig, kein Mitglied der königlichen Familie spielt derzeit Golf.«

Daß es eine Schande sei, behielt der schwergewichtige Sekretär des »Royal and Ancient Golf Club of St. Andrews« als echter Gentleman für sich. »Ihre Majestät hat nur Augen für Pferde, das wird sich wohl nicht mehr ändern.«

Nicht immer verweigerte das Haus Hannover-Windsor den Golfpäpsten von St. Andrews seine Huld. Die Liste der Royal and Ancient-Kapitäne weist immerhin drei leibhaftige Könige und zwei nicht minder blaublütige Herzöge auf. Und in der Schatzkammer des viktorianischen Klubhauses am Meer erinnern drei Golfbälle aus massivem Gold an die Großzügigkeit der durchlauchten Vereinsvorsitzenden. Vielleicht hat die königliche Abstinenz unserer Tage ganz einfach ihren Grund darin, daß Frauen keinen Zutritt zu den Klubräumen haben.

St. Andrews liegt etwa siebzig Meilen nordöstlich von Edinburgh, in grauem Stein auf die grünen Hügel der Grafschaft Fife gebaut. Hier sollen um das Jahr 1500 herum erstmals schottische Barone zwischen Strandhafer und Dünen um ein ordentliches Handikap gegolft haben. Zwar rühmt sich auch das schottische Städtchen Bruntsfield (bei Edinburgh), die Wiege des Nationalsports zu sein, doch dafür haben die würdigen Herren vom R & A in St. Andrews nur ein müdes Lächeln übrig.

Selbst der einfältigste Torfstecher in den Highlands kennt eine Jahreszahl auswendig, sofern ihn nicht der Whisky vorübergehend seines Gedächtnisses beraubt hat: 1754. Am 14. Mai dieses denkwürdigen Schaltjahres eilten 22 Adlige und Professoren zum Sheriff Deputy von St. Andrews, einem gewissen Sir James Lumsdain of Rennyhill, um sich als »The Society of Golfers« im

Register eintragen zu lassen. Sir James, der selbst schon seit Jahren mit langen Drives die kleinen Bälle von Green zu Green drosch, war von der gesundheitsfördernden Idee so angetan, daß er sich spontan unter Zahlung etlicher Goldpfunde der illustren Gesellschaft anschloß.

Bevor man sich auf die Regularien des beliebten Ballspiels einigte, schloß man zunächst die Frauen »für jetzt und alle Zukunft« von einer Mitgliedschaft in der Golf-Society aus. Und bis heute hängt die einzige Lady, die jemals den Big Room des Klubhauses betrat, in Öl an der Wand: Ihre Majestät Queen Elizabeth II., Patronin des Royal and Ancient Golf Clubs of St. Andrews, gemalt von Pietro Annigoni. Der Blick der Monarchin – R & A-Chairman F. R. Furber weist vergrämt darauf hin – verrät leider handfestes Desinteresse am Golf und ruht zu allem Unglück gelangweilt auf der kapitalen Trophäensammlung des R & A, die sich in der Vitrine gegenüber befindet.

Dafür kann Secretary Keith Mackenzie golfbesessene Klubmitglieder nennen, die es an Popularität mit der Queen locker aufnehmen: die USA-Entertainer Bob Hope und Bing Crosby, Formel-1-Ex-Weltmeister Jackie Stewart, Feldmarschall »Monty« Montgomery selig oder Spitzenprofi Jack Nicklaus. Seit König William IV. dem Klub das Prädikat »Royal« allergnädigst und höchstselbst verlieh, kann kein gewöhnlicher Sterblicher hoffen, die dunkelgrüne Krawatte mit den kleinen Goldbuchstaben »R & A« tragen zu dürfen. Die Mitgliederzahl ist streng auf 1750 limitiert, davon müssen 1050 zumindest in Britannien das Licht der Welt erblickt haben.

Secretary Mackenzie mußte lange in seinem abgegriffenen Handbuch blättern, ehe er es fand: »Ja, tatsächlich, es gibt auch vier Mitglieder aus Deutschland. Kennen Sie Mr. Heinz Otto Krings?« Er, immerhin der Präsident des Deutschen Golf-Verbandes, interessierte allerdings weder Mackenzie noch »R & A«-Chairman Furber sonderlich. »Hier liegt gerade der Antrag des russischen Botschafters am Hofe von St. James«, der Secretary deutet auf ein wappengeschmücktes Büttenpapier in der dekorativen Unordnung. Moskaus Mann in London will als erstes Mitglied aus dem Ostblock in den schottischen Nobelklub. »Kennen Sie ihn, er war früher in Thailand? A bloody nice guy, Handikap unter zehn«, brummelt Mackenzie zufrieden. Wir müssen leider passen...

Zwischen dem 16. und 17. Grün steht das Old Course Hotel, ein Vier-Sterne-Haus

Am Nachmittag leerte sich langsam der Salon. Das »Rules of Golf Comittee«, die Regelkommission des R & A, trat zusammen. Nur noch einige Herren in Tweed und Blazer blieben sitzen in den ehrwürdigen Polstern. Ab und zu blätterte einer von ihnen gelangweilt in der *Financial Times,* die wohl nur deshalb noch immer auf rosa Papier gedruckt wird, weil die Zeiten so gar nicht danach sind. Der Blick ging hinaus durch die hohen Fenster auf den weltberühmten Old Course, eine Golfanlage, die noch immer Maßstäbe setzt und deren Grüns durch unzählige Bunker gar trefflich verteidigt werden.

Der Hausherr lud ein zum Guinness aus massiven Silberkrügen, den Gästen aus Deutschland sollte es an nichts fehlen. »Rund fünfzig strittige Fälle aus aller Welt stehen heute zur Entscheidung an«, gab er stolz bekannt. »Das Rules Committee wird hart zu arbeiten haben.«

In Malaysia wurde ein Affe von einem Ball getroffen und verschied just am Rande des 12. Grüns. Frage an die Regelpäpste in St. Andrews: Darf der Affe entfernt werden? Muß der Ball seitlich oder hinter dem Rücken der bedauernswerten Kreatur geschlagen werden? Gilt der Affe als »natürliches Hindernis« im Sinne der Regel 31 oder als »loser Gegenstand« gemäß Erklärung 17?

Die zweite Anfrage aus Anchorage in Alaska hätte auch ein Blick ins Regelbuch erledigt: Eine Robbe, die sich arglos an den Rand der Fairway verirrt hatte, verschluckte den Ball eines amerikanischen Oberst. William F. Nicholson, der Chairman des Rules of Golf Committee der USGA (United States Golf Association), wollte den relativ einfachen Fall nicht national und womöglich gegen St. Andrews entscheiden. So muß sich sein schottischer Kollege Furber mit der Robbe befassen.

Trost für den Oberst spendet Regel 32, die dem Spieler ohne Strafschlag einen neuen Ball gestattet, wenn ein Tier das Spielzeug verschluckt oder entführt. Mißfallen erregte in St. Andrews die ernstgemeinte Zusatzfrage, ob man der Robbe den Ball notfalls mit Gewalt abjagen dürfe. Immerhin war es in der Golfpartie von Anchorage um tausend Dollar gegangen, die der US-Oberst verständlicherweise nur ungern verlieren wollte.

Seit 1897 wird in St. Andrews – und sonst nirgends – entschieden, wie in aller Welt Golf gespielt werden muß. Über den zwölf Weisen aus Schottland wölbt sich nur noch der blaue Himmel der Rechtskraft. Denn ihre Grundsatzsprüche, ob salomonisch oder nicht, sind weder der Berufung fähig noch etwa deshalb reversibel, weil der Chairman zufällig bei Regel 32, 2a, sanft entschlummert war. Versteht sich, daß in diesem erlauchten Kollegium nur Briten über ein Stimmrecht verfügen. Zwar duldet man inzwischen die Anwesenheit von zehn weiteren Mitgliedern aus Übersee (Deutsche sind nicht vertreten), aber ihre letztinstanzlichen Entscheidungen fällen die zwölf so selbstherrlich, wie weiland Kaiser Nero Gladiatorenkämpfe mit dem Daumen entschied.

Rückendeckung finden die Holz- und Eisenweisen allein in den dickleibigen Folianten mit der Aufschrift »Rules of Golf and Decisions«, die so sorgsam behandelt werden, als handele es sich um die Erstausgabe der Gutenbergbibel. »Unsere Richter haben fast 5000 Entscheidungen gefällt. Und niemand hat behauptet, sie seien schlecht«, schnauft der Secretary zufrieden.

Besonders weitreichende Folgen, vor allem für die glasverarbeitende Industrie, hatte bekanntlich das vor einiger Zeit unter dem Aktenzeichen »R & A 775/89/77« veröffentlichte Urteil des

St. Andrews liegt etwa siebzig Meilen nordöstlich von Edinburgh

Rules-Committee. Bei den Mooretown Open, einem recht ordentlich dotierten Turnier, hatte ein Spieler mit mächtigem Drive den Ball von außen durch ein Fenster des Klubhauses geschlagen. Wie es weitergehen sollte, war keinem der Beteiligten so richtig klar. Ohne die Überprüfung durch einen regelkundigen Funktionär abzuwarten, öffnete unser Held ein anderes Fenster und beförderte den Ball mit einem Neuner-Eisen elegant aus dem Klubraum in Richtung Grün. Doch die Freude über den vermeintlich ungestraften Schlag währte nicht lange. Auf Beschwerde des Gegners entschied St. Andrews zu Recht nach Regel 17: »Ein Spieler darf ... die Lage seines Balles oder den Raum für seinen beabsichtigten Schwung nicht verbessern ... durch Bewegen, Biegen oder Brechen irgendeines festen oder gewachsenen Gegenstandes ...« Hätte also unser Held den Ball durch das geschlossene Fenster geschlagen, so wäre er ohne Strafpunkt geblieben, da er seine Lage, »nicht verbessert« hätte. Durch das Öffnen des Fensters, so das Gericht in seiner vielbeachteten Entscheidung, »wollte er sich gegenüber seinem Partner einen wettbewerbswidrigen Vorteil verschaffen«.

Für den Seelenfrieden von rund 30 Millionen Golfern in aller Welt wird die genannte Entscheidung nur durch das schon historisch gewordene Urteil vom 16. Februar 1928 übertroffen, dessen Kernsatz dem geneigten Leser nicht vorenthalten werden soll: »Das Prüfen der Windstärke durch Hochwerfen von Gras oder eine ähnliche Methode (Pfundnote, weiblicher Nylonstrumpf) wird nicht als Benutzung einer künstlichen Vorrichtung gemäß Regel 37 Ziffer 9 ausgelegt.« Und an anderer Stelle heißt es geradezu revolutionär: »Ein Wurmhaufen ist ein loser Gegenstand und darf gemäß Regel 18 entfernt werden.« Was zählen angesichts solcher Sorgen noch Pfundverfall und Arbeitslosigkeit?

Wie jeder gläubige Moslem in Mekka, so muß der echte Golfer wenigstens einmal im Leben in St. Andrews gewesen sein. Vier Plätze liegen hier dicht nebeneinander, das sind 72 Löcher der absoluten Extraklasse. Vom Meer weht ständig ein kräftiger Wind, der die Bälle mit Vorliebe in undurchdringliches Gestrüpp befördert. Vertrackt ist auch das Gelände entlang der Küste, mit Bunkern und Büschen gespickt. Die überdimensionierten Grüns sind besonders heimtückisch, weil die Bälle immer wieder anders laufen, als nach den Gesetzen der Physik und Optik erwartet werden darf. Keine Spur von British Fairways, sondern ein Kurs »von Sadisten für Masochisten entworfen«, wie Altstar Arnold Palmer einmal geflucht haben soll.

Zwischen dem 16. und 17. Grün steht das »Old Course Hotel«, ein Vier-Sterne-Haus mit 68 Zimmern. Welche Golf-Dramen sich hier abgespielt haben, läßt sich nur ahnen. Immerhin hält das »Old Course« in seinem fast schon legendären Weinkeller Batterien von Champagner und Bordeaux bereit, um Triumphe und Tragödien standesgemäß zu feiern. Wie 1970 Jack Nicklaus, der den größten Teil seiner Gewinnsumme von 7500 Pfund in Château Lafitte und Dom Pérignon umsetzte. »Wir hatten an den drei Tagen der British Open 90 000 Zuschauer und keinen Tropfen Regen«, erinnert sich Chairman F. R. Furber fast nostalgisch. »Ein prächtiges Turnier«.

Nicht minder glanzvoll geht es in den Vitrinen des Clubs zu. Mister Duncan Abercrombie, das Faktotum des R & C, öffnete für uns ausnahmsweise die fast antiken Safes, hinter deren Glas-

und Stahlwänden die berühmten Trophäen der Golfwelt lagern: die Queen Victoria Jubilee-Vase, der silberne Putter Georges V. mit den Goldmedaillen, der heftig umkämpfte Calcutta Cup, die goldenen Bälle der verblichenen Könige Edward römisch sieben und acht, die Silberne Känguruhpfote von Down Under sowie der Canadian Golfer Coffee Pot von 1754. »Wir putzen zweimal im Monat«, erklärte Abercrombie bescheiden, »mehr wäre unangebracht.«

Durch das hohe Frontfenster des viktorianischen Salons schimmerte das frisch geschnittene Grün von Loch 18. Die Sonne verschwand langsam hinter den Dünen, und Abercrombie zündete die Kandelaber vor der Schauvitrine an. Im Sitzungssaal tagte das Rules Committee ohne Unterbrechung, es ging wohl gerade um eine Auslegung von Regel 19: »Der Ball muß ehrlich mit dem Schlägerkopf geschlagen werden; er darf nicht geschoben, gekratzt oder gelöffelt werden.« Wir erfuhren nicht, wer der Sünder war. Einem Schotten war so etwas nicht zuzutrauen. Etwa ein Golfer Nippons? »Die Japaner haben Schwierigkeiten mit unserem Regelwerk, weil sie kein Alphabet kennen«, verstärkte Mackenzie unseren Verdacht. »Wie sollen sie beispielsweise den Vorrang der Regel B vor der Entscheidung K begreifen? Wir arbeiten jetzt an einer Entscheidungssammlung in japanischen Schriftzeichen. Sie wird 14 Bände dick.«

Daß der Golfsport im Reich der aufgehenden Sonne wie eine Epidemie grassiert, hat man beim R & A – wenn auch etwas pikiert – zur Kenntnis genommen. Doch Leidenschaft für das Spiel mit der kleinen Guttapercha-Kugel ist beileibe keine asiatische Marotte. Im Klubhaus von St. Andrews zeigt ein Bild König Charles I., wie er beim Golfen die Nachricht von der irischen Revolte von 1641 erhält. Während das Pferd des Kuriers mitsamt dem Reiter fast vor Erschöpfung zusammenbricht, puttet King Charles unbeeindruckt weiter. Es war am zwölften Loch von Leith, und der König spielte »zwei unter Par«, was soviel heißt, daß er einen ausgesprochen guten Tag erwischt hatte. Erst nach dem 18. Loch erinnerten sich Majestät der irischen Rebellion und ließen die Truppen mobilmachen.

In St. Andrews könnte auch das Märchen erfunden worden sein, dessen Anfang jeder Schotte kennt: »Einst war Schottland ein riesiger Golfplatz. Erst später wurden hier und da Städte und Dörfer zur Auflockerung des Geländes gebaut ...

Balmoral Castle
Das Ferienhaus der Queen Victoria

Von Peter Sager

Es gibt Leute, die jahrein, jahraus am selben Ort Urlaub machen. Der Papst zum Beispiel: jeden Sommer nach Castel Gandolfo. Oder einst Adenauer: immer in Cadenabbia. Mit Königin Elizabeth ist es nicht anders. Einmal im Jahr fährt die Queen nach Balmoral. Das ist so sicher wie die Kongresse der Labour Party in Brighton und der Gewerkschaften in Blackpool.

Daß es im September Hofnachrichten aus Balmoral gibt, darauf kann sich der »Times«-Leser mehr verlassen als auf das Erscheinen der »Times«. Es soll sogar Briten geben, die ihre Ferien eigens in diese Jahreszeit und in diese Gegend verlegen: Royal Deeside, im Herbst, wenn die Königin kommt. Und da kommt sie tatsächlich, am Sonntag um halb zwölf, im lindgrünen Rolls-Royce, »oh what a lovely hat«, und vorne sitzt Prinz Charles, und dahinter folgt noch ein schwarzer Rolls, »that's Princess Anne«, aber es war die Queen Mother, »charming old lady«, und schon ist die Queen und die Queen Mother in der Queen's Porch zum Queen's Service in Crathie Church verschwunden. Nachmittags darf man sehen, wo die Königin saß. »Hier«, sagt der Sakristan, »im südlichen Querschiff, der Büste ihres Vaters George VI. gegenüber.« Die Kirche strahlt in blankgescheuerter Bescheidenheit. Der Küster plaudert, als sei er der Hofkaplan von Windsor Castle: »Mit der Queen Mother kann man reden wie mit seinesgleichen. Heute haben wir uns zum Beispiel über die Wespe unterhalten, die während der Messe die Queen Mother belästigt hat. Ich habe es leider nicht verhindern können.« Das sind die Hofnachrichten, die nicht in der »Times« stehen. Aus der Nische einer Granitsäule schimmert Queen Victoria herüber. Sie legte 1893 den Grundstein zum Neubau dieser Kirche. Sie machte Balmoral zum Wallfahrtsort der Nation.

Die Geschichte von Balmoral begann am 8. September 1848. Die königliche Yacht »Victoria & Albert« war im Hafen von

Aberdeen vor Anker gegangen, das königliche Paar stieg um und fuhr in der Kutsche die letzten siebzig Kilometer durchs Dee-Tal nach Balmoral. Die Highländer hatten überall am Weg Triumphbögen errichtet aus Heidekraut, Immergrün und schottischen Disteln, einen sogar ganz aus Hirschköpfen und Geweihen: »Welcome, Queen of the Highland Home!« Dann sah Victoria zum erstenmal Balmoral: »Es ist ein hübsches kleines Schloß im alten schottischen Stil«, schrieb sie in ihr Tagebuch, »mit schönen bewaldeten Bergen, die uns sehr an den Thüringer Wald erinnerten« – an die Heimat des Prinzgemahls, Albert von Sachsen-Coburg und Gotha.

1848: Auf dem Kontinent fielen die Kronen, in London hatte Karl Marx sein »Kommunistisches Manifest« veröffentlicht, und Queen Victoria suchte ein Ferienhaus in den Highlands.

Sie war 29 Jahre alt und seit elf Jahren Königin, sie hatte sechs Kinder und Rheuma. Sir James Clark, Victorias schottischer Leibarzt, empfahl Deeside wegen der trockenen, reinen Luft. Da es noch keine Reiseprospekte gab, erhielt ein Maler aus Aberdeen, James Giles, den Auftrag, die Gegend zu zeichnen. Unter diesen Bildern war auch ein Aquarell von Balmoral. Als Victoria und Albert es sahen, pachteten sie das Schlößchen ohne vorherige Besichtigung. Vier Jahre später, 1852, kauften sie es, dank einer überrraschenden Erbschaft von einer Viertelmillion Pfund, die ein wildfremder Junggeselle namens John Camden Nield seiner Königin hinterlassen hatte. Zur Erinnerung an den Kauf von Balmoral wurde auf dem benachbarten Craig Gowan ein Gedenkstein errichtet. Noch im Jahr 1852 begann Prinz Albert in Balmoral mit dem Bau eines neuen, größeren Hauses. Denn der Clan Windsor vermehrte sich laufend. Schon waren sieben Kinder da, ein Ende nicht abzusehen. Der Prinzgemahl selbst entwarf den Neubau zusammen mit William Smith, dem Stadtarchitekten aus Aberdeen.

Mit seinen Türmchen, Zinnen und Treppengiebeln aus weißem Crathie-Granit wurde Balmoral zum Inbegriff des viktorianischen Baronial-Stils. Beinahe spielzeughaft liegt das Schlößchen in der Landschaft, ein Privathaus, kein offizieller Palast. Hier sollte die Natur regieren und nicht das höfische Zeremoniell von Windsor. Albert pflanzte die Bäume; die Silberpappel, seinen Lieblingsbaum, ließ er sich als Setzling aus Coburg schikken, und der dunkle Tannenwald, der das Märchenschloß melancholisch rahmt, geht auch auf den Prinzgemahl zurück. Am 7. September 1855, im Jahr des Krimkrieges, zogen Victoria und Albert im neuen Schloß Balmoral ein; das alte wurde abgerissen. Drei Tage später erreichte sie die Nachricht vom Fall Sewastopols, und so gab es doppelten Grund zu feiern.

Prinz Albert starb 1861 in Windsor Castle. Balmoral aber wurde der Ort der Erinnerung. Nun begannen Victorias einsame Reisen nach Norden, jeden Frühling einen Monat, drei Monate im Herbst, vierzig Jahre lang, immer in Schwarz: »A Highland Widow.« Es schien, als suche sie nun noch mehr als früher Zuflucht im einfachen Leben. Alles sollte so weitergehen wie vorher: Ross, der königliche Dudelsackpfeifer, spielte zum Frühstück auf, dann ritt Victoria aus, korrespondierte oder konferierte mit angereisten Ministern, und wie immer kam aus Aberdeen George Washington Wilson, »Photographer Royal to Her Majesty in Scotland«. Wilson photographierte ihre prominenten Gäste und ihre pittoresken Lieblingsplätze in der Umgebung von Balmoral: Abergeldie, Birkdale und die dramatischen Felswände des Loch Nagar, die schon den jungen Lord Byron begeistert hatten.

Nicht weit davon, am einsamen Loch Muick, ließ Queen Victoria sich 1868 ein Cottage bauen, Glas-allt Shiel. »Witwenhaus« nannte sie es und zog sich oft allein dorthin zurück. Heute wird es als Wintersportzentrum von der Universität Aberdeen benutzt, und Birkhall am Eingang des Glen Muick ist eine der Sommerresidenzen der Königin-Mutter.

Victoria, ein Pionier des Tourismus, reiste auch nach Alberts Tod von Balmoral aus durch die Highlands, meist inkognito. Ein schottischer Diener übernahm dabei die Rolle des ständigen Begleiters. John Brown, der schon Prinz Alberts Jagdgehilfe war und nach dessen Tod Victorias »starker Mann« für alles wurde, ihr Kutscher, Leibwächter und Vertrauter. Ein Gemälde ihres Hofmalers Landseer machte dies Verhältnis, das keines war, in London publik: die Queen zu Pferde, am Zügel John Brown. Die allzeit blühende Phantasie des Volkes hatte ihr Thema. »Mrs. Brown«, witzelte der »Punch«; »Kaiserin Brown«, spottete der sozialistische Künstler William Morris. Noch James Joyce greift diese Karikatur im »Ulysses« auf: »... die Alte mit dem Schnurrbart auf der Lippe, stockbesoffen in ihrem königlichen Palast jede Nacht, die Gott werden ließ, die olle

*Balmoral Castle ist ein Schloß in der schottischen Grafschaft Aberdeen,
seit 1882 Residenz des englischen Hofs*

Vic, von ihrem Pöttchen Schottenwhisky, und ihr Kutscher
mußte sie jedesmal aufsammeln ...« Annähernd richtig an alledem ist nur Victorias Verhältnis zum Whisky.
Unbeirrt von übler Nachrede verlieh Victoria John Brown den
offiziellen Titel »Königlicher Schottland-Diener« und schenkte
ihm ein Cottage auf ihrem Grundstück, in dem heute der Haus-
meister von Balmoral wohnt. 34 Jahre stand John Brown in

ihren Diensten, nie machte er Ferien, und mit 56 war er tot. »The devoted and faithful personal attendant and beloved friend of Queen Victoria«: so heißt es, goldgraviert, auf seinem Grabstein auf dem alten Kirchhof von Crathie. Wie für ihren Prinzgemahl, so ließ Victoria nun auch für ihren Diener eine lebensgroße Statue in Highland-Tracht errichten. Dies Denkmal stand in der Nähe des Schlosses, aber nach Victorias Tod verbannte es ihr eifersüchtiger Sohn Bertie (Edward VII.) abseits ins Gebüsch. Vier Jahre nach John Brown, 1887, starb auch Victorias Lieblingshund, der Collie Noble. Auch er bekam eine lebensgroße Bronzestatue in Schloßnähe, auch er auf seinen Grabstein das Ephitheton »dear and faithful companion of Queen Victoria«.

»Balmorality«, Melancholie der langen Witwenjahre, Highland-Sehnsucht, Kult der Erinnerung. Immer noch, jedes Jahr, kam Victoria nach Balmoral, machte ihre Runde in der Kutsche durch die Umgebung, verteilte Geschenke, legte Blumen auf die Gräber ihrer Lieben und tanzte, nun schon über siebzig, die Quadrille auf dem alljährlichen »Gillie's Ball«.

Am 23. September 1896 feierte Victoria in Balmoral den Tag, an dem sie länger als jeder englische König vor ihr regiert hatte. Mit großem Gefolge traf aus Petersburg Zar Nikolaus II. ein, verheiratet mit ihrer Enkeltochter Alix. Und weil Downey aus Newcastle, Victorias zweiter Hofphotograph, den neuen Kinematographen erproben wollte, mußte die ganze Gesellschaft immer auf und ab gehen.

Dies waren die Höhepunkte von Balmoral. Wie es gewöhnlich war, schilderte ihre Hofdame Lady Lytton: langweilig. Nach dem Essen spielten die Herren Billard, die Damen Patience, und die Queen schlief meistens ein. Für Gäste war Balmoral Castle die reinste Tiefkühltruhe: bis November ungeheizt und immer alle Türen offen, denn Victoria liebte die frische Luft. Balmoral sei »kalt wie der Tod«, klagte einer ihrer Minister, zum Rapport 800 Kilometer aus London angereist – eine Strafexpedition.

Loch Ness und Caledonian Canal
Wasserstraße durch das Herz des Hochlands

Von Henry Braunschweig

Wie mit dem Lineal gezogen, schneidet sich ein »The Great Glen« geheißener geologischer Grabenbruch von Fort William im Südwesten nach Inverness im Nordosten 100 Kilometer lang durch das Herz des einsamen schottischen Hochlands. Er spaltet die Northwest Highlands von dem Grampian Mountains ab – eine natürliche Pforte zu den unwegsamen Hochflächen des Inneren, die bereits von den Urmenschen benutzt wurde und schon zur Bronzezeit besiedelt war. Zu fast zwei Dritteln ist die Rinne ausgefüllt von drei Seen in jener langgestreckten, schmalen Form, wie sie für dieses Land mit seiner fjordartigen Westküste und den tief eingekerbten Tälern charakteristisch ist – darunter das 39 Kilometer lange Loch Ness.

So nimmt es nicht wunder, daß sich Britanniens berühmtester Kanalbauer, Thomas Telford, dafür zu interessieren begann. Als der Kaledonische Kanal im Oktober 1822 feierlich eröffnet wurde, hatte die Arbeit daran fast zwei Jahrzehnte gewährt und rund eine Million Pfund Sterling verschlungen.

Die bedeutendste Binnenwasserstraße der Britischen Inseln und ihr erster und einziger Seeschiffskanal leitet ihren Namen ab von der alten römischen Bezeichnung für Schottland »Caledonia«. Sie verbindet den Firth of Lane am Atlantik mit dem Morey Firth der Nordsee und ersparte ihren Benutzern den Umweg um die klippenreiche, fast stets von Stürmen heimgesuchte Nordküste Schottlands, wo besonders der Pentland Firth, die Enge zwischen der Nordspitze und den Orkneyinseln, bei den Schiffsbesatzungen gefürchtet war.

Doch ging seit den dreißiger Jahren der einstmals 2000 Schiffe pro Jahr zählende Durchgangsverkehr allmählich zurück. In den fünfziger Jahren passierten jährlich noch rund 750 Einheiten, darunter 500 Fischerboote. Heute ist ihr Anteil auf weniger als die Hälfte abgesunken: Man stört sich am achtstündigen Arbeitstag und dem »Sonntags nie« der Schleusenwärter, so daß die Berufsschiffahrt darauf verzichtet, einen mit staatlichen Mitteln gebauten, erhaltenen und betriebenen Kanal zu benutzen, nur weil für die zwölf Stunden betragende Durchfahrt mindestens 27, im ungünstigsten Falle aber sogar 42 Stunden benötigt werden.

Der Rückgang der herkömmlichen Kanalfahrt brachte einen neuen Kundenkreis: die Sportschiffahrt. 1970 passierten bereits 200 Yachten von See zu See, weitere 300 befuhren Kanalteilstrecken. Es war dies das Jahr, da ein cleverer Unternehmer hier den ersten Kabinenkreuzer als Mietboot offerierte. Heute gibt es mehr als 70: drei großen und ein paar kleinen Gesellschaften gehörende Charterboote und die Saison reicht von März bis in den Spätherbst hinein.

Inverness, 30 000 Einwohner zählende »Capital of the Highlands« und Ausgangspunkt der meisten Fahrten, ist zugleich eine der ältesten Siedlungen Schottlands. Doch in einem Land wie diesem, dessen blutige Geschichte von Eroberungen und Gewalttätigkeiten nur so strotzt, ist es mit den Zeugen aus dieser Vergangenheit oftmals schlecht bestellt. Craig Phadrig, ein auf dem Nordufer gegenüber der Stadt gelegener Hügel, ist gekrönt von den Überresten eines ausgegrabenen Forts, das im 4. vorchristlichen Jahrhundert zerstört wurde. Doch wenig ist geblieben von der Burg und dem Schloß aus dem 12. Jahrhundert und nur der Uhrenturm von Cromwells mächtigem Pentagon, einer am Ufer des River Ness sich einst erhebenden Zitadelle mit einem Aufnahmevermögen von tausend Mann und 160 Pferden.

Der Supermarkt an der Ecke Bank Street und Bridge Street, der Hauptstraße, empfiehlt sich zur Verproviantierung, denn entlang des Kanals oder am Platz der Charterbasen ist in dieser Hinsicht wenig vorhanden.

Der Kanal hat viele Gesichter, mit einem seiner fremdartigsten wird man bereits auf den ersten 10 Kilometern zwischen Inverness und Loch Ness konfrontiert: Karg und felsig die Landschaft, bewachsen mit einer Art Macchia, die eher an mediterrane Regionen denn an Schottland denken läßt, von Ginster und Wacholder bestanden, mit einzelnen zerzausten und verkrüppelten Kiefern, so struppig und wild wie die Flora Südfrankreichs.

Schloß Urquhat – die Ruine eines mächtigen Kastells am Nordwestufer von Loch Ness

Schottland ist – genau wie Irland – ein Land erheblicher Niederschläge. Es ist öde und steinig, menschenleer und, von den Schafherden abgesehen, kaum irgendwo landwirtschaftlich genutzt. Dennoch ist seine Kargheit anders als man sie sich vorgestellt hat – mit Wiesen, Buschwerk und Wäldern von saftstrotzender Üppigkeit und selbst das nackte Gestein noch von einem grünen Hauch überzogen.

Die Ufer des kleinen Loch Dochfour treten zu einer Enge zusammen – wenn man diese passiert hat, öffnet sich lang und schmal der Nordostteil des legendären Loch Ness, das nach den Aussagen vieler ernsthafter Leute von vorsintflutlichen Meeresungeheuern bewohnt sein soll. An Backbord, hinter Bäumen halb versteckt, ein altes Schloß, an Steuerbordseite das Bona-Lighthouse, ein hübsches Cottage mit einem kleinen Erker an seinem dem See zugewandten Giebel, wo nachts und bei diesigem Wetter das Ansteuerungsfeuer brennt. In den alten Tagen wurde es erst von einer Petroleum-, später von einer Karbidlampe erzeugt – und befand sich im Schlafzimmer des Leuchtturmwärters.

Das Loch ist umschlossen von gestaffelten Bergrücken, die in der Ferne im Dunst langsam entschwinden. Die Hänge oft schroff und steil, teilweise bewaldet, teilweise das nackte Gestein zeigend, in den Spalten Geröll. Entlang des Nordufers führt eine ziemlich stark befahrene Straße; der zum Wasser hin abfallende Fels ist manchmal so weiß wie gebleichte Knochen, sein Sockel von knorrigem Wurzelwerk überzogen.

Dieser zweitgrößte schottische See ist 39 Kilometer lang und bis zu anderthalb Kilometer breit. Die seine Ufer flankierenden Berge geben ihm keinen Windschutz – der Wind weht immer nur in Längsrichtung, und der enge Einschnitt des Great Glen verstärkt diese Wirkung noch erheblich.

Für den Angler aus unseren Breiten dürfte die Fischpirsch auf Lachs und Seeforelle am reizvollsten sein. Beide Arten kommen aus der Nordsee den River Ness hoch und durchqueren das Loch, um in einen seiner Zuflüsse aufzusteigen. Bootsbesatzungen, die speziell dem Fischfang frönen, ziehen innerhalb einer Woche oftmals mehr als ein halbes Hundert Forellen aus dem Wasser von Loch Ness.

Nach gut einstündiger Fahrt errreicht man Urquhart Bay, den sichersten Zufluchtsort des ganzen Lochs. An ihrem Eingang erhebt sich die Ruine eines mächtigen Kastells aus dem 13. Jahrhundert, das, wie man heute weiß, sich gegenüber der mit 293 Meter bisher tiefsten geloteten Stelle des Sees befindet. Das Fort liegt am strategisch wohl bedeutsamsten Platz, von hier aus kann der Beobachter das Loch nach beiden Seiten fast in seiner gesamten Länge überschauen. Die Historie besagt, daß es an dieser Stelle bereits im frühen Steinzeitalter ein Bollwerk gab und unter Wilhelm dem Löwen als erste normannische Befestigung im 12. Jahrhundert einen hölzernen Wachtturm. Auf den Trümmern der durch vier Jahrhunderte immer wieder zerstörten oder geschleiften Burg wurden stets stolzere und größere Festungswerke errichtet. Regierungstruppen verteidigten es erfolgreich gegen den Ansturm der Jakobinerstreitkräfte und zerstörten es bei ihrem Abzug Ende des 17. Jahrhunderts, um den Highland-Rebellen für alle Zeiten die Möglichkeit zu nehmen, sich hier noch jemals festzusetzen.

Zehn Kilometer näher nach Fort Augustus am Ende des Lochs befindet sich auf Backbordseite Foyers Bay mit dem Loch Ness Information Centre des Nessie-Jägers Frank Searle. Fort Augustus selbst ist ein Nest mit lediglich einer Handvoll Häusern zu beiden Seiten der Schleusentreppe, das früher den schönen gälischen Namen Kilchumein trug. Die Autotouristen stoppen hier nicht nur zum Shopping, sondern in erster Linie, um dem Schleusen der Motorkreuzer zuzusehen.

Während zwei Mann das Boot von Kammer zu Kammer treideln, kann die Restbesatzung den ein paar Schritten weiter gelegenen Andenken-, Angel- und sonstigen Geschäften nebst Supermarkt einen Besuch abstatten (in den ehemaligen Kanalwerkstätten neben der Eingangsschleuse ist heute ein Museum untergebracht). Man versäume bitte nicht, die in der Proviantlast entstandenen Lücken aufzufüllen – es besteht hier die wirklich allerletzte Gelegenheit dazu, bevor man nun in die menschenleere Einsamkeit der Highlands aufbricht.

Der 21 Kilometer lange Abschnitt zwischen Fort Augustus und den Laggan-Schleusen am Eingang von Loch Lochy ist das mit Abstand schönste und urwüchsigste Teilstück des Wasserwegs, fernab von Straßen, jeglichem Verkehr und menschlichen Ansiedlungen. Der Kanal verläuft in einer weiten Talsenke parallel zum River Oich: Geschotterte Ufer, mit Buschwerk bestanden, aus dem einzelne Krüppelkiefern hervorwachsen, flach die Hänge dahinter, während in der Ferne schroffe Felswände aufsteigen. Schachtelhalmgewächse, Ginster und knorriger Wacholder bestimmen das Landschaftsbild. Kaninchen und Rotwild äsen nahe dem Ufer, ohne sich von den paar Schiffen verscheuchen zu lassen.

Mit dem Oberwasser der Cullochy-Schleuse hat man das Niveau von Loch Oich und damit den Kanalscheitel, 32 Meter über Meereshöhe erreicht. Die Drehbrücke von Aberchalder öffnet die Einfahrt in das mit 6,5 Kilometer Länge kleinste, aber auch romantischste der drei Lochs. Es ist mit Inseln durchsetzt, überwiegend flach, steinig und steckt außerhalb des betonnten Fahrwassers voller Untiefen. Eingebettet in lieblich sanfte Hänge, laubbewaldet, hinter denen die dunklen Spitzen von mächtigen Tannen aufragen, bietet es eine ständig wechselnde Uferformation. Sehr weit weg ragen in der Ferne nackte Bergkegel hoch, die mal flacher werden, um dann wieder düster und dunkel vor den geballten Wolken des Himmels emporzuwachsen. Der See aber verengt sich zu schmalen Passagen und erweitert sich gleich darauf wieder zu großen Buchten, die Inseln und oft bis dicht ans Fahrwasser heranreichenden Landzungen mit parkartigem Dschungel bewachsen.

Der südlichste der drei großen Süßwasserseen hat eine Länge von 16 Kilometern und ist zugelich der eintönigste und am wenigsten attraktivste. Der kalt vom Atlantik herüberblasende Wind läßt das Thermometer trotz Sonne absinken. Dann nimmt der River Lochy Kanal den Bootsfahrer für die letzten paar Kanalkilometer auf. Noch einmal wird die Landschaft zu wilder großartiger Schönheit und versöhnt mit der langweiligen Szenerie von Loch Lochy. Kanal und Fluß laufen nebeneinander her in einem weiten Tal von der Breite der großen Lochs. Die Ufer daher niedriger, die Hänge weit zurück, bewachsen mit wildem Wacholder. Buschwerk am Ufer, dessen Ränder teilweise in großen Placken ausgebrochen sind.

Die Acht-Kammer-Treppenschleuse von Banavie, auch »Neptune's Staircase« genannt, führt knapp 20 Meter tief nach unten. Doch das Tor der obersten Schleusenkammer öffnet sich nur für jene, die eine ausdrückliche Genehmigung ihrer Gesellschaft zur Weiterfahrt in das Gezeitengewässer von Loch Linnhe vorweisen. Der im Grampian-Gebirge gelegene Ben Navis, mit 1343 Meter der höchste Berg Großbritanniens, wirft seinen Schatten über die hier ab- oder aufsteigenden Schiffe.

Sutherlands

Wenn die Weide blüht

Von Christoph Wendt

Das Sträßchen von Lairg nach Tongue ist so schmal, daß gerade ein Wagen Platz darauf hat. Sich links und rechts die Landschaft anzuschauen, das kann der Fahrer nicht riskieren. Der Blick muß immer auf die Fahrbahn konzentriert sein, muß rechtzeitig die nächste Ausweichstelle erspähen, um den gottlob geringen Gegenverkehr passieren zu lassen.

So wechseln wir uns alle paar Kilometer am Steuer ab, damit jeder von uns dieses wohl wildeste und großartigste Stück der Highlands im äußersten Nordwesten Schottlands genießen kann: die Sutherlands. Kleine grüne Weideflächen, ungezählte weiße Schafe. Wälder aus Farnkraut, die sich die Berghänge hinaufziehen, Heidekraut dazwischen, hin und wieder ein Farmhaus, weiß an den Berghang gelehnt. Und wenn nach einem Regenschauer die Sonne durchbricht, blinken die Felsen, als ob schwarzes Gold dort läge.

Dann wieder unterbrechen Seen das Landschaftsbild, kleine Seen und große: Loch à Ghorm-choire, Loch an Ulbhaidh, die Namen sind für unsere Zungen so unaussprechlich wie die Namen der Berge, der Bäche, der Dörfer, der wenigen Dörfer, durch die das Sträßchen nach Norden zieht. Auf den Ortstafeln stehen gälische Namen neben den englischen: Achnanerain, Altnaharra, Inchkinloch. Hier oben in den Sutherlands, der einsamsten Landschaft Schottlands, ist Gälisch, ist Keltisch noch die Muttersprache der Menschen und nicht nur etwas für sommerliche Highlandfestivals. Sutherland, das Südland, diesen Namen gaben einst Siedler der nördlichsten Grafschaft Schottlands, die noch weiter im Norden auf den Orkneyinseln lebten. Mit zweieinhalb Einwohnern pro Quadratkilometer sind die Sutherlands heute die am dünnsten besiedelte Grafschaft Großbritanniens. Eine Folge der berüchtigten »Clearances«, der planmäßigen Vertreibung der Kleinpächter von Grund und Boden.

Zunächst Mitte des 18. Jahrhunderts als politische Rachenahme der siegreichen Engländer nach der Schlacht von Culodden, später aus ökonomischen Gründen. Die Großgrundbesitzer wollten das Land als Schafweide selber bewirtschaften. Schafe brachten mehr als Kleinpächter. Zu Tausenden wurden die Menschen vertrieben, gingen sie nicht freiwillig, wurden ihre Häuser niedergebrannt.

Ende des 19. Jahrhunderts wurde die Nutzung der Sutherlands, damals weitgehend Privatbesitz einer Familie, der Earls of Sutherland, abermals umgestellt. »Deer-stalking« wurde modern, Rotwildjagd. Jagdpachten sollten das große Geld bringen. Zum Sozialprestige der viktorianischen Zeit gehörte ein Jagdhaus in den Sutherlands.

Um das Land für die Jäger zu erschließen, wurden zwar Straßen gebaut, aber durch übermäßig viel Rotwild ging der Waldbestand immer weiter zurück. Die Sutherlands verödeten langsam. Erst seit den letzten Jahrzehnten versucht man in den königlichen Forsten den Waldreichtum vergangener Zeiten wenigstens teilweise wieder nachwachsen zu lassen. Auf weite Strecken aber war sicherlich nie Wald und wird es nie welchen geben. Da, wo über dunklen Moorlöchern weißes Wollgras schwankt, wo gelbe Ährenlilien wie Fackeln lodern und wo in langen, niedrigen Reihen die für den Winterbrand gestochenen Torfbriketts zum Trocknen aufgeschichtet sind.

Manchmal taucht das Sträßchen in kleine Birkenwälder ein, folgt einem schmalen Fluß. Angler stehen im Wasser, lauern dem Lachs auf, dem königlichen Fisch. Von der Seite fließen kleine Bäche zu, das Wasser, das aus dem Moor kommt, ist so braun wie der Whisky, den wir am Abend im winzigen Hotel vorgesetzt bekommen.

Ob wir ein Zimmer haben können, fragen wir den Barkeeper, der wie ein Lord aussieht, als wir vor einem plötzlich hereinbrechenden Regenschauer in die erstbeste Türe des einsam gelegenen Hotels stürzen. Was wir trinken wollten, fragt der »Lord« statt der Antwort, Tee oder Whisky. Wir entscheiden uns für das schottische Lebenswasser, und erst, als wir es bezahlt haben, meint er, für die Zimmer sei er gar nicht zuständig, da müßten wir zur nächsten Tür gehen.

Am nächsten Morgen sind wir in Tongue. Nur ein paar Häuser liegen an dem tief sich ins Land schneidenden Fjord, dem Kyle

Die Sutherlands: das wohl wildeste und großartigste Stück der Highlands im äußersten Nordwesten Schottlands

of Tongue, ein paar hundert Meter weiter der Friedhof. Auf vielen Grabsteinen ist vom nassen Tod zu lesen, den die hier Ruhenden erleiden mußten. Wie etwa jener Joseph Paterson Munroe, der in »treuer Pflichterfüllung« beim Untergang des Fährschiffes von Tongue ums Leben kam.

Five seasons the day, sagen die Schotten, wenn die Rede auf das schottische Wetter kommt, fünf Jahreszeiten am Tag. Und tatsächlich, in den zehn Tagen unserer Sutherlandreise haben wir sie alle ausgekostet, die schottischen Jahreszeiten mit Sonne und Wolken und Regen, mit Nebel und Sturm. Wobei allerdings, ganz unschottisch, die Sonne überwog. Wie an dem Tag, an dem wir von Tongue aus durch die einsame Landschaft der Halbinsel A Mhòine nach Westen fahren. 22 Meilen lang begegnen wir keinem Fahrzeug, sehen außer ein paar torfstechenden Frauen keinen Menschen. Aber unter der blitzenden Sonne lodert das Land, da wo der Boden trockener ist: Wenn die »red purples« blühen, das Heidekraut, explodieren die Highlands in einer einzigen Farbenpracht. Robert Burns, der große schottische Dichter, muß damals, Ende des 18. Jahrhunderts, wohl zur Zeit der Heidekrautblüte in den Highlands gewesen sein, als er zu seinem unsterblichen Loblied auf diese Landschaft inspiriert wurde: »My heart is in the highlands, my heart is not here.« Und wir fragen uns, wieso um alles in der Welt die Schotten nur die Distel zur Nationalblume erkoren und nicht das Heidekraut.

Kleine Seen liegen in dieser Landschaft, die dunklen Buchten bedeckt mit Teppichen weißer Seerosen. Und auf dem Wasser tummeln sich Enten, Gänse und andere Wasservögel. Erst am Ufer des Loch Eribol, einer langgezogenen, weit ins Land hineingreifenden Meeresbucht, stoßen wir wieder auf Siedlungen. Es sind keine Dörfer, auch wenn die Karte sie so darstellt. Nur hier und da ein Haus, auf handtuchbreitem Grünstreifen vor den Felsen am Wasser.

Dann Durness, letzter menschlicher Vorposten vor der großen Einsamkeit der Halbinsel Parbh, nordwestlichste Siedlung des schottischen Festlands. Malerisch verstreut die Häuser, ein paar Hotels, ein Kaufladen, das Postamt, im grünen Wiesenland hoch über den Klippen, gegen die unaufhaltsam mit weißen Schaumkronen der Nordatlantik gischtet.

Über dem Meer liegt der Schein einer unsichtbaren Abendsonne. Oder ist die Sonne schon längst untergegangen, und ist es nur die Helligkeit des Nordens, die wir hier empfinden? Uns steht jedenfalls der Sinn nach einem Quartier für die Nacht. So spähen wir fleißig nach dem vertrauten Bed & Breakfast. Doch so allgegenwärtig in südlicheren Bereichen Schottlands diese typisch britische Art der Gastfreundschaft auch angezeigt wird, hier oben in den menschenleeren Sutherlands suchen wir vergeblich.

So klopfen wir auf gut Glück an einem kleinen, einsam stehenden Haus, vor dem die Torfbriketts fein säuberlich aufgeschichtet liegen. »Ja, gewiß«, meint die Bäuerin, sichtlich erfreut ob des unerwarteten Besuchs, ein Zimmer habe sie wohl. Doch Touristen gebe es hier oben so selten, daß ein »B & B«-Schild sich nicht lohne. Dann legt sie die Schürze ab und führt uns nach oben.

Später am Abend klopft sie bei uns an, fragt, ob wir zu Tee und Biskuits nach unten kommen möchten. Wir finden in der guten Stube die ganze Familie um das glimmende Kaminfeuer und das flimmernde Fernsehen versammelt. Doch auf der Mattscheibe ist kaum etwas zu erkennen. Der Hausherr meint entschuldigend, die Schafe hätten wohl das Antennenkabel wieder angefressen.

Wenn eine Steigerung der großartig-wilden Landschaft der Sutherlands noch möglich ist, The Parbh, wie die Landschaft zwischen Durness und dem Kap Wrath heißt, wäre es. Heidekraut und Farn, Berge und Felsen, Moore und kleine Seen, an deren Ufern die Birken erste goldene Blätter zeigen, kleine Bäche und Wasserfälle und in der Tiefe der Atlantik, der gegen das Kap donnert, unentwegt. Unsere Herzen werden wohl noch lange hierbleiben.

Hebriden
Reise in das Land des Regens

Von Peter Sager

Die Sonne wollte nicht untergehen. Es war neun Uhr abends und taghell, ein langer Juni-Abend auf der letzten Fähre von Skye zu den Äußeren Hebriden. Kein Wind, kaum Wellen; eine ungewöhnlich ruhige See. Wir fahren nach Westen, hinter der Sonne her. Ich lese den Wetterbericht des Schriftstellers Alexander Smith, der im Sommer 1862 vier Wochen auf Skye verlebte: »Während dieser Zeit hatte ich nur vier Tage streckenweise Regen – die restlichen 27 Tage regnete es ununterbrochen.« Aber Alexander Smith gewann dem notorischen Regenwetter der Hebriden besondere Reize ab: »Ich sah gewisse Wirkungen von Wind, Regen und Licht, die, wäre ich ein Maler und fähig sie wiederzugeben, die Kritiker der nächsten Ausstellung der Royal Society in Erstaunen versetzen würden.«
Nach zwei Stunden tauchen die Hügel von Harris auf. Zwischen graue Felsen geduckt die wenigen Häuser. Eine Insel mit zwei Namen: Zwischen Harris und Lewis liegt nicht etwa die See, sondern ein Gebirge. Die rund 800 Meter hohe Bergkette von Clisham war Jahrhunderte lang eine so starke Barriere, daß Harris als eigene, von Lewis getrennte Insel empfunden wurde. Man spricht ein weicheres Gälisch auf der Insel Harris, und auch die Landschaft ist anders als auf Lewis, noch wilder, noch einsamer, noch karger.
Zwischen Moor und Felsen, wie durch einen weiten verlassenen Steinbruch, schlängelt sich die Straße entlang der Ostküste von Harris. »Golden Road« heißt diese Straße, nicht weil sie so schön ist, sondern weil ihr Bau so teuer war. Sie führt von Tarbert nach Rodel, einem Fischerdorf an der Südspitze, von dort zurück an der Westküste: Horgobost Beach, Nisabost Beach – weite Buchten, türkisblaue See und Sandstrände fast ohne Menschen. Hier ist es oft selbst im Sommer so kühl, daß man am besten auch im Wasser jene Wollsachen trägt, die den Namen dieser Halbinsel zum Begriff gemacht haben: Harris Tweed.

Am Anfang der Erfolgsgeschichte des schottischen Tweeds steht das schwarzköpfige Schaf der Highlands, dessen Wolle mit der des Cheviot- und des Crossbred-Schafs gemischt wird. Aus dieser relativ groben Wolle wird das Garn gesponnen und in der typischen Tweed-Textur gewoben: Schuß und Kette, die beiden Gewebefäden, kreuzen sich nicht wechselweise einmal über, einmal unter dem anderen, sondern überspringen immer zwei Fäden auf einmal, vertikal wie horizontal. So entstand ein idealer Stoff, warm im Winter, kühl im Sommer, wind- und wasserundurchlässig.

Diesen Tweed produzierten die Inselbewohner zunächst nur für den Eigenbedarf. Um den hungernden Hebridenbauern zu helfen, boten Lord und Lady Dunmore 1840 erstmals Tweed auf dem Festland zum Verkauf an. Bald wurde die Alltagskleidung der Inselbauern und Fischer zur Freizeitmode viktorianischer Gentlemen bei ihren Jagdausflügen in den Highlands.

Im Jahre 1909 ließen sich die Weber der Äußeren Hebriden ihr Produkt patentieren. Das Qualitätssiegel – eine Erdkugel, gekrönt von einem Malteserkreuz –, nur diese »Orb Mark« garantiert Ihnen, daß Sie echten Harris Tweed gekauft haben: hergestellt aus hundertprozentiger, reiner schottischer Schafwolle, handgewoben in Heimarbeit auf den Inseln Lewis, Harris, Uist oder Barra. Aber selbst wenn Ihr Harris Tweed-Jackett das Echtheitszeichen im Innenfutter trägt, selbst wenn Sie es auf Harris gekauft haben, verarbeitet wurde es von einem Schneider auf dem Festland, in der Regel in Manchester.

Die einzige, die bis vor kurzem ihre Wolle noch selber wusch und mit Pflanzenstoffen färbte, die älteste Weberin von Harris, traf ich in Drinishadder am East Loch Tarbert. Schon als Kind hat Joan Macdonald ihrem Vater beim Weben geholfen; heute ist sie über siebzig und steht noch täglich am Webstuhl. Ihre Werkstatt ist ein winziger Wellblechschuppen. Hier, verkündet eine stolze Tafel, »wurden zwei Längen echter Harris Tweed für Ihre Majestät die Königin gewoben und ihr am 17. August 1956 von Mrs. Macdonald geschenkt.«

Rund neunhundert Weber stellen heute auf den Äußeren Hebriden Harris Tweed her, immer noch wie vor Jahrhunderten in Heimarbeit. Der modernen Konfektionsindustrie ist das ein Dorn im Auge. Sie will breiteres Tuch, hergestellt auf Doppelwebstühlen in Fabriken. Diesen sicher nicht letzten Rationalisierungsversuch lehnten die Weber der Hebriden 1976 ab. Sie wollen Herr ihrer eigenen Produktionsmittel bleiben, Herr ihrer eigenen Zeit und ihres eigenen Arbeitstempos.

Ein Sonntag auf Lewis ist so trostlos wie zehn Sonntage auf dem Festland. Es fängt damit an, daß die Sonne scheint und kein Mensch sich draußen blicken läßt. Die Felder leer, die Straßen totenstill. Es ist wie bei einem Giftgasalarm, es ist Sonntag. Nur die schwarzweißen Sheepdogs liegen vor den Haustüren; aber da Sonntag ist, bellen sie nicht einmal, sondern verziehen nur gequält das Gesicht. Picknick am Strand, harmloses Familienvergnügen, gar nicht zu reden vom Wochenendausflug: Das alles ist auf Lewis am Tag des Herrn verpönt. Wer sonntags Auto fährt, ist Tourist oder gottlos.

»Remember the Sabbath Day to keep it holy«, steht auf einem Schild an der Küste von Upper Halistra auf Skye, und darunter zwei drohende Bibelzitate. Der Sabbat wird auf den Hebriden mit jüdischem Eifer eingehalten, zumindest noch von den Älteren. Selbsternannte Sonntagswächter haben früher sogar Leute vom Strand gewiesen, die offensichtlich nicht an Gott, sondern ans Baden dachten.

»It never rained on Sunday«, erinnert sich Derek Cooper. Die Sonne schien mehr als sonst, »aber Spielen war verboten«. Eine Kindheit auf Skye: »Der Sonntag kam mir immer wie ein geeigneter Tag vor, um sich beerdigen zu lassen – jedermann war schon richtig angezogen und in der richtigen Stimmung.«

Ich wollte mich aber nicht begraben lassen, sondern essen gehen. Am Ende meiner sonntäglichen Restaurantsuche auf Lewis sah ich ein, daß ich ebensogut auf einen Friedhof hätte gehen können. Nur muß man der Gerechtigkeit halber sagen, daß die Einheimischen es sich auch nicht leichtmachen mit ihrem Sonntagsessen. Am siebten Tag sollst du ruhn: also wird das Essen schon am Samstag gekocht und das Geschirr erst am Montag abgewaschen, wenigstens in strenggläubigen Familien.

Manche zünden sonntags nicht einmal ihr Kaminfeuer an, und auch das Fernsehen wird nicht angerührt. Daß einige an diesem Tag sogar ihr Bed & Breakfast-Schild mit Sackleinen verhüllen, ist wohl nur noch eine rigorose Legende. Allerdings soll es noch Bauern auf Lewis geben, die darauf achten, daß selbst in ihrem Stall am Tag des Herrn kein sündhaftes Vergnügen stattfindet: Hüpfige Hähne werden in Krabbenkörbe gesperrt.

Der kleine Hafen von Stornoway auf der Insel Lewis

»Closed on Sundays«: Natürlich war auch das Blackhouse-Museum in Arnol geschlossen. Aber als ich durch Barvas fuhr, schien plötzlich die ganze Gemeinde auf den Beinen: Kirchgang. Die Jungen trugen weiße Kniestrümpfe, die Mädchen helle Sommerhüte und in der Hand die Bibel. Die presbyterianische Free Church ist die größte und strengste Religionsgemeinschaft auf Lewis. Kein Gottesdienst auf dem Festland ist so gut besucht wie hier, nirgendwo der Einfluß der Kirche so ungebrochen wie auf den Hebriden. Am nächsten Tag fragte ich einen Tankwart in Stornoway, was er sonntags mache. »Nichts«, sagt er. »Zur Kirche gehen, sonst nichts. Sechs Tage arbeiten wir und verdienen Geld, am siebten Tag sollten wir Gott dafür danken.«

Selbst wer über den Zusammenhang von Arbeit, Kapital und Religion anders denkt, wird die beruhigende Wirkung eines Sonntags auf den Hebriden nicht leugnen. Freilich macht die rigide Moral des Puritanismus manchen auch melancholisch, und der hohe Anteil Depressiver auf den Hebriden ist sicher nicht nur eine Folge der langen Wintermonate mit Regen, Sturm und Dunkelheit. Nicht von ungefähr ist auch die Zahl der Alkoholiker auf den Hebriden und an der Westküste viermal so hoch wie im übrigen Schottland und um das Zwölffache höher als in England.

Irgendwann und irgendwo habe ich mich an jenem Sonntag auf Lewis in einer windgeschützten Bucht an den Strand gelegt und versucht, nicht an das Sabbat-Schild von Skye zu denken. Es war ein schöner, trostlos heiterer Sonntag. Ich freute mich auf Montag, wo es wieder Regen geben würde und lachende Gesichter auf den Straßen.

Auch die Überfahrt von Harris nach Uist dauert zwei Stunden. Ich ging an Land und wurde das Gefühl nicht los: Noch ein paar Schritte, und du liegst wieder im Wasser. Das Land scheint aus lauter Lochs zu bestehen, die See aus lauter Inseln. Der Gott, der Land und Wasser trennte, hat bei der Schöpfung der Hebriden hier offenbar die Lust verloren und dem Chaos seinen Lauf gelassen. Das hat sich höchst phantasievoll entfaltet.

Es waren Autos in der Landschaft. Autowracks mitten auf einem Feld, neben einem Haus, im Moor, zwischen den Felsen. Wahrscheinlich fällt das nur Fremden auf, die in den Kategorien von Straße, Schrottplatz und Umweltschutz denken. Auf den Äußeren Hebriden, wo noch wenig Verkehr auf den wenigen Straßen ist, wo Handzeichen mehr als Verkehrszeichen die Vorfahrt regeln, da geht man auch mit seinem Wagen ganz unbekümmert um, wie mit einem alten Pflug: Man stellt ihn ab, egal wo. Nur ins Meer, was naheläge, kippen sie ihre Wracks nicht. »Wir sind Fischer«, sagt einer, und ein anderer: »Je mehr Wracks jemand auf seinem Grundstück hat, desto angesehener ist er, weil er sich so viele Autos leisten kann.«

Bemerkenswert auch ihre Vorliebe für Wohnwagen. Schon auf Lewis und Harris war mir das aufgefallen: Fast neben jedem Bauernhaus ein Caravan – zusätzlicher Wohnraum, Unterkunft für Touristen, mobile Zimmer für Arbeiter vom Festland, Behelfsquartiere, wenn das alte Haus abgerissen und das neue gebaut wird. Caravan Country, Inseln im Umbruch. Bis zu drei Wohnwagen darf man, laut Gesetz, auf seinem Grundstück abstellen. Da stehen sie nun, mit Stricken verschnürt wie Objekte von Christo und mit Steinen beschwert wie die Strohdächer, damit sie nicht wegfliegen beim nächsten Sturm.

Das bizarreste Autowrack fand ich im Garten von Flora Johnstone: den Muschelbus von Bualadubh, die Pop-Art-Phantasie einer achtzigjährigen Bäuerin auf South Uist. Es ist ein alter Omnibus, völlig mit Muscheln bedeckt, mit Ornamenten aus Herz- und Miesmuscheln und Austernschalen, von Muscheln überzogen auch Fahrersitz und Armaturenbrett, Muscheltiere und Muschelmenschen überall, als sei dies Neptuns Unterwasserspielzeug gewesen und nicht ein Überlandbus für Schüler. Volkskunst? Kitsch? Monströse Touristenattraktion?

»Ich wollte keine Kunst machen, ich brauchte Wohnraum.« Flora Johnstone führt mich in ihre strohgedeckte Bauernkate, wo sie seit fünfzig Jahren lebt. Ein schmaler Flur, eine winzige Küche, zwei kleine Zimmer – es wäre eine ideale Junggesellenwohnung. Acht Kinder hat sie hier zur Welt gebracht, zusammen mit ihrem Mann ein Zehn-Personen-Haushalt. Sie hatten etwas Land, zwei Kühe, ein Pferd und acht Schafe; davon lebten sie. Ein schweres Leben? »You get used to it.«

Irgendwann kam sie auf die Idee mit dem alten Bus. Damit das Schrottgehäuse etwas wohnlicher würde, begann Flora Johnstone es auszuschmücken. »Muschelschalen lagen gleich hinterm Haus, die Reste vieler Mahlzeiten. Ich habe die Muscheln an den Bus geklebt, wie es mir gefiel. Man kann seine eigenen Formen und Ornamente entwerfen, ohne Vorbilder.« Art Brut, Naive Kunst einer Hebridenbäuerin.

Inzwischen ist ihr Mann gestorben, von ihren acht Kindern sind zwei nach Amerika ausgewandert, die anderen leben auf dem Festland – »they all got a job away«, es gab keine Arbeit für sie auf den Inseln. Wenn Flora Johnstone mit ihrer Tochter in New York telefoniert, unterhalten sie sich auf Gälisch. »Alle meine Kinder sprechen Gälisch; meine Enkel schon nicht mehr.« Seit Jahren lebt sie allein in ihrer Bauernkate und im Muschelbus ihrer Phantasie, Flora Johnstone in Bualadubh im Land der Gräser.

Die Straße durch South Uist endet am Pub von Pollachar. Hier, in der Meerenge zwischen South Uist und der kleinen Insel Eriskay, ereignete sich der hochprozentigste Schiffbruch in der Geschichte der christlichen Seefahrt.

In einer Februarnacht des Jahres 1941 machte das britische

Handelsschiff »Politician« einen überaus wohltätigen Navigationsfehler und landete nicht in Amerika, sondern auf einem Felsen im Sund von Eriskay und sank. Die »Polly«, wie sie seitdem von den Insulanern zärtlich genannt wurde, hatte zwanzigtausend Flaschen feinsten schottischen Whisky an Bord. Sogar die Hühner von Eriskay, heißt es, waren tagelang betrunken.

Compton Mackenzie hat den Schiffbruch in seinem Roman »Whisky Galore« beschrieben. Über dessen Verfilmung, 1948, hat die halbe Welt gelacht und so den sympathischsten Eindruck von den Hebriden und ihren Bewohnern gewonnen.

Glasgow
Wie die andere Hälfte lebt

Von Peter Sager

Die Monumente, die Villen und Warenhäuser, das ist nur die eine Seite des viktorianischen Glasgow; die, die man besichtigen kann. Die andere, die Schattenseite, existiert nur noch in Fotos und Berichten der Zeitgenossen. Aber ohne die Kenntnis der alten Slums verstehen wir nicht die Entwicklung der neuen Slums, die heutigen Probleme Glasgows, das bittere Erbe der Viktorianer. Glanz und Elend dieser Stadt sind nicht zu trennen. Sie wurde zu einem Symbol des viktorianischen Zeitalters, eines ungehemmten wirtschaftlichen Aufschwungs und eines erschreckenden sozialen Gefälles. Denn den Preis des Fortschritts zahlten nicht die, die am meisten von ihm profitierten. Die Reichen wurden noch reicher, die Armen nur zahlreicher.

Schon zur Zeit der ersten großen Einwanderungswelle aus Irland, in den »Hungry Forties« des 19. Jahrhunderts, hieß es: Wenn ein Ire Geld hat, emigriert er nach Amerika; wenn er nur wenig Geld hat, geht er nach Liverpool; wenn er gar kein Geld hat, kommt er nach Glasgow. Im 19. Jahrhundert waren es vor allem die vertriebenen Bauern der Highlands, die in Glasgows Werften und Textilfabriken Arbeit suchten. Aus den Spannungen, die damals zwischen den katholischen Iren und den protestantischen Schotten entstanden, ging das spannendste aller Lokalderbys hervor, das zwischen den beiden Fußballrivalen Celtic und Rangers im Ibrox-Stadion. Celtic, 1888 von irischen Einwanderern gegründet, hat längst auch protestantische Spieler und Manager, aber er gilt immer noch als der katholische Club, und seine Fans schwingen die irischen Fahnen Grün-Weiß-Orange gegen das Blau-Weiß-Rot der »schottischen« Rangers. Um 1800 hatte Glasgow 77000 Einwohner, hundert Jahre später rund 760000. Anfang des 19. Jahrhunderts lebte jeder zwanzigste Schotte in Glasgow, Ende des Jahrhunderts jeder fünfte. Die wohlhabenderen Bürger zogen aus der Altstadt weg ins West

End, ihre Häuser wurden teuer an Einwanderer vermietet. Das East End entstand, ein Elendsviertel, mit dem verglichen die schlimmsten Gastarbeiterquartiere heute fast wie Komfortwohnungen wirken. »Bevor ich die Gassen von Glasgow besuchte, habe ich nicht für möglich gehalten, daß es ein derartiges Ausmaß von Schmutz, Verbrechen, Elend und Krankheit auf einem einzigen Fleck in irgendeinem zivilisierten Land geben könnte«, schrieb ein Besucher Glasgows 1839. »In den unteren Etagen schlafen zwölf, manchmal zwanzig Personen beiderlei Geschlechts und jeden Alters durcheinander auf dem Boden in verschiedenen Graden der Nacktheit. Diese Orte sind, was Schmutz, Feuchtigkeit und Verfall angeht, in einem solchen Zustand, daß kein Mensch mit normaler Tierliebe sein Pferd dort unterbringen würde.«

Neue, große Mietskasernen wurden gebaut. Bald waren sie ebenso überfüllt wie die alten. Die Mieten waren niedrig, aber die Löhne meist noch niedriger, und längst nicht jeder fand Arbeit. Mit der Industrie kam das Industrieproletariat; nicht nur in Glasgow, auch in Liverpool, Leeds oder Manchester. Die Slums von Glasgow galten damals als die schlimmsten in ganz Großbritannien. Lange geschah nichts. Endlich, 1842, erschien ein »Bericht an den Innenminister Ihrer Majestät von der Kommission für Armenrecht über eine Untersuchung der sanitären Verhältnisse der arbeitenden Bevölkerung in Großbritannien«, kurz Chadwick-Report genannt. Sein Autor, Edwin Chadwick, beschreibt auch die Slums von Glasgow, die Hinterhöfe mit ihren Abfallhaufen: »Es gab weder Aborte noch Abflußleitungen, und der ganze Unrat, der von dem Gewimmel der armseligen Bewohner stammte, landete auf diesem Schmutzhaufen ... Wir sahen halbnackte Bejammernswerte eng aneinandergedrängt, um sich gegenseitig zu wärmen. Obwohl mitten am Tage, waren mehrere Frauen in einem Bett unter einem Laken gefangen, weil mehrere andere alle Kleidungsstücke der Gruppe anhatten und sich draußen auf der Straße befanden. Es war ein so abstoßendes Bild, daß man – ohne den augenscheinlichen Beweis – geneigt wäre, die Möglichkeit solcher Tatsachen zu bezweifeln.« Dieser Chadwick-Report, in der Mitte des prosperierenden Jahrhunderts erschienen, bestürzte die Öffentlichkeit. Er gab den Anstoß zu einer Reform im Gesundheitswesen und zu der Sanierung der Slums. Auch auf einen deutschen Emigranten

George Square mit dem Rathaus und dem Walter-Scott-Denkmal

in London verfehlte der Chadwick-Report nicht seine Wirkung: Friedrich Engels zitierte ihn 1845 ausgiebig in seinem Werk »Die Lage der arbeitenden Klassen in England«.

»Die Situation der Bevölkerung in Glasgow«, hatte Edwin Chadwick 1842 geschrieben, »war die schlimmste, die wir in irgendeinem Teil Großbritanniens angetroffen haben.« Es dauerte indes noch fünfundzwanzig Jahre, bis in Glasgow etwas geschah. Bei der dritten Cholera-Epidemie 1853/54 starben Zehntausende, vor allem in den Slums. Für sie kam das Sanierungsgesetz von 1866 zu spät. Nun endlich sollten die Slums in East End und in den Gorbals abgerissen werden. Die Verantwortlichen wußten, daß mit diesem Kahlschlag nicht nur die Krankheitsherde beseitigt wurden. Zugleich mit den Elendsvierteln verschwand das alte Glasgow, und die viktorianischen Reformer waren Romantiker genug, um zu ahnen, daß auch die schlechte Vergangenheit bald als »gute alte Zeit« empfunden würde. So schickten sie, bevor die Arbeiter mit ihren Spitzhacken folgten, einen Fotografen in die Slums: Thomas Annan. Seine Kamera zeigt, »Wie die andere Hälfte lebt« – rund zwanzig Jahre vor Jakob Riis' berühmter Dokumentation der Elendsviertel von New Yorks Lower East Side.

In den Gorbals war der Fotograf eine ungewöhnliche Erscheinung. Die Bewohner ließen sich willig vor seiner Plattenkamera aufstellen, in Hauseingängen und Hinterhöfen, und so kamen auch die zu ihrem Bild, die nie in Annans Atelier in Hope Street gegangen wären: anonyme Gruppen, Schemen einer Schattenwelt, für wenige verschwommene Augenblicke hervorgetreten und dann wieder aufgesogen von den schwarzen Mauern, Thomas Annan, der Schattenfotograf. Er mußte sie wie Modelle arrangieren, denn für Schnappschüsse waren die Gassen zu dunkel, die Belichtungszeiten zu lang.

Thomas Annan zeigt uns die Slums, wie seine Zeitgenossen sie sehen wollten: Wenn schon soviel Misere, dann bitte recht malerisch; realistisch, aber mit romantischen Versatzstücken. So kopiert Annan in seine Fotos Wolken ein, um den Himmel über den Slums aufzuhellen oder um die Schattenschluchten zu dramatisieren. Er machte sogar, des Kontrastes wegen, die Wäsche auf den Leinen heller, die in den engen Gassen flattert. Thomas Annan war, anders als Jacob Riis in New York, kein Sozialreformer mit der Kamera. Er hatte keinen persönlichen Impuls, sondern einen offiziellen Auftrag. Seine Fotos wurden in Alben gebunden und an die Mitglieder des Sanierungsausschusses verteilt, später auch an Liebhaber Alt-Glasgows verkauft. So wie Henry Dixon und die Brüder Boole in London, Charles Marville und Eugène Atget in Paris die zum Abbruch bestimmten Altstädte fotografierten, so gehört auch Thomas Annans Bestandsaufnahme von Glasgow zu den großen Leistungen der dokumentarischen Fotografie im 19. Jahrhundert. Ohne ihn wüßten

St. Mungo's Cathedral aus dem 12.–13. Jahrhundert

wir nicht mehr, wie das East End aussah, als das West End gebaut wurde.

In West Campbell Street No. 130 wird die Firma T. & R. Annon & Sons, gegründet 1855, als Familienbetrieb fortgeführt, Glasgows ältestes Fotoatelier. »Wir haben die Tradition, Stadtansichten aufzunehmen, nicht fortgesetzt«, sagt John C. Annan, »die neuen Gebäude reizen nicht zum Fotografieren.« Wirklich nicht?

Am Clyde sitzen die Arbeitslosen und trinken. Auf großen, kahlen Flächen spielen Kinder »Celtic gegen Rangers«. Vor Wochen standen hier noch ganze Häuserreihen, jetzt brennen die Schutthaufen, mitten in der Stadt. »The blitz of bulldozer«, heißt es in Glasgow. Eine Stadt auf Abbruch. Ganze Viertel, Calton oder Anderston, ähneln mehr einem Schlachtfeld als einem Sanierungsgebiet. Häuser stehen leer wie nach einer Pestepidemie: die Geschäfte mit Wellblech verrammelt, Türen und Fenster mit Brettern vernagelt, die Wände zugerichtet wie Bahnhofstoiletten. Die sozialen und ökonomischen Probleme Glasgows sind schlimmer als die der schlimmsten Stadt in England: Liverpool. »Schottlands schäbiger Gigant«, so titulierte die »Times« 1978 den kranken Mann am Clyde. Ein Jahr später hieß es in einem offiziellen Untersuchungsbericht: »Die Verödung Glasgows hat gegenwärtig ein Außmaß angenommen, unvergleichbar mit irgendeinem anderen innerstädtischen Bereich in Großbritannien.« Wie war es soweit gekommen? Waren die Slums, die Annan fotografiert hatte, nicht längst abgerissen? Hatte die Stadt nicht, im Rahmen ihres Sanierungsprogramms, neue, bessere Häuser gebaut?

Die Mietskasernen, die zwischen 1866 und 1902 entstanden, wurden Spekulationsobjekte. Viele konnten sich die neuen, teureren Wohnungen nicht leisten und zogen in Altbauten, die bald ebenso überfüllt waren wie die früheren. Die Probleme hatten sich nur von einem Viertel auf das nächste verlagert. Und die Einwohnerzahlen stiegen, immer noch, rapide. In den zwanziger Jahren erreichten sie mit eineinviertel Millionen ihren Höchststand. Während der Depression der dreißiger Jahre wanderten Zehntausende von Arbeitslosen aus. Aber nach dem Krieg setzte ein neuer Zustrom von Menschen ein. Auf nur drei Quadratmeilen lebte ein Siebtel der gesamten Bevölkerung Schottlands. Glasgow, von Bomben verschont, hatte immer noch die alten Häuser. Da stürzte sich die Stadt erneut und radikaler denn je in den Kreislauf von Abbruch und Aufbau.

Glasgow baute nach dem Krieg mehr Häuser als jede andere Stadt in Großbritannien. An der Peripherie entstanden die »New Towns« der fünfziger Jahre, jede inzwischen größer als eine Stadt wie Perth: Drumchapel, Easterhouse, Castlemilk, Pollok. Wohnungsuchende sollten aus der City wegziehen in die Neugründungen. So verödete die Innenstadt, und die öden Satellitenstädte breiteten sich aus – »no-go area« ohne Gemeinschaftsgefühl, ohne ausreichende Sozialeinrichtungen. Es war eine verhängnisvolle Wohnungspolitik. Glasgow schrumpfte von 1,1 Millionen (1946) auf 825 000 Einwohner (1978). Gegenwärtig verlassen jährlich rund 25000 Menschen die Stadt. So wurde Glasgow die Stadt mit der höchsten Abwanderungsrate in Großbritannien und mit der höchsten Verschuldung: rund 650 Millionen Pfund. Für 1983 haben Glasgows Katastrophenplaner 714 000 Einwohner vorausberechnet. Tiefststand und Endpunkt dieser Entwicklung. Dann werden rund 30 000 Wohnungen leerstehen.

Von dieser Ausblutung am schlimmsten betroffen war wiederum das East End. 1961 lebten hier 160 000 Menschen, heute sind es nur noch 45 000. In den Häusern, die nicht abgebrochen wurden, sind ein Viertel der Wohnungen überbelegt, die Hälfte ohne Warmwasser und Toilette. Im East End ist die Kindersterblichkeit doppelt so hoch wie in England, die Arbeitslosigkeit liegt bei zwanzig Prozent, und die Zahl der Analphabeten wird nur durch die der Alkoholiker übertroffen. Dies ist die Gegend der Verzweifelten und Verlorenen, der Fixer und »lacquer lady« die sich mit einem Fusel aus Haarspray und Limonade einen billigen Rausch verschaffen. Dies sind die Gorbals von heute. Sie beginnen in Calton, gleich hinter Glasgow Green, und reichen über Bridgetown und Dalmarnock bis Shettleston und Tolleross. »A disaster area« nannte der »Observer« diese ruinierten Viertel: »the most socially deprived area in western Europe«, schrieb die »Times«.

Daß die Stadtrundfahrt des Fremdenverkehrsamtes noch nicht »Horrortrip« heißt, ist nur geschickter Routenplanung zu danken. Daß die katastrophalen Fehlplanungen der fünfziger und sechziger Jahre im Glasgow-Prospekt als »die hübschen Satellitenstädte« gepriesen werden, zeigt indes, daß die Imagepfleger sich mehr einfallen lassen als die Städteplaner. Aber mit Zynismus und Zorn ist Glasgow nicht zu helfen.

1976 begann der sicher nicht letzte Rettungsversuch, das Projekt GEAR (Glasgow Eastern Area Renewal). Mit einem Aufwand von zunächst 188 Millionen Pfund soll das East End saniert werden, eine Fläche von rund siebzehn Quadratkilometern. Es ist das größte Sanierungsprojekt dieser Art in Westeuropa. Die neue, vernünftige Maxime heißt Renovierung statt

Abbruch. In Bridgeton Cross kann man unverfälscht hören, was die erstmals an der Planung beteiligten Bürger wollen: »A house wi' front and back doors and mebee a bit o'gairden.« Einen Garten vorm Haus, keine Hochhäuser mehr. In diesem Sinne werden nun, für weitere 100 Millionen Pfund, die vier ungeliebten Satellitenstädte umgebaut und einige ihrer nicht einmal dreißig Jahre alten Häuser abgerissen. In der Red-Road-Siedlung in Balornock (1962–64), damals die höchsten Wohnhochhäuser Europas, wurden schon 1978 einige Blocks für unbewohnbar erklärt. Richard Colwell, verantwortlich für die East-End-Sanierung: »Wir wissen nur zu gut, daß die Zeit nicht für uns arbeitet und daß der Patient im Sterben liegt.«

Schon in den fünfziger Jahren hatte Glasgow begonnen, seinen schlimmsten Schandfleck zu beseitigen; endgültig, so hoffte man damals. Die Sanierung der Gorbals wurde zu einem Prestigeunternehmen der Stadt. Es war, als wollte man in Sodom und Gomorrha ein neues Jerusalem errichten. Fast achttausend Häuser wurden abgerissen, dann sollten so berühmte Architekten wie Sir Basil Spence und Sir Robert Matthew dem Wiederaufbau internationales Renommee verschaffen. Die alten Gorbals gibt es nun nicht mehr. Die Hochhaus-Siedlungen von Hutchesontown wirken heller, moderner und so einladend wie ein Klinikkomplex. Geblieben ist die Gewalt, der Alkoholismus, die Resignation.

Nordirland

»Wir brauchen Touristen«

Von Julie Stewart

»Als Tourist nach Nordirland? Wo es ein Belfast und ein Londonderry gibt? Total verrückt«, sagten unsere Freunde in Schottland. Wir sind dennoch gefahren und haben den Entschluß nicht bereut.

Am ersten Abend im Hotel lernen wir Barbara kennen: »Kommen Sie morgen in unserem Pub in Glenarm vorbei. Offiziell haben wir von 11 bis 23 Uhr geöffnet, aber ich lasse Sie auch schon um 10.30 Uhr rein.« Wie viele Nordirinnen verschmäht Barbara auch zu früher Stunde einen Brandy nicht. »Je die Hälfte unserer Stammkunden sind Katholiken und Protestanten«, sagt sie. »Wir sprechen nicht über Politik mit ihnen. Sowieso: Hier oben herrscht Friede, ich habe noch nie etwas vom sogenannten Bürgerkrieg gesehen.«

Es ist in der Tat erstaunlich, wie fröhlich und gesprächig jedermann ist, wie zuvorkommend in den Geschäften und Hotels. Beim Austernessen im »Salmon Leap« in Coleraine ist es am Montagmittag brechend voll und es herrscht Stimmung. Der Whisky ist gut, der Fisch frisch. Wir zahlen drei Pfund für ein halbes Dutzend Austern. Die Preise sind eine Überraschung für uns. Wir glauben den Einheimischen, die uns alle versichern, daß der Urlaub in beiden Teilen der Insel etwa dasselbe kostet. Unsere erste Station ist Nordirlands bekannteste Touristenattraktion, der »Giant's Causeway«, ein Riesendamm an der Nordostküste. Wir wanderten weiter auf dem Küstenpfad (14 Kilometer hin und zurück bis Dunseverick Castle) an diesen faszinierenden geologischen Formationen entlang, die vor 60 Millionen Jahren entstanden sind, und blieben nicht nur an der Stelle stehen, wo sich Zehntausende symmetrisch geformter, vier- bis achteckiger Basalt- und Lavasäulen wie drei flach ausgestreckte Hände ins Meer vorschieben. Großartig ist hier der Blick auf die Silhouette der südlichen Hebriden, die wie in einer feinen Federzeichnung am Horizont auftauchen.

Die Legende erzählt, daß dieser Naturdamm vom irischen Riesen Finn MacCool gebaut wurde, damit man auf trockenem Boden nach Schottland gelangen könne, das von der irischen Nordost-Spitze nur 20 Kilometer entfernt liegt. Wir hatten eher das Gefühl, in Irland als in England zu sein. Obwohl Nordirland gepflegter als der Süden wirkt, pellt sich auch hier die Farbe gern von den Türen, beginnen auch hier Veranstaltungen um 21 statt, wie ausgeschrieben, um 20 Uhr.

Im »Beach Hotel« in Portballintrea sahen wir zum ersten Mal zementgefüllte Tonnen, die so vor den Hotelfassaden stehen, daß kein Auto (mit oder ohne Bombe) direkt vor dem Gebäude parken und Unheil anrichten kann. Zeichen eines Bürgerkrieges, der alle Bemühungen um Besucher immer wieder zunichte macht.

Jimmy Kane in der Bushmills Distillery sagt nach dem Rundgang durch die älteste Whisky-Brennerei der Welt: »Wir brauchen Touristen, wir freuen uns über jeden, der in unserer schwierigen Situation zu uns kommt. Und es kämen mehr, wenn sich die Medien nicht in übertriebener Weise mit uns beschäftigten. Gewiß, ich rate keinem Urlauber, in Londonderry und Belfast neugierig durch die Gebiete zu streifen, in denen sich die Unruhen hauptsächlich abspielen. Aber bei uns ist in den vergangenen schwierigen elf Jahren noch nie ein Tourist umgekommen.«

Alle anderen, mit denen wir sprachen, sagten ähnliches. Zweifellos, der Urlauber ist in Nordirland zur Zeit König, besonders der deutsche. 20 deutsche Reiseveranstalter haben Nordirland – zum Teil gekoppelt mit der Republik – in ihrem Pauschalprogramm. Im letzten Jahr kamen neben Amerikanern, Kanadiern und Australiern 13 000 Bundesbürger. Jimmy Kane sieht viele von ihnen, denn seine Destillerie gehört zum Ferienprogramm der meisten Nordirland-Besucher. Am Ende der Besichtigung werden die Gläser mit Whisky gefüllt, der wie ein milder Likör über die Zunge gleitet. Dieses Lebenswasser ist einzigartig. Es dürfte manchem Iren über die tragische Situation dieses Zipfels der Grünen Insel hinwegtrösten.

Wir sahen Londonderry vom Auto aus auf der anderen Seite des Foyle-Flusses liegen. Für uns wirkte es trotz der fast 400 Jahre alten, guterhaltenen Stadtmauer, den Toren und Wachttürmen selbst hier friedlich. Wir hielten dennoch nicht, wir fuhren weiter nach Enniskillen am Lough (Loch ausgesprochen) Erne, dem irischen Seenland.

Commander Clayton steuerte den Kabinenkreuzer höchstpersönlich. Auf dem See trafen wir Schweizer und Deutsche in seinen Booten. »Schön ist's«, schwärmten sie, »besser als auf dem Shannon.« Auch hier sind die Ufer unwahrscheinlich grün, es wimmelt von Inselchen, die Seebuchten sind voller Fische, die Bäume und Büsche reich an Vögeln. Den oberen Teil des Sees umrundeten wir im Auto. Die Landstraßen sind überall erstklassig und verkehrsarm. In Garrison, direkt an der Grenze kurz vor Belleek, wurden wir das erste und einzige Mal von zwei nordirischen Polizisten (Ulster Constabulary) angehalten. Und im gleichen Augenblick entdeckten wir britische Soldaten in Felduniform, die die Szene überwachten. »Vor ein paar Tagen sind an der Grenzbrücke in der Nacht ein Lastwagen und ein Auto in Brand gesteckt worden. Darum die polizeilich-militärische Aktivität«, verriet uns kurz darauf der Wirt in einem Pub. Angler sind es vornehmlich, die aus Deutschland nach Nordirland reisen. Sie sind relativ treue Gäste, wie die kleine Ferienhaussiedlung in Corrallea zeigt. Von sieben Ferienhäusern an einem kleinen, traumhaft schönen See sind drei an Deutsche vermietet. Aber selbst in diesem Gästekreis hinterlassen die irischen Unruhen ihre Spuren. Captain Lowry, der in Blessingbourne bei Fivemiletown Hechtfischen im eigenen See anbietet oder Lachs- und Forellenfang im nahegelegenen Lough Erne arrangiert, berichtete, daß von sechs der Familien aus Deutschland und Frankreich, die sich angemeldet hatten, fünf wieder abgeschrieben hätten.

Isle of Man
Keine Kurve ohne Kreuz

Von Ernst Hess

Als James Stanley, siebter Graf von Derby und Lord der Insel Man, am 18. März 1632 seine Vollblüter bei Castletown erstmals um die Wette laufen ließ, hatte er sich seinen Platz im Lexikon gesichert. Zwar galoppieren die Nachfahren der edlen Rösser seit mehr als zweihundert Jahren in Epsom auf der britischen Insel; den Ruhm, das erste »Derby« ausgerichtet zu haben, läßt sich jedoch kein Insulaner streitig machen.

Inzwischen donnern ganz andere Rennpferde über die kleine Insel in der Irischen See. Hochgezüchtete Exoten, die auf so bekannte Namen wie Honda, Kawasaki oder Norton hören, nehmen alljährlich bei der berüchtigten »Tourist Trophy« den verwitterten Asphalt des TT-Kurses unter die Hufe. Die Zahl der Todesstürze zwischen den Hecken und Mauern wird derzeit offiziell mit 146 angegeben, eine stattliche Bilanz in siebzig Jahren. Spitzenfahrer wie Agostini, Read oder Cecotto meiden nach Möglichkeit einen Start im grünen Kurvenlabyrinth. Kaum ein Kilometer ohne Kreuz, kritische Punkte wie Ballacraine Corner oder Sulby Bridge gleichen kleineren Friedhöfen. Im Vergleich zum holprigen Trophy-Rennkurs wirkt der Nürburgring so gefährlich wie eine Modellbahn im Wohnzimmer.

So gemütlich die Manxmen – wie sich die Insulaner bezeichnen – den Rest des Jahres beim Fischen oder Golfen verbringen, so hektisch gebärdet sich die Isle of Man im Juni. Auf dem Flughafen Ronaldsway nahe der Hauptstadt Douglas liefern die Tridents der British Airways tagelang Rennmaschinen, Mechaniker und Mädchen aus. Der Nervenkitzel der Tourist Trophy steht beim internationalen Showpublikum gleichrangig neben Monza und Monaco, Plätze an der »Verandan« oder in der Haarnadelkurve von Elfin Glen sind gesucht.

Abends wird im Casino von Douglas, dem einzigen öffentlichen Roulette des Vereinigten Königreiches, mit hohen Einsätzen gezockt, Beatbands und Go-Go-Girls heizen die ohnehin hektische Atmosphäre vor dem Rennen zusätzlich an. Gourmets unter den Fahrern steuern das Restaurant »The Grosvenor« in Kirk Andreas an, wo Jo und Bernie Harmer mit köstlichen Saucen, Krebsen und Fischen auf den Spuren Paul Bocuses wandeln. Nicht umsonst gilt »Grosvenor« manchen Snobs als beste französische Küche nördlich von London.

Doch so schnell wie der Spuk gekommen ist, so rasch verläßt die Hektik die kleine Insel. Nach dem 17. Juni, wenn der letzte Transporter beladen und die Absperrungen von den Straßen verschwunden sind, hört man wieder das Schnattern der Gänse und den Gesang der Amsel. Neugierige Loughtan-Schafe schnuppern etwa beim Les Graham-Memorial am Fuß des Snaefell die Reste von verbranntem Gummi und Rennbenzin, Fasane und Rebhühner kreuzen ohne Eile den berüchtigten Circuit. Am Strand von Douglas oder Peel sonnen sich hübsche Engländerinnen, im Hafen von Ramsey dümpeln schmucke Yachten, während auf den gepflegten Golfplätzen der Insel Einheimische und verbliebene Gäste ihre Bälle schlagen.

Die schönste 18-Loch-Anlage befindet sich auf den Klippen von Castletown im Südosten der Insel: ein prächtiges Panorama, vertracktes Gelände und Abschläge, die oft von der Brandungsgischt unter Wasser gesetzt werden. Am 17. und 18. Loch kreuzt der Ball die offene See, sofern man ihn richtig trifft. Weniger

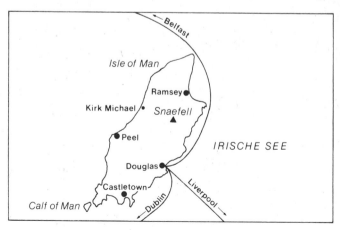

versierte Spieler sollten vorsichtshalber eine Kiste mit gebrauchten Bällen mit sich schleppen, damit die Partie mangels Material nicht vorher abgebrochen werden muß. Die längste Fairway läuft über traditionsreichen Grund; auf dem ehrwürdigen Rasen galoppierten vor über 300 Jahren die Rennpferde Stanleys zum ersten »Derby«-Sieg. Wer Loch Nr. 10, »The Racecourse«, mit fünf Schlägen schafft, darf sich fürwahr mit Jack Nicklas vergleichen. Der Ex-Weltmeister erlitt hier vor Jahren mit einer »acht« ein schmerzliches Waterloo.

Wer die feine britische Art zu schätzen weiß, der sollte sich eine Woche lang im »Castletown Golf Links«-Hotel einquartieren. Direkt am 18. Loch gelegen, mit einem noblen Hauch von Empire, Tweed und Cashmere, ist diese Herberge ein wohltuendes Refugium. Bei »Black Velvet«, der Guinness- und Champagner-Mischung, sind altgediente Kolonialoffiziere aus dem Bilderbuch, rotgesichtige Manxmen, Golfer, Segler und Tennisspieler vom Kontinent unter sich. Pfundabwertung und Araber-Ausverkauf werden allenfalls mit unaufdringlichem Humor kommentiert. Es gibt wichtigere Dinge zwischen Ramsey und Castletown.

Rauhere Töne hört man im alten Wikingerhafen Peel an der Westküste, wo vor fast 1000 Jahren King Orrys Drachenboote aus dem Norden einliefen. Nach kurzem Gefecht verloren die heimischen Kelten die Herrschaft über die Insel und einen Großteil ihrer Frauen, die sich – so man den Überlieferungen Glauben schenkt – über den unfreiwilligen Partnertausch nicht allzusehr grämten. Heute liegen elegante Yachten und bunte Fischkutter einträchtig am Hafenpier, hängen Millionen von Heringen zum Räuchern in den Kammern der Kipper-Fabriken, sonnen sich Urlauber am feinen Sandstrand.

Von Peel führt die schmale Straße zwischen Hecken und Wiesen nach Norden, stößt bei Kirk Michael auf den Trophy-Rennkurs und schlängelt sich schließlich durch eine zauberhafte Landschaft nach Ramsey. Sanfte Hügel, Eichenwälder und kleine Flüsse erinnern an Irland, Hochmoore und Schafherden geben der Insel den schottischen Einschlag.

So versteht man nicht ganz, warum der berühmteste Manxman, der »Bounty«-Meuterer Fletcher Christian, vor knapp 200 Jahren die Südseeinsel Pitcairn seiner Heimat vorzog. Die Erinnerung an den rebellischen Seeoffizier und seinen Kapitän Bligh,

Jedes Jahr wird Douglas zum Mekka der Motorrad-Fans und Renn-sportfreunde

übrigens mit einer Manxwoman verehelicht, ist überall leben-dig. Noch heute weist das Telefonbuch der Hauptstadt Douglas nicht weniger als 64 Christians auf.

Auf Man fällt ein Wagen mit deutschem Kennzeichen noch auf. Den braven Touristikmanagern in Douglas wären aber auch au-ßerhalb der Trophy-Tage zahlungskräftige Besucher in größe-rer Zahl lieb. Schließlich wollen über 1000 Hotels, vom feudalen »Palace« in Douglas bis zum schlichten »Bed and Breakfast«-Haus in Glenduff, versorgt sein.

Von den vielen Pubs am Straßenrand nicht zu reden. Sie sind entgegen britischer Sitte tagsüber durchgehend geöffnet, viele servieren preiswert Krebse und Langusten. Das »Joughlayer«, ein starkes Bier, strömt aus den bemalten Pumpen und wird in erstaunlichen Mengen getrunken. Danach setzt sich der Manx-man gelassen ans Steuer, Verkehrskontrollen oder Geschwin-digkeitsbegrenzungen außerhalb der Ortschaften gibt es nicht.

Der alte Wikingerhafen Peel an der Westküste der Insel

Dafür wird immer noch die Prügelstrafe praktiziert, um jugendliche Missetäter zur Räson zu bringen. Erlaubt sind allerdings maximal zwölf Schläge mit der Birkenrute aufs Hinterteil – ausgeführt vom Chief Constable, dem verlängerten Arm des Gesetzes.

Eine eigene Währung und selbstgedruckte Briefmarken komplettieren das kleine Inselreich. Die Bewohner sind keineswegs antibritisch, immerhin ist die Königin »Lord of Man«, und ihr Lieutenant Govenor residiert in einem bescheidenen Palast oberhalb von Douglas. Aber er soll sie möglichst in Ruhe lassen, meinen die Manxmen.

Cumbria

Liebesgrüße aus dem Lakeland

Von Dieter Wachholz

So mancher Stressman überlegt sich hier, ob er nicht lieber auf Schafhirte umsatteln soll: im Lake District, Englands größtem Nationalpark, einer aus Schwarzwald, Lappland und Tahiti komponierten Gegend für Verliebte und andere romantische Seelen.

»Fahrt ins Blaue« heißt das Programm des Tages. Es sind weder Kathedralen noch Folklore-Shows noch Shoppingbummel vorgesehen. Kein Sightseeing, lediglich Side-seeing, abseits ausgelatschter Pfade. Dennoch: Schon bald, nachdem wir, ein Dutzend Ausflügler, in Windermere unsere »Bergziege«, einen Minibus der lokalen »Mountain Goat Company«, geentert haben, erweist sich »ins Blaue« als typisch britisches Understatement.

Vorhang auf für einen grün-rot-braun-lila-gelb-rosa-blau-weißen Spielfilm auf Breitleinwand. Hauptdarsteller: der Lake District in Cumbria, mit 866 Quadratmeilen größter der englischen Nationalparks. Co-Produzenten: Der Schwarzwald, Lappland und Tahiti. Austattung: Berge, Seen, Täler. Soundtrack-Komponisten: Wind und Wasser, Vögel und Schafe. Regie: Mutter Natur.

Wir fahren los. Überholen einen Opa-VW mit dem schönen Kennzeichen »PUB«, grüßen das Pfadfinder-Fähnlein Fieselschweif aus Entenhausen, die jungen Ducks, Tick, Trick, Track & Freunde, mit ihren Rucksäcken, Bergstiefeln, Friesennerzen. Einer trägt T-Shirt: »Close your eyes and think of England«, steht drauf, Queen Victorias prüder Ratschlag, vom Tourist Board frech umgemünzt.

Wir passieren verschilfte Weiher mit fliegenden Fischen, Forellen-Angler an einsamen Wildbächen, Segler und Surfer auf weniger einsamen Seen. Sichten weltfremde Gebirgsdörfer von anno dunnemals, mit alten Kandelabern, verwinkelten Gassen, blitzweiß getünchten, schiefergedeckten Häusern, in denen BB lockt – Bed and Breakfast.

Wir warten geduldig, wenn auf den handtuchschmalen Sträßchen Kühe oder Schafe unserer Bergziege den Weg verstellen,
spielen derweil Ornithologe oder Botaniker oder Schach auf
dem Steinwallmuster der Almen.
Picknicken mit Tee und Rum und Sandwiches irgendwo an irgendeinem Wasserfall, zwischen Birken, Farnen, Erika. Steigen ein andermal irgendwo auf irgendeiner Paßhöhe aus, trinken die weiche, feuchte, duftige Golfstromluft, versuchen Fa-
sern, Fetzen, Büschel der ostwärts jagenden Wolken vom nied-

Die grünen Hügel von Longhrigg Tarn in Cumbria

rigen Himmel zu pflücken, sehen durch grüne Talkorridore hindurch die nahe Irische See schäumen.

Und sind uns, spätnachmittags zurück in Windermere, bereits nach diesen wenigen Ausschnitten aus dem ferienfüllenden Film einig: Oscar-verdächtig.

Mehr als zwei Millionen Touristen lustkuren jährlich im Lake

131

District, atmen pure Poesie, verlieben sich, schalten ab, erwägen, vom stellvertretenden kaufmännischen Angestellten doch lieber auf Hirte umzulernen.

Sie durchstreifen das Land der 15 Seen und der ungezählten Teiche, der 20 Pässe, zwölf Gebirgsgruppen und 500 000 Schafe zu Fuß und per Bus, auf Fahrrädern, Ponies, Schiffen und zwei putzigen Dampfbahnen.

Sie angeln, baden, golfen, minigolfen, klettern, rudern, segeln, windsurfen.

Und sie stoßen auf so manchen Superlativ, folgen den Spuren berühmter Engländer, schmunzeln über schrullige Eingeborene und mit ihnen ...

Da ist, beispielsweise, die Seathwaite Farm in der Nähe von Keswick: der nässeste bewohnte Fleck in England. 3277 mm pro qm prasseln da im Jahresdurchschnitt hernieder, bei weitem mehr Regen als etwa in London. Und hinter dem Gut, überflüssigerweise, auch noch ein Wasserfall, der »Sourmilk Gill«.

Den einstmals schnellsten See der Erde gibt's zu besichtigen: Coniston Water, wo Donald Cambpell mehrere Weltrekorde auf dem Wasser aufstellte, den letzten mit 328 Meilen pro Stunde, bevor er, 46 Jahre alt, im Januar 1967 mit seinem Raketenboot »Bluebird« tödlich verunglückte. Er liegt auf dem Grund, ein kleines Denkmal steht in Coniston.

Das Lakeland birgt ferner den größten See Englands (wenn auch nicht Großbritanniens), den 17 Kilometer langen Lake Windermere, an dem die neben Keswick belebtesten Ferienorte des Nationalparks ankern: Bowness-on-Windermere und Ambleside, beide mit ihren Piers und Villen und Holzhotels und Souvenirshops so recht puppenstubenlieb und titiseehaft. Der mit 77,40 Meter tiefste See des Landes, Waste Water, liegt hier und ebenso der unbestritten schönste See: Derwentwater bei Keswick, grüne Inselchen drinnen und drumrum graugrüne Felsformationen, die einen in die Vulkanszenerie der Südsee entführen.

Und, last not least, noch ein Superlativ: Die Scafell Pike nahe Waste Water ist Englands – nicht Großbritanniens – höchster Gipfel. 978 Meter, das klingt nicht gerade sensationell aufregend. Aber, immerhin, die Berge ragen hier fast alle jäh ab Meeresniveau hoch, und, immerhin, der Schwierigkeitsgrad des Scafell genügt, um da die besten Kletterer der Nation üben zu

*Carlisle, Cumbrias Hauptstadt, bietet ausgezeichnete Hotels wie das
»Hilltop«*

lassen, bevor sie zu Expeditionen in den Himalaja aufbrechen.
Eine wilde, wildromantische Gegend, der Lake District. Ein
Land, das so kühne Kinder gebar wie 1764 den Fletcher Christian, Anführer der berüchtigten Meuterei auf der »Bounty«;
wie den legendären Jäger John Peel, der im vergangenen Jahrhundert mit seiner Meute von 15 Hunden sein Leben lang durch
die Täler und Wälder hatzte. Der berühmteste und verdienteste
Sohn des Lakelands freilich war von ganz anderem Tempera-
ment. Wordsworth. Immer wieder William Wordsworth.
In Cockermouth sein Geburtshaus, dahinter ein verwilderter

Garten, hinter dem eine Terrasse am River Derwent: »ER erwähnte SIE in seinen ›Preluden‹«, flüstert der Guide. Die Grammar School von Hawkshead mit einem seiner frühesten Werke – der Schulbank, in die er seinen Namen ritzte. Am River Rothay ein weiteres seiner Domizile, wo er saß, dichtete und zürnte, als die Eisenbahn bis Windermere vordrang: »Gibt es denn keinen Schlupfwinkel auf englischem Boden mehr ...?«

William Wordsworth (1770–1850), dem Häuptling der englischen Romantik, verdanken die Schulkinder der Insel eine ellenlange Reihe auswendig zu büffelnder Gedichte. Und der Lake District, den er unermüdlich propagierte – »magnificient, and beautiful, and gay« – verdankt ihm seinen frühe Fremdenverkehrskarriere. Denn Wordsworth zog auch romantische Dichterkollegen wie Coleridge, Southey, Shelley, Keats in die Gegend, auch die schrieben darüber, und so summiert sich die Zahl der Bücher, die irgendeine Beziehung zum Lakeland haben, bis heute auf 50 000 – erstklassige PR.

Eher derb als schöngeistig geht's abends in den kleinen Pubs mit den großen Gläsern zu, in Ambleside oder Windermere oder Keswick. Da ergehen sich kernige Einheimische – Typ baumlang mit Vollbart – spätestens nach der zweiten Pinte-o'-Guinness in bärbeißiger Selbstironie. Erzählen von ihrem steinalten Stammes-Motto: »Zu allem bereit – zu nichts zu gebrauchen«. Von Plänen, den ganzen Nationalpark aus Klimagründen zu überdachen. Von dem Bauern, der grübelt: »Ich weiß nicht, die weißen Schafe fressen mehr als die schwarzen ...« – »Nanu?«, wundert sich sein Nachbar. – »Na ja«, sagt der andere, »weil's mehr davon gibt ...«

Aber ach: spätestens um Mitternacht ist Zapfenstreich im Lake District. Wer Nightlife sucht, findet es weiter nordwärts in Carlisle, Cumbrias Hauptstadt. Carlisle bietet außerdem eine guterhaltene Festung nebst Stadtmauern, aus den Zeiten, als der Schotten liebstes Hobby Invasionen nach England waren, sowie ausgezeichnete Hotels wie das »Hilltop« auf dem Ex-Galgen-Hügel oder das »Cumbria« am Bahnhof für die touristischen Heerscharen von heute.

Und nur sechs Meilen entfernt, knapp hinter dem Grenzstein zu Schottland, empfiehlt sich eine weltberühmte Adresse für ledige, kurzentschlossene, von der Lakeland-Romantik überwältigte Urlauber: die Eheschmiede von Gretna Green.

Auf Beatles-Spuren

Yesterday in Liverpool

Von Peter Sager

Hier also hat es begonnen. Eine Gruppe von Fans schart sich um einen älteren Herrn im dunklen Anzug, der auf den ersten Blick mit den Beatles soviel zu tun hat wie ein Besenstiel mit einer Elektrogitarre.

Wir stehen auf einem der vielen Abbruchplätze von Liverpool. Mr. Wooler scharrt mit den Füßen im Schutt: »Siebzehn Stufen ging's runter zum Cavern Club. Wir befinden uns jetzt genau über der Bühne. Hier haben die Beatles gespielt, und ich habe sie angesagt – 292mal.« Das war 1961, als die Beatles pro Abend 50 Mark bekamen und nicht pro Minute 4000 Mark wie ein paar Jahre später. Bob Wooler, ehemaliger Diskjockey im »Cavern«, war einmal ganz nah dran am Ruhm und am großen Geld. »I have got more memories than money«, tröstet er sich heute und erzählt den Fans, »all my Yesterdays«, seine tönende Vergangenheit. Das tut Bob, genannt »Mr. Cavern«, vorzugsweise nebenan im Pub »The Grapes«, wo auch die Beatles ihr Bier kippten.

Mathew Street No. 10: Aus diesem Keller kam der Sound, der die Welt eroberte. Und was tat der Geburtsort der Beatles? »Die konnten nicht singen und nahmen Drogen«, befand Stadtrat Tony McVeigh. Liverpool riß das alte Lagerhaus 1973 schnöde ab und pflasterte den »Cavern Club« mit einem Parkplatz.

Jetzt will die Stadt am Mersey ihren berühmtesten Beat-Keller wieder ausgraben und, möglichst originalgetreu, dem neuen Geschäfts- und Bürokomplex einverleiben, der hier entstehen soll. Am Ende nennen die cleveren Konvertiten das Ding noch »John Lennon Center«.

»Love me do«: Zwanzig Jahre nach ihrem ersten Hit entdeckt Liverpool die Beatles wieder. In einem Neubauviertel enthüllte Umweltminister Michael Heseltine vier Straßenschilder mit den Namen der »Fab Four«, der berühmten Vier: John Lennon

Drive, Paul McCartney Way, George Harrison Close, Ringo Starr Drive. Und erstmals organisiert die Stadt jetzt »Beatle Weekends«. Ron Jones, einer der Initiatoren: »In Liverpool wurde nicht nur *ein* Shakespeare geboren, sondern gleich vier. Daraus läßt sich was machen.«

»Ob-la-di, ob-la-da«. Wir sind 46 Fans. Der jüngste, Alan, ist gerade zehn und hat seine Eltern mitgebracht. Viele sind längst über 30, Veteranen der sechziger Jahre mit dem »Yesterday«-Blick. James ist mit dem Motorrad aus Schottland gekommen, Janet sogar aus San Diego, Kalifornien. Nach Liverpool, nur wegen der Beatles? »Yeah!«

Drei Japaner sind auch dabei, geschäftlich. Sie wollen ihre Landsleute zu »Beatle Weekends« nach England lotsen. Schließlich hat Japan mit 35 000 Mitgliedern den größten Beatle-Fan-Club der Welt.

Unsere »Magical History Tour« beginnt dort, wo einst das »Cavern« war. Nun ist ja die Besichtigung einer Baulücke etwa so interessant wie der Tonausfall bei einem Beatkonzert. Aber die Fans der zweiten Generation pfeifen nicht, sie fotografieren.

»The Beatles live on«, steht an der Wand gegenüber, »John, we love you«, »Paul, please, please, have a concert in Frankfurt!« Über der Wunsch- und Weihemauer der Gemeinde thront eine Madonnenfigur, die sich bei näherer Betrachtung als »Mutter Liverpool« mit den Beatle-Babys erweist. Help!

Bei diesem Tribut eines einheimischen Bildhauers soll es nicht bleiben: Drei weitere Beatle-Monumente stehen Liverpool bevor. Vorbei die Zeit, wo ein Stadtrat sagen konnte: »Warum sollen die bei uns ein Denkmal kriegen? Die haben eine Menge Geld gemacht und sich in Liverpool nie mehr blicken lassen.«

Nun gibt es sogar schon, so lange ist das her, ein Beatle-Museum in Mathew Street: »Cavern Mecca«. Wände voller Fotos und Fan-Post, Vitrinen mit alten Eintrittskarten, Beatle-Perücken, Beatle-Pomade und ein Splitter der Originalbühne des »Cavern«, signiert von ihrem Manager Brian Epstein.

Unter einem Gewölbe aus Pappmaché, dem »Cavern« nachgebaut, steht ein Videogerät auf einer Minibühne. Hier laufen Beatle-Filme nonstop, und die Teenies singen leise mit. An der Souvenir-Theke können wir die Beatle-Krawatten kaufen, Beatle-Becher, Beatle-Ohrringe, sogar Unterhosen mit dem Slogan »The Beatles forever«.

St. John's Tower mit Einkaufsstraße

»Wir sind eine große Familie«, sagt Eddie Porter, einer der freiwilligen Helfer des Clubs. Eddie kennt sie alle: die beiden spanischen Fans, die sich in der Toilette des Beatle-Museums einschlossen, um am Ziel ihrer Pilgerreise zu übernachten; Karen aus New York, die für immer in Beatle City hängenblieb; oder jene Oldies aus Kalifornien, die von ihren Enkeln nach Liverpool geschickt wurden, um Beatle-Souvenirs einzukaufen.

Eddi, Freund aller Fans, ist 36 und seit Jahren arbeitslos. Er lebt von 92 Mark Sozialhilfe pro Woche, »with a little help from my friends«. Wie die meisten der 130000 Arbeitslosen von Merseyside hat auch Eddie Porter vorerst keine Aussicht auf einen Job: »I'm a loser.«

Wahrscheinlich verliert er bald auch diesen Job. Denn Radio City, Liverpools florierender Privatsender, plant ein eigenes Beatle-Museum. Auf der ersten Rock'n'Roll-Auktion von Sotheby's in London hat Rundfunkdirektor Terry Smith unlängst Beatle-Reliquien für rund 360000 Mark ersteigert. Gegen den Kommerz-Kult haben die Amateure vom »Cavern Mecca« kaum eine Chance.

Nachmittags steht ein Stadtrundgang auf unserem Programm: »In the Footsteps of the Beatles«. Wir sehen, wo John Lennon und Cynthia sich trafen (vor dem Kaufhaus Lewis's), wo sie heirateten (64 Mount Pleasant) und wo sie anschließend Chicken & Chips aßen (in Reece's Schnellimbiß). Dort also gingen Paul und George zur Schule, und hier wurde Ringo am Blinddarm operiert. Und jedesmal klicken 46 Kameras.

Abends treffen wir uns zum »Ale Trail«, Liverpool, heißt es, hat mehr Pubs als ein räudiger Hund Flöhe. Eine Sauftour auf den Spuren der Beatles? »15 Minuten in jeder Kneipe«, sagt Kevin, unser Führer, »und dann weiter, okay?« Aber schon im ersten Pub, wo Elvis und die Queen nebeneinander an der Wand hängen, fangen zwei Fans an zu tanzen, und Kevins Zeitplan ist zum Teufel.

O Liverpool, wie prächtig sind wenigstens noch deine Pubs! »The Crown«, »The Vines«, »The Phil«, deine Gin-Paläste aus viktorianischer, großer Zeit, als deine Docks noch nicht verödet waren, als du noch brausende Industriestadt warst, Stolz des Empire, Tor zur Neuen Welt!

Und heute? O Liverpool, heute bist du die letzte im Land, die Stadt mit der höchsten Arbeitslosigkeit, den schlimmsten Slums und den blutigsten Krawallen. Was ist dir geblieben außer dem Wind vom River Mersey? Die grandiose Fassade von Pier Head und zwei viel zu große Kathedralen.

Sonst nichts? Deine Fans sind dir geblieben, o Liverpool, die

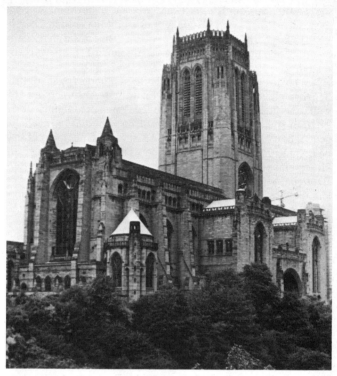

Anglican Liverpool

vom Anfield-Stadion und vom Cavern Club, deine Working Class Heroes, deine Songs, deine Legenden. O Liddypool!
»Ye Cracke« hieß der letzte Pub, an den ich mich erinnern kann.
»John Lennon kam oft von der Kunstakademie rüber«, sagt Kevin. Aber das interessiert nun schon keinen mehr so richtig.
»A Hard Day's Night«. Am nächsten Morgen bekommen wir ein »Ticket to Ride« für einen Bus-Trip durchs Beatleland. Wir fahren nach Toxteth, ins Arbeiterviertel The Dingle. Admiral Grove No. 10, ein winziges Reihenhaus. Dahinter riesige Abbruchflächen, Kahlschlag. Ödland mitten in der Stadt. Hier ist Ringo aufgewachsen, der Drummer mit den traurigen Augen.

139

»Wir hatten nie ein Klo im Haus oder ein Badezimmer«, erinnerte sich Ringo. »Im Dingle gibt es eine Menge Menschen in kleinen Löchern, die alle heraus wollen.« Ringo Starr lebt heute in einer Villa in Santa Barbara, und daheim in Toxteth war letztes Jahr der Teufel los.

Häuser wurden verwüstet, Geschäfte geplündert, ganze Straßenzüge gingen in Flammen auf. Es war ein Ausbruch der Gewalt, der die Briten schaudern ließ, ein Fanal der Ohnmacht. In Toxteth sind über 40 Prozent arbeitslos, bei den farbigen Jugendlichen sogar über 90 Prozent. Hier singt keiner mehr »Let it be«. In Ringos alter Stammkneipe »The Empress« hängt ein Hitler-Plakat.

Beatleland ist abgebrannt, zumindest hier. Seit den Unruhen hat die Stadtverwaltung Tausende junger Bäume gepflanzt; Hunderte wurden wieder abgebrochen, aus Protest gegen bloße kosmetische Hilfsmaßnahmen.

Unterdes passieren wir den Sefton Park. »Schaut mal, aus welch schöner Gegend die Beatles kamen«, sagt Dave, unser Führer, »das wird meist übersehen.« Und aus dem Kassettenrecorder tönt »Here comes the sun«. Imagewerbung mit den Beatles.

Speke, Upton Green 25: Hier wuchs George Harrison auf. Eine stille Vorstadtsiedlung, ein schläfriger Sonntagmorgen, plötzlich ein Bus voller Beatle-Fans, wildes Knipsen vor einer Haustür, hinter der längst kein Harrison mehr wohnt, die Nachbarn reiben sich die Augen, schon ist der Spuk vorbei: Magical Mystery Tour.

Und dann hören wir »Strawberry Fields Forever«, der Bus hebt ab von der Straße, und als er wieder landet, sehen wir ein erdbeerfarbenes Gitter und zwei Sandsteinpfeiler, auf denen steht wirklich »Strawberry Field«. Alison mit dem Beatle-Pullover berührt das rostige Gitter, als sei's die Pforte zum Paradies.

Hier, im Park eines Kinderheims der Heilsarmee, hat John Lennon sich als Junge oft herumgetrieben. Er wohnte gleich um die Ecke bei seiner Tante Mimi, Menlove Avenue 251. »Daß mir keiner was abpflückt«, warnt Dave. »Bei der letzten Tour«, erzählt unser Beatle-Führer, »stürmte ein Mädchen aus Hamburg einfach hier in den Garten, fing an zu buddeln und füllte Erde in eine Plastiktüte – bloß weil John mal da wohnte!«

In diesem Moment greift die 14jährige Katherine aus London blitzschnell über den Zaun, rupft ein Rosenblatt ab und gibt es ihrer Mutter. Die legt es vorsichtig in die Handtasche zu den anderen Blättern. »Verwechsel das bloß nicht«, sagt die Tochter.

Dave genießt seinen Job: »Toll, wie die Fans immer über die Straße rennen und fast überfahren werden. Neulich war ein stocktauber Typ aus Brighton im Bus. Der hatte seit 1965 keinen Beatle-Ton mehr gehört. Aber als er hier die Originalschauplätze sah, war er happy.«

Wochenende in Beatle-City. »Penny Lane is in my ears and in my eyes.« In diesem Song, auf diesem Platz feiern wir nostalgisch Liverpools Verklärung. Der Friseur an der Ecke, die Bank, die Bushaltestelle, alles ist noch da, sogar der blaue Vorstadthimmel. Nur die Straßenschilder, von Souvenirjägern immer wieder abmontiert, werden seit Jahren nicht mehr ersetzt. Wir nehmen die »Ferry 'cross the Mersey«. Nach Birkenhead, nach Pepperland? Egal, überall ist Beatleland.

»Day Tripper«. Zurück durch den Mersey-Tunnel. »Immer, wenn die McCartneys in ihrem Rolls-Royce hier durch den Tunnel fahren, singen sie ›Yellow Submarine‹«, sagt Dave. »Also los, alle zusammen!«

Ausgerechnet jetzt hat das Tonband keinen Saft mehr. Die Fans auch nicht. Nur Dirk aus Buxtehude schmettert unverdrossen: »We all live in a yellow submarine, yellow submarine, yellow submarine.«

Manchester
Britain's second city

Von Dieter Wachholz

»Britain's second city«, wirbt Manchester. Die Nummer 2 nächst London, mindestens. Ein Selbstverständnis, das auf ausgeprägtem Selbstbewußtsein gründet.

Immerhin: Hier stand die Wiege der industriellen Revolution. Baumwolle spann man in Manchester schon im frühen Mittelalter. Mit den fast gleichzeitigen Erfindungen der Dampfmaschine (1765) und diverser Spinnmaschinen aber ging's erst richtig los. Dazu der wohlfeile Rohstoff aus den Cotton-Kolonien, allen voran Indien. Der 48 km kurze Transportweg vom Seehafen Liverpool über den 1760 gebauten Bridgewater-Kanal. Und, natürlich, die zahllosen billigen, hungrigen Arbeitskräfte ...

Charles Dickens schrieb den ersten sozialkritischen Roman, »Oliver Twist«, ein gewisser Friedrich Engels, Sohn eines Spinnereibesitzers zu Manchester, setzte sich 1847 mit Karl Marx in London zum »Kommunistischen Manifest« zusammen. Die Wörterbücher gerieten umfangreicher, die Welt komplizierter: Fabrik, Schlot, Slum, Kinderarbeit, Gewerkschaft, Kapitalismus ...

Manchester, Stadt der Pioniere, Stadt der Premieren: Als am 15.9.1830 Stephensons »Rocket« und sieben weitere Lokomotiven von Liverpool nach Manchester schmauchten, war die erste Passagierdampfbahn der Welt geboren. Eine Tochter der Stadt Emmeline Pankhurst, die radikale Frauenrechtlerin; Söhne der Stadt Alcock und Brown, die 1919 den ersten Transatlantikflug von West nach Ost unternahmen. Und dann war da noch jener Ernest Rutherford, dem 1919 als Professor an der Uni von Manchester der Nachweis einer Kernreaktion beim Stickstoff gelang. Er bekam den Nobelpreis, er wurde Lord. Und wir leben im Atomzeitalter.

»Cottonopolis« ist tot, es lebe Manchester. Eine enorm potente Industriestadt, mehr denn je, mit ihren 6800 Fabriken – neben

Textilien nun auch Metallverarbeitung, Maschinen- und Fahrzeugbau, Glas, Gummi, Nahrungsmittel, chemische, elektronische Industrie. Ein pulsierendes Kraftwerk, aber keine schöne Stadt, wenn man unter »schön« eher das Make-up, als das Gesicht versteht. Zitat aus einer Broschüre: »Schauen Sie hinter die Fassaden, hinter die Türen.«

Ist gemacht. Gucken wir uns »North Western Museum of Science and Industry«, zu den ohrenbetäubenden alten Spinnmaschinen. Ins älteste Bahnhofsgebäude der Welt, die weiße, flache, kaum 30 m lange »Liverpool Station« von 1830, die in ein, zwei Jahren mit originalgetreuem Mobiliar aufgemöbelt werden soll. Ins viktorianische Rathaus, dessen Repräsentationsräume vom frühen, immensen Reichtum berichten, in die alte Baumwollbörse, die das futuristische Royal Exchange Theatre birgt, ins nagelneue Arndale Centre, mit fünf Kaufhäusern plus 200 Läden Europas größtes Einkaufszentrum unter einem Dach. Die Anlage dürfte sich rasch rentieren – bei einem Kundenreservoir von rund drei Millionen Menschen in der »Metropolitan County« Greater Manchester.

Über Manchester kursiert, ähnlich Berlin, der Spruch, die Stadt habe mehr Eckkneipen als Ecken. Originellste Adresse: »Tommy Ducks Pub« in der City. Die Wände und die Decke sind über und über mit Höschen dekoriert, mal zarte Dessous, mal Omas Liebestöter, und in der Herrentoilette bittet ein Schild: »Gents! Werft die Kippen nicht dauernd ins Becken. Sie werden feucht und sind dann immer so schwer anzuzünden.« Mit »The Millionaire« bietet Manchester ferner den luxuriösesten und heißesten Disco-Dinner-Night-Club außerhalb Londons.

Wohin auch immer: Die Kontaktfreude, die Gastfreundschaft der Leute hier im Norden ist überwältigend. Eines freilich sollte man, ob Fußball-Fan oder nicht, sehr beherzigen: Lobende Bemerkungen über Manchester United sorgen für gute Laune, die geringste Erwähnung des erfolgreicheren Rivalen FC Liverpool fürs Gegenteil.

Greater Manchester und Liverpool-Merseyside: Herz, Hirn und Puls des Nordwestens. Und ringsum, auf den grünen Wiesen von Cheshire, Derbyshire, Lancashire so viele Attraktionen, daß das Wort Tour-ismus hier erfunden worden sein könnte.

In Cheshire die postkartenschöne Römerstadt Chester, zwei

Meilen Mauern und Tore drumrum, 2000 Jahre Geschichte drinnen. Oder »Jodrell Bank«, ganz Ohr, mit 76 m Durchmesser drittgrößtes bewegliches Radioteleskop der Welt – Lauschangriff ins All. Oder »Tatton House«, einer der prächtigsten georgianischen Herrensitze in England, mit allem, was man so zum Leben braucht: Park, Gesindehaus, Stallungen, Schlafzimmer (sieben), Badewanne (eine), Trophäensammlung, Gemäldegalerie. Unter einem Aquarell dort ein Text, der an Loriots Ansage zu einer dieser britischen Endlos-Fernseh-Familien-Sagas gemahnt: »This was painted by Lady Mary Amherst, daughter of the 2nd Earl of Amherst, first wife of Wilbraham Egerton, grandmother of the present Earl of Albermark ...« und-so-on.

In Derbyshire lädt der Nationalpark Peak District zum Bergwandern, Forellenangeln, Schäfchenzählen ein. Lohnende Ziele: das »Cat & Fiddle«, Englands höchstgelegener Pub (560 Meter), der kuschelige Kurort Buxton mit seinem neobarocken Opernhäuschen, und nahebei »Poole's Cavern«, eine Tropfsteinhöhle mit so eindeutigen Formationen, daß die Führerin lieber von »candles« spricht.

Lancashire, last, not least, und Englands populärstes Seebad. Blackpool besitzt einen 11 km langen Strand, und manche baden hier auch. Was aber, ungeachtet der Jahreszeiten, alljährlich Millionen nach »Fun-City« zieht, ist die unerhörte Ansammlung von Spieltischen, Flippern, einarmigen Banditen, der Riesenrummel der Achterbahnen, Zirkuszelte, Eisrevuen, die Amüsement-Artillerie aus Mißwahlen, Tanzturnieren, Rad-, Auto-, Windhundrennen. Und im Herbst obendrein die berühmten »Illuminations«, wenn der ganze Spielplatz mit seinen Piers, Türmen, Promenaden als weltgrößte Light-Show erstrahlt.

Blackpool, Europas Las Vegas, swinging Liverpool, das Kraftwerk Manchester: Wer eine Entdeckungsreise nach Englands Nordwesten plant, sollte vorsorglich noch drei anschließende Urlaubstage daheim einkalkulieren. Zum Ausschlafen.

Offa's Dyke-Hay

In ein Paradies für Büchernarren

Von Elmar Schenkel

Karl der Große betrachtete ihn als ebenbürtig, eine Reihe von Unterkönigen zollte ihm Tribut: König Offa, der von 757 bis 796 regierte, war der erste bedeutende Herrscher auf Großbritanniens langem Weg zu einer staatlichen Einheit. Sein Reich Mercia begann an den Gestaden des Humber River und endete an den Küsten von Dover, bedroht war es vornehmlich von feindlich gesonnenen Kelten. Zum Schutz vor diesen Nachbarn ließ Offa einen Wall bauen, dessen Verlauf heute streckenweise etwa der Grenze zwischen England und Wales entspricht.

König Offa hinterließ somit nicht nur ruhmreiche Spuren in der Geschichte des Vereinigten Königreiches, sondern auch einen nach ihm benannten Wanderweg, »Offa's Dyke«, der weitgehend mit dem historischen Wall identisch ist und über 270 Kilometer von der Mündung des Dee im Norden bis zum Unterlauf des Wye im Süden verläuft. Hat man nur wenige Tage Zeit, ist ein guter Ausschnitt des Weges bei Clun zu beginnen, einem verträumten Flecken, wo die Souvenirs in den Geschäften verstauben und sich eine bessere Vergangenheit vorgaukeln.

Die Jugendherberge von Clun, in den Ställen eines alten Bauernhauses angesiedelt, bewohnte ich allein in dieser Nacht. Aber ich sollte nicht einsam bleiben: Zur Geisterstunde sah ich mich in die spukende Kapelle der Artussage versetzt, die in Shropshire gestanden haben soll. Das Gespenst, das mir entgegentrat, trug eine blaue Hose, eine Hupe und ein riesiges Schild. Es wandert auf Offa's Dyke als »sponsored walker«, der für jede gewanderte Meile von einer Gruppe Geld erhält, das er einem Waisenhaus zukommen läßt. Das Gespenst lehrte mich eine Wahrheit: Wer einmal auf Offas Grenzwall geht, ist ihm verfallen und muß immer wieder dorthin zurück.

Wer eine weithin sichtbare Mauer erwartet, wie am Hadrian's Wall im Norden, wird enttäuscht. Die Mitarbeit der Phantasie ist erforderlich, um aus den Resten und Ablagerungen einer verborgenen Grenze eine sichtbare zu machen. Sei es, daß Offas Leute nicht mit dem genügenden Enthusiasmus gebaut haben, sei es, daß walisische Stämme sie immerfort störten – der Deich existiert nur noch auf kurzen Strecken. Es kommt hinzu, daß sich im Laufe der Jahrhunderte Erosion und Kaninchen als mindestens ebenbürtige Feinde bewährt haben. Wer die Kunst des Verirrens auf diesem Weg üben will, kommt nicht zu kurz.

Nach vielen Stunden in menschenleerer Gegend, an beschatteten Bächen und auf Schafweiden fand ich nach Huntingdon und genoß, vor der nächsten Verirrung, noch einmal die Freuden eines englischen Landgasthauses. Der Wirt setzte mich wieder auf den vermeintlich rechten Weg. In der Ferne schimmerten mir finsterblau die Black Mountains entgegen, mit ihnen die geheimnisvollen Tiefen von Wales, dem Land der Kohlehalden und des Mabinogion, jener mythenreichen, mittelalterlichen Sammlung walisischer Erzählungen.

Der hierzulande noch immer unbekannte David Jones, mit dessen Werk die walisische Mythologie in die Moderne getragen wurde, sagte einmal, jeder, der unter den Einfluß der Berge von Wales komme, werde von ihnen verändert. Auf dem Wanderweg ist nie ganz sicher auszumachen, ob man nun in Wales oder in England ist. Unter Offa war diese Unsicherheit oft tödlich: Waffentragende auf der keltischen Seite des Walles wurden sofort getötet.

Knighton, Presteigne, Hay-on-Wye hießen die Stationen meiner kleinen Wanderung. In Knighton erzählte mir die Besitzerin eines Cafés, in das ich eingekehrt war, von ihrem Mann, dem Autor des einzigen Buches über Offa's Dyke Path. Hier, in diesem Städtchen, wurde der Pfad vor einigen Jahren eingeweiht. In Hay-on-Wye stieß ich nach sonnenreichen, einsamen Tagen wieder auf die Vorboten der Papierkultur – in Hay steht das größte Buchantiquariat der Welt.

Schon lange hatte ich von diesen Orten geträumt, Orte, an denen sich die Welt in Bücher verwandelt, Städte zu Labyrinthen aus Gedrucktem werden. Nah kam ich diesem Wunschbild im walisischen Hay-on-Wye. Ein Herr namens Booth, der sich selbst zum König Richard I. ernannt hat, beherrscht hier ein einzigartiges Bücherimperium von anderthalb Millionen Werken. Ein Fünftel von ihnen wird jährlich verkauft, an Amerikaner, Holländer, Deutsche, gelegentlich auch an Engländer.

Hay ist ein beschauliches Städtchen zu Füßen der Black Mountains, am Wye gelegen, und seine Monstrositäten sind ihm zunächst nicht anzusehen. Kommt man sonntags, so erlebt man die erste Überraschung: Fast alle Buchläden sind geöffnet – ein Vorgeschmack vom Paradies für Büchernarren (in England heißen wir neuerdings »bookaholics«).

Vor nahezu zwei Dekaden hatte Booth seinen ersten Buchladen eröffnet, mit viel Erfolg. Mittlerweile haben seine Läden – einer ist in einem alten Kino untergebracht – andere Buchhandlungen (zum Teil spezialisiert) nach sich gezogen und dem Städtchen ökonomisch wieder auf die Beine geholfen. Es ist Pilgerziel für Büchertouristen und literarische Wanderer geworden.

Leider mußte ich beim Durchschauen der Regale feststellen, daß seit meinem ersten Besuch 1974 die Qualität der Bücher gesunken ist. Der große Umsatz erschwert die Übersicht zudem. Aber was man im Frank Lewis House oder im alten Kino nicht bekommt, findet sich meist in den kleineren Läden, und so ist es schon eine Kunst, ohne einige Pfund jener fatalen Droge wieder abzureisen.

Noch eins hat sich seit meinem ersten Besuch verändert: Hay-on-Wye ist zur unabhängigen Stadtrepublik ausgerufen worden. Booth, Mitglied der aussterbenden insularen Spezies homo excentricus, hat sich zum König krönen lassen: eigene Nationalhymne, patriotische Bratwürste, Reisepässe. Majestät gab mir ein Interview und sein Finanzmanager den besorgten Wink, ich solle die Sache nicht zu ernst nehmen.

Der König unterbreitete mir in aller Ruhe sein Weltkonzept: Unabhängigkeit für Hay-on-Wye unter anderem. Die Stadt solle für Bücher ein Begriff werden wie Idar-Oberstein für Mineralien. Demnächst mache er sich an die Zerstörung der Zentralbibliotheken der Welt, ein Anfang wird die »Library of Congress« sein. Und just heute morgen habe er eine neue Partei gegründet, die »Rural Revival Party«, die die Pferdewirtschaft des Landstrichs wieder beleben soll. Im übrigen kranke England nicht, wie Enoch Powell meine, an zu vielen Farbigen, sondern an zu vielen Weißen. Es gelte also auch, Hay zu internationalisieren. König Booth mag die einfachen Leute und Nicht-Akademiker: Schließlich sei es die Intelligenz, die Bürokratie, die das Leben auf diesem Planeten zerstöre (über die Miene des Finanzministers ziehen dunkle Wolken).

Bevor ich weiterfahre, kann ich nicht umhin, ihm den Roman eines anderen großen Exzentrikers, John Cowper Powys, zu empfehlen: In dessen »Glastonbury Romance« erklärt sich eine Stadt ebenfalls von England unabhängig, unter Führung von Magiern, Literaten und Visionären; das Ende allerdings verrate ich ihm nicht. – Die Kommune verschwindet in einer Flut.

Wales

Unterwegs im Dampflokland

Von Franz-Josef Oller

Kleine Mädchen sitzen unruhig mit im Zug; man sieht es ihnen an, wie sie hier endgültig beschließen, später einmal Lokführer zu werden und doch nicht Königin.

Die kleine Dampfbahn klettert. Ein Wasserfall, ein letztes Haus, Zäune, an denen wollige Reste hängen wie lange, graue Schneeflocken. Schafe voraus auf den Schienen, der Zug pfeift und schimpft und klettert weiter: die Snowdon Mountain Railway ist die einzige Zahnradbahn Großbritanniens, ihr Ziel, der Snowdon, mit 1085 Metern der zweithöchste Gipfel des Landes. Ein Prospekt versichert: »An klaren Tagen ist die Aussicht überwältigend – die Isle of Man ist zu sehen und Irland.« Aber: Regen heute da oben, Wolken, Nebel, ein graues Gewaber, als hätte sich hier der Dampf aus allen Zeiten und allen Loks der Welt versammelt. »You can't win all the time«, sagt eine Lady aus London, ihr Gatte sieht es ebenso britisch: »Es gibt nicht viele Plätze auf der Welt, von denen man aus dem Zug heruntergucken kann auf die Wolken.«

That's right, Sir.

Die alten Loks, alle seinerzeit im schweizerischen Winterthur gebaut, tragen noch ihre alten Namen: Ladas, Wyddfa oder Snowdon; wie die Schiffer halten auch die Eisenbahner Umbenennungen für ein böses Omen. Am Ostermontag 1896 fuhr die Snowdon-Bahn zum ersten Mal – am selben Tag auch gab es den bislang einzigen Unfall: Eine Lok kippte in einem Hohlweg um, die Waggons blieben stehen, aber ein Passagier, der aus Angst aus dem Fenster sprang, wurde böse verletzt und starb am nächsten Tag.

Der Snowdon ist der unübersehbare Mittelpunkt des Snowdonia-Nationalparks: ein 2200 qkm großes grünes Wanderparadies mit 25 Meilen Küste dazu; aber mit der Railway will jeder einmal auf dem Gipfel gewesen sein. Oben noch Susan, ein einsames Schaf. Der Lokführer lacht: »Sie denkt, sie ist der Bahn-hofsvorsteher.« Unten stehen sie an schönen Tagen in langen Schlangen bis zu vier Stunden für die einstündige Fahrt nach oben an. Doch auch im Winter, wenn die Bahn nicht fährt, lockt der Berg: Letztes Jahr Weihnachten wurden über hundert Gip-felstürmer gezählt.

Einmal im Jahr startet von der Küste ein Lauf auf den Snowdon, 15 Meilen weit; die ganz Schnellen schaffen es in viereinhalb Stunden. Und einmal im Jahr auch das »Three Peaks Yacht Race«: von Barmouth bis Caernarfon längs der walisischen Kü-ste mit dem Segelboot, zu Fuß auf den Snowdon, mit dem Boot weiter nach Ravenglas im Lake District, hinauf auf den Scarfell, weiter nach Fort William in Schottland und den Ben Nevis hoch.

Wales ist das Land der Berge, Wales ist das Land der See, Wales ist das Land der kleinen Züge: Nirgendwo sonst auf der Welt trifft man auf so engem Raum auf so viel Schmalspurbahnen wie im Norden von Wales. Die »Great little trains of Wales« damp-fen durch die schönsten Täler und Gegenden und haben Jahr für Jahr mehr als eine Million Gäste.

Die meisten Bähnchen entstanden im letzten Jahrhundert. In den Bergen fand man mehr Mineralien als sonstwo in Großbri-tannien: Kupfer, Zink, Silber, sogar Gold, das es sonst nirgend-wo gab im Land. Vor allem aber der blaue Schiefer von Wales, Schiefer genug, um die halbe Welt zu überdachen, mußte aus den Bergen in die Häfen transportiert werden, zunächst müh-sam auf Maultieren, später mit den kleinen Zügen. Als noch vor dem Zweiten Weltkrieg die meisten Schiefergruben bankrott machten, verlotterten auch die Kleinbahnen, bis, in den fünfzi-ger Jahren, die ersten Eisenbahnfreunde anrückten, die fast vergessenen Strecken reparierten und die kleinen Züge wieder unter Dampf setzten. Heute, spotten sie, gibt es so viele Freiwil-lige, daß sie das ganze Netz der British Railways in Betrieb hal-ten könnten. Und die »Great little trains of Wales« sind eine At-traktion, die Touristen anlockt, die sonst noch nie etwas von Wales gehört haben.

Llandudno, an drei Seiten von der See umgeben und mit 20 000 Betten der größte Badeort an der Nordküste; noch einmal soviel Betten kommen in ganz Nordwales zusammen. Bismarck war 1876 im Urlaub hier, das St. Georg's Hotel hütet noch seine mächtige Unterschrift im Gästebuch. Alte Pensionen aus der

Die Rheilffordd-Railway ab Porthmadog ist die älteste unter den walisischen Veteranen, schon 1863 erbaut, 1946 stillgelegt, 1955 wieder in Betrieb genommen

späten viktorianischen, aus der frühen edwardianischen Epoche. Ein Puppenmuseum, eine Ausstellung von Zinnlokomotiven im Städtchen.

Und die Great Orme Railway, die blaue Trambahn, die, ähnlich wie die berühmte Linie in San Franzisko, seit 1903 per Kabel auf 206 Meter hohen Kalkberg klettert, der die Küste beherrscht. Oben kommen Fossiliensammler auf ihre Kosten. Oben sind alte Begräbniskammern aus der Bronzezeit, Reste römischer Kupferminen, ein heiliger Felsen, vor dem die alten Druiden zauberten, einer der höchsten Leuchttürme Großbritanniens, der Marine Drive, eine der schönsten Küstenstraßen Europas. Und hinunter geht es zur Abwechslung mit der Kabinenseilbahn – der längsten Großbritanniens.

Von da oben ist auch Conway zu sehen, das Nachbarstädtchen.

Die alten Stadtmauern sind noch da mit ihren 21 Türmen, das weiße Schloß steht noch, das Edward I. im 13. Jahrhundert bauen ließ. Eine Brücke über dem Fluß; Robert Stephenson konstruierte sie 1848, der Sohn des großen Eisenbahnerfinders George Stephenson. Und am Hafen ein winziges Häuschen, das bis 1900 noch bewohnt war, 1,80 Meter breit und drei Meter hoch, unten ein Herd und im Obergeschoß ein Bett: das kleinste Haus Großbritanniens.

Nicht der Welt? frage ich; kleiner kann man doch kaum noch wohnen.

»You never know«, antwortet die Kassiererin, die draußen stehen muß.

Und noch ein Schloß von Edward I., der Wales für sein englisches Königreich eroberte: Caernarfon, ein Schloß wie ein großes Schiff aus lauter grauen Segeln, wie von einer einzigen überraschenden Welle den kleinen Fluß hinaufgespült und da gestrandet. Experten halten Caernarfon für die besterhaltene Festung Europas, die Mauern sind fast fünf Meter dick. Charles wurde hier 1969 als Prinz von Wales eingesetzt. Vor dem Adlerturm steht eine Statue von Lloyd George, dem Premierminister, der über 50 Jahre Parlamentsmitglied der Gegend war; in Llanystumdwy verbrachte er seine Kindheit, hier gibt es ein George-Museum und sein Grab am Fluß Dwyfor. Und an noch einen Premierminister erinnert man sich: William Hughes, der im nahen Llanberis geboren wurde, später nach Australien auswanderte und dort politische Karriere machte.

In der Nähe Segontium, die alte Römersiedlung, in der angeblich Konstantin der Große geboren wurde.

In der Nähe der Bahnstation mit den 58 Buchstaben, die mit dem längsten Namen der Welt, die heute gewöhnlich Llanfair P.G. abgekürzt wird; Bahnsteigkarten für fünf Pence sind ein begehrtes Souvenir.

Und in der Nähe die nächste Kleinbahn: Llanberis Lake Railway; zur Snowdon Mountain Railway hinüber ist es nur ein kleiner Fußmarsch.

Kenner kennen die Bahnen mit geschlossenen Augen: am Geruch, am Geräusch. Jede der kleinen Bahnen singt ihr Lied: Das der Llanberis Lake Railway ist schwer und hart wie das Klopfen der Arbeiter in den grauen Schieferbergen. Damals, vor hundert Jahren, waren die Llanberis-Minen die größten Schieferbrüche der Welt, 3000 Arbeiter waren hier beschäftigt, bis 1969 das Ende kam. Die Fabrik ist heute ein Schiefermuseum, bald soll sich auch das riesige, 15 Meter hohe Wasserrad aus der alten, emsigen Zeit wieder drehen.

Jede der kleinen Bahnen hat ihre Spezialität: Die Llanberis Lake Railway ist die neueste der Alten – seit 1972 dampft sie wieder – und macht, mit 80 000 Gästen pro Jahr, den meisten Profit. Und alle Bahnsteige liegen auf der Ostseite, alle Türen lassen sich nur einseitig öffnen, damit die Fahrgäste nicht in den See fallen – selten mehr als zwei Fuß entfernt führt die Strecke am Wasser entlang. Und immer guckt von drüben her der Snowdon in die Abteile.

Jede der kleinen Bahnen hat ihre Spezialität: Die Rheilffordd-Ffestiniog Railway ab Porthmadog ist die älteste unter den walisischen Veteranen, schon 1863 erbaut, 1946 stillgelegt, 1955 wieder in Betrieb genommen. Und die mit den meisten Gästen ist sie: über 200 000 im Jahr. Manchmal hocken Möwen auf den Lokschornsteinen, der Hafen liegt dicht neben dem Bahnhof. 20 Freiwillige und 40 Angestellte hat die Railway – der größte Arbeitgeber im kleinen Seestädtchen.

Zwei große Schieferbrüche an der Endstation. Die alten, stillgelegten Minen von Llechwedd, eine kleine Eisenbahn fährt durch die riesigen Kavernen, eine Schrägbahn führt in die Tiefe, ein alter Arbeiter spaltet wie früher die Schieferblöcke zu dünnen Platten, die je nach Größe Namen tragen: Narrow Lady heißen die kleinsten, Queen die größten.

Und ein wenig bergauf Gloddfa Ganol, die größte Schiefermine der Erde, die heute noch in Betrieb ist. Ein Schiefermuseum, die alten Häuser der Arbeiter von 1840, eine große Halle mit lauter kleinen Loks, ein Gang durch die dunklen Minen – die Musikhalle in Hamburg, die Werft in Rostock, die AEG-Werke in Berlin und all die Häuser, die nach dem großen Brand in Hamburg 1842 entstanden, wurden mit Schiefer aus Gloddfa Ganol gedeckt. Es ist eine Gegend grau in grau: Rund um die Minen häufen sich 60 Millionen Tonnen Schieferabfall.

Eine Gegend, grau wie der Mond, aber lebhafter: Für über zwei Millionen Touristen sind die alten Schieferminen das große Ausflugsziel von heute. Exklusiver ist Portmeirion auf der anderen Seite des Bahnhofs von Porthmadog: ein Dörfchen zwischen Palmen, Zypressen und Mimosen wie aus einem italienischen

Bilderbuch. Sir Clough Williams-Ellis, der Architekt, der immer knallgelbe Kniestrümpfe trug, der Nachfahre des Königs Gruffydd ap Cynan, der im 12. Jahrhundert in Nordwales herrschte, hat es sich in Portofino abgeguckt, 1925 begann er zu bauen: einen Sommertraum aus lauter kleinen Villen, ein Campanile dazwischen, Teiche, Statuen und kleine Geschäfte; 75 Mark kostet das Zimmer mit Frühstück und der Morgenzeitung. Und schon die nächsten der kleinen Bahnen: Die Fairbourne Railway, zwei Meilen lang durch die Dünen und am Strand entlang bis Barmouth Ferry, ist die schmalste von allen – Spurweite 381 Millimeter.

Mit der Talyllyn Railway aber hat damals alles begonnen. Sie ist die einzige Schmalspurbahn, die über ein Jahrhundert lang ununterbrochen in Betrieb ist, seit 1866 – ein Weltrekord. Schiefer war damals zu transportieren, 8000 Tonnen pro Jahr; aber auch 30000 Fahrgäste stiegen zur Blütezeit ein. 1938 waren es nur noch 4000, meist schon Touristen, und das Bähnlein dampfte nur noch zweimal in der Woche. 1947 wurde der Schieferbruch aufgegeben, Sir Haydn Jones aber, Direktor über Schiefer und Bahn seit 1911, führte die Railway auf eigene Kosten weiter. Sie waren zu dritt: Der Direktor war gleichzeitig Ticketverkäufer, Bahnhofsvorsteher und Schaffner, Lokführer und Heizer waren gleichzeitig Streckenarbeiter. Als Jones starb, gründete eine Gruppe von Eisenbahnfreunden den »Verein zur Erhaltung der Talyllyn-Bahn« – der erste Verein von jetzt vielen auf der Erde. Eine Lok haben sie nach Sir Haydn benannt, noch sind zwei Loks von 1866 in Betrieb, von 3000 Mitgliedern sind 200 im Sommer aktiv. Keith Stretch gehört dazu, ein Lehrer für Deutsch und Französisch aus Newcastle, der seine Ferien als Schaffner, Ticketverkäufer oder Blockstellenwärter verbringt und, wo andere braun aus den Ferien zurückkommen, immer ein wenig verrußt ausschaut. Der Zug rattert durch grüne Wiesen, Wasserfälle sind da, Wälder, Wanderwege, Kühe, Schafe, Einzelhöfe unter den grünen Bergen im Tal: ein typisches Bild von Wales die ganze Strecke von Tywyn her, dem kleinen Badestädtchen, bis hinein in die Berge.

Und auch die Vale of Rheidol Railway ist mehr als nur eine kleine Eisenbahn. Von Aberystwyth, dem kleinen Seestädtchen mit der University of Wales, an der auch Prinz Charles studierte, und der großen Nationalbibliothek von Wales mit über 2 Millionen Büchern und 3,5 Millionen walisischen Manuskripten führt sie zwölf Meilen durch ein wildes Tal hinein in die Berge bis zur Devils Bridge von 1807; Wordsworth hat die Brücke bedichtet, Turner gemalt. Wandern, bis der letzte Zug geht.

Seit 1902 gibt es die Bahn, 1948 wurde sie von der britischen Eisenbahn übernommen – ihre einzige Schmalspurbahn, ihre letzten Dampfloks, die natürlich die British-Rail-Farben tragen. Und wenn sich die richtigen Züge der British Rail und die kleine Dampfbahn begegnen, begrüßen sie sich mit lautem Gepfeife, wie Schiffe auf hoher See.

Da ist die Bala Lake Railway von 1868: Fast viereinhalb Meilen fährt sie fast schnurgeradeaus den Bala Lake entlang, den größten der Waliser Seen. Und George Barnes, der Manager, spielt vor, wie neulich der Zug sich ganz langsam ohne Personal davonschlich, nur mit einer älteren Lady an Bord. Er spielt die ahnungslose Dame, er spielt die aufgeregte Gruppe von Heizer, Lokführer und Streckenwärter, er spielt sie alle gleichzeitig, und seine Augen blitzen: ein großer Junge, wie alle, die an den kleinen Bahnen mitmachen, ein wenig den Sommerurlaubern, vor allem aber sich selbst zur Freude.

Da ist schließlich die Welshpool and Llanfair Light Railway: ein Techniklehrer heute als Schaffner, und seine Frau verkauft derweil Tee in der kleinen Endstation-Bar. Seit 1963 halten sie die Bahn wieder in Betrieb, die früher vor allem Schafe, Rindvieh, Zuckerrüben und Kartoffeln zu fahren hatte – »The farmer's line« hieß sie in der Umgebung. Die Loks haben sie aus Sierra Leone oder aus Antigua hergeschafft, ein Salonwagen der Zillertalbahn von 1900 und ein Wagen der Salzkammergut-Lokalbahn von 1925 laufen mit, neben den Gleisen sitzt unbekümmert ein fetter Fasan, als gehöre er zum Streckenpersonal.

Wales ist das Land der Berge, der See, der kleinen Züge: Miss Roberts aus dem Dörfchen Cynfal an der Strecke der Talyllyn-Bahn, die seit Jahrzehnten jeden Freitag nach Tywyn zum Einkaufen fährt, ist neulich endlich Mitglied im Eisenbahn-Erhaltungsverein geworden – das Ticket kostet sie nichts mehr.

David Woodhouse, der Sekretär der »Great litle trains of Wales«, der am Bahnhof von Tywyn in einem alten Eisenbahnwagen sein Hauptquartier hat, sagt: »Ohne unsere, ohne all die Kleinbahnen überall wäre die Welt ein wenig ärmer.«

That's right, Sir.

Bath

Wo Nelson baden ging

Von Horst Bacia

Gegen Abend, wenn die tiefstehende Sonne den Sandstein der
Häuser zum Leuchten bringt, wenn die Gitter der Eisenzäune
lange Schatten werfen und das Grün des Rasens so unnatürlich
und übertrieben grün erscheint wie das der Erbsen, die man in
Großbritannien serviert bekommt, liegt der Royal Crescent wie
verzaubert da. In der Stille, die dann herrscht, scheint auch die
Zeit stillzustehen. Die Busse mit den Touristen sind weiterge-
rollt, Bath gehört wieder seinen Bewohnern und den wenigen
Besuchern, die länger bleiben als einen Tag. Am Royal Crescent werden zu dieser Stunde die Hunde ausgeführt. Auf dem
großen, in sanften Wellen zum Victoria Park hin abfallenden
Rasen lagern Paare, eine Gruppe von Schuljungen übt sich im
Cricket. Die Gesichter ringsum wirken da auf einmal so fremd,
als bedürfe es nur einer anderen Kostümierung, um diese Menschen in Zeitgenossen vergangener Jahrhunderte zu verwandeln. Aber die monumentale, von hundertvierzehn gewaltigen
Säulen gehaltene Fassade des Crescent ist nicht nur Kulisse.
Dreißig Häuser verbirgt die Front des langgestreckten, in leich-
ter Krümmung vorschwingenden Baus, der wie mit ausgebreite-
ten Armen das Grün des Rasens umfaßt. Die Leute leben darin,
wie ein Blick durch die unverhangenen Fenster zeigt, mit einer
Selbstverständlichkeit, als seien diese Wohnungen eben erst
und nur für sie errichtet worden, nicht schon vor mehr als zweihundert Jahren. Geschichte in der Gegenwart, das macht den
Reiz von Bath aus. Nirgends sonst wird das so deutlich wie an
einem sonnigen Abend am Royal Crescent, dem berühmtesten
Bauwerk und Straßenzug der Stadt.
Tagsüber ist Bath ganz Provinzort – und besonders englisch,
wenn man mit »England« die Lebensweise jener Mittelschicht
meint, die unser Bild von den Briten bestimmt hat. Wer am frühen Nachmittag »Milsom Street«, die Hauptgeschäftsstraße,

hinuntergeht, begegnet ihnen sofort, den Frauen in pastellfarbener Kleidung, mit ordentlich gelegten Haaren und einem knallrot gemalten Mund zwischen den rosa gepuderten Wangen; oder den Männern in Tweed-Jackets, die mit ihren eisenbeschlagenen Schuhen den forschen Schritt auch hörbar werden lassen. Bath scheint dann zu wimmeln von ehemaligen Beamten, Offizieren und unternehmungslustigen Geistern, die hier mit ihren Damen von langen Jahren im Dienste des Empire ausruhen. Junge Schwarze, die man hin und wieder sieht, in grelle Farben gekleidet und auch auffällig durch ihr wenig zurückhaltendes Auftreten, lassen allerdings ahnen, daß die ruhmreiche Geschichte des Vereinigten Königreiches auch hier im heilen Süden Großbritanniens ihre Kehrseite hat.

Aber Bath ist nicht nur die Stadt, in der man sich nach Verdiensten zur Ruhe setzt, wo man zum letzten Mal ein Haus kauft, um noch ein paar Jahre in landschaftlich angenehmer Umgebung zu verbringen. Es ist auch Einkaufs- und Dienstleistungszentrum der Grafschaften Somerset und Wiltshire. Die vielen Antiquitätenhändler, Herrenausstatter, wie man sie sonst außerhalb Londons kaum findet, und besonders feine Delikatessen-Läden machen deutlich, daß auch in der näheren und weiteren Umgebung Leute wohnen, die nicht nur das Notwendigste kaufen. Die britische Admiralität hat einige Abteilungen nach Bath verlegt, darunter auch jene, die für die kleine Flotte der vielfachen Tod durch die Weltmeere tragenden Atom-U-Boote zuständig ist. Auf einem Hügel etwas außerhalb liegt die vor einem Jahrzehnt gegründete Universität, die junge Leute in die Stadt bringt.

Und natürlich zieht Bath Touristen an. Etwa eine Viertelmillion kommt jedes Jahr, vor allem in den Sommermonaten; Reisegruppen mit amerikanischen Ehepaaren, die der »Heritage-Trip« hierher führt, oder junge Studenten mit Rucksack und Plastikanorak, die auf der Jagd durch Europa einen Tag Station machen. So herrscht den ganzen Tag über in den Straßen quirliges Leben. Erst wenn die Büros und die Läden geschlossen haben, wenn in langen Autoschlangen der Rückzug ins private Heim beginnt, wirkt Bath wieder durch seine Bauten.

Denn die Architektur, das einheitliche Stadtbild seiner gut fünftausend Gebäude, alle im klassischen Stil, erhebt Bath über alle Provinzstädte Englands. Wohlproportionierte Häuser reihen sich aneinander, terrassenartig versetzt, wenn es die Hügel hinaufgeht, halbkreisförmig zurückschwingend an den Crescents, die sich der umgebenden Natur öffnen, sie gleichsam unter das Wohnzimmerfenster holen, weite Blicke ins Land freigeben.

Nicht alles ist so eindrucksvoll wie der Royal Crescent oder der nicht weniger berühmte Circus, der Platz mit den vier mächtigen Bäumen, der von einer kreisrunden Häuserfront gerahmt wird. Nicht bei allen hat sich das ursprüngliche Hellgelb des Sandsteins erhalten; ganze Straßenzüge, wo die Eigentümer die Fassaden nicht selbst abwaschen ließen oder die städtischen Putzkolonnen mit ihrer Arbeit noch nicht begonnen haben, sind rußschwarz vom Kaminfeuer der vergangenen zweihundert Winter. Überall jedoch trifft man auf die gleiche, maßvolle und strenge, jeden billigen Effekt vermeidende Architektur, eine Stadtlandschaft, von der man wünscht, sie hätte mehr Nachahmer gefunden.

Einer Mode, der Laune reicher Leute, verdankt Bath sein Gesicht. Und dem Wasser natürlich, das im Stadtzentrum mit einer Temperatur von 45 Grad Celsius aus unterirdischen Quellen hervorsprudelt. Gebadet wurde in den heißen Wassern, solange man denken kann. Aber erst nach 1700, als die feinen Leute des Inselreiches und solche, die es werden wollten, während der Sommermonate in Scharen nach Bath strömten, um dort Gesundheit und Vergnügen zu suchen, begann der Aufstieg.

Schon die Römer, die an den Quellen aufwendige Thermen und Tempel errichteten, hatten offenbar eine heidnische Kultstätte vorgefunden; jedenfalls gaben sie ihrer Siedlung nach der heimischen Göttin Sul den Namen Aquae Sulis. Auch die Gründungslegende von Bath stellt die Verbindung zur Heilkraft des Wassers her. Sie erzählt vom leprakranken Königssohn Bladud, der sich, vom Hofe verstoßen, als Schweinehirt durchschlug, eines Tages an einen dampfenden Sumpf gelangte, darin badete und wieder gesund wurde. Die Stadt war im Mittelalter Bischofssitz, blieb aber ein Nest, ein paar Dutzend schäbige Häuser vermutlich, die sich um die Kathedrale und die Quellen scharten.

Erst im achtzehnten Jahrhundert, als die Pilgerfahrt zu den Wassern von Bath zum gesellschaftlichen Ereignis wurde, erhielt die Stadt ihr unverwechselbares Aussehen. Für ein paar Jahrzehnte wurde sie zum zweiten Zentrum des Königreiches.

*Seine Architektur – das einheitliche Stadtbild im klassizistischen Stil –
erhebt Bath über alle Provinzstädte Englands*

Es wurde fieberhaft gebaut, damit den Gästen angemessene Unterkunft geboten werden konnte. In weniger als hundert Jahren wurde das neue Bath buchstäblich aus dem Boden gestampft. Kaum ein Stein blieb auf dem anderen, die Kathedrale ausgenommen. Doch dann kamen die besseren Leute plötzlich nicht mehr, die Stadt sank zurück in provinzielle Schlafmützigkeit. Geblieben ist die Architektur, fast unversehrt.

Noch heute ist die Stadt stolz auf die berühmten Besucher von damals. Bronzeplatten an den Häusern verkünden, wer sich dort einmal aufgehalten hat, sei es für Jahre, sei es nur für ein paar Wochen. Die Schriftstellerin Jane Austen hat in Bath mehrere Jahre zugebracht; Edmund Burke, der politische Denker, blieb dagegen immer nur für kurze Zeit; Admiral Nelson war wohl nur einmal zu Gast; der Maler Thomas Gainsborough begann seine Karriere in einem Haus am Circus; Joshua Wedgwood, der Begründer der industriellen Keramik-Herstellung, kam nur des Vergnügens wegen. Mit Ausnahme Jane Austens, die zwei ihrer Romane in Bath spielen läßt, hat jedoch keiner der Genannten wirklich Spuren hinterlassen. Auch die großen historischen Ereignisse sind an Bath vorübergegangen. Noch in seiner besten Zeit ist es immer Provinz geblieben: die erste moderne Feriensiedlung, wo man auf Bällen, in Konzert und Theater Zerstreuung suchte oder beim Karten- und Glücksspiel die Zeit totschlug.

Drei Männer haben die Stadt damals großgemacht: ein berufsmäßiger Kartenspieler, ein dynamischer Unternehmer und der Architekt John Wood. Angelockt von der Aussicht auf schnelles Glück, oder auch bloß zufällig, kam 1705 der Abenteurer und Spieler Richard »Beau« Nash nach Bath. Er verwandelte den schmuddeligen, unscheinbaren Badeort in einen Treffpunkt der feinen Gesellschaft. Ralph Allen, ein Selfmademan aus Cornwall, der durch die Neuorganisation des Postsystems ein Vermögen verdient hatte, begann Ende der zwanziger Jahre mit dem Brechen des hellgelben Sandsteins, der als »Bath Stone« in ganz England verkauft wurde. Um die gleiche Zeit kam, vielleicht durch Vermittlung Allens, der junge Architekt John Wood nach Bath und begann mit Entwürfen für eine neue Stadt außerhalb der alten Mauern. Wood setzte die Maßstäbe für die spätere Stadtentwicklung. Als er 1754 starb, hatten die Arbeiten am Circus schon begonnen. Sein Sohn vollendete den

Bau und errichtete später unter anderem den Royal Crescent. Bath hatte sein unverwechselbares Gesicht erhalten.

Daß es soweit kam, war vor allem das Verdienst Nashs. Er hatte die Stadt für Besucher von Rang und Wohlstand attraktiv gemacht. Auf seine Initiative hin wurden die Straßen befestigt, ein Ballhaus errichtet und der »Pump Room« gebaut, wo die Gäste das Quellwasser tranken und ein kleines Orchester zur Unterhaltung aufspielte. Nash sorgte für ein wöchentliches Programm zur Zerstreuung, verbot das Waffentragen, erließ Kleidervorschriften und regelte auch sonst die Umgangsformen aufs strengste. Der Aufenthalt in Bath wurde zum Ereignis, dem sich niemand entziehen konnte, der etwas gelten wollte. Ein halbes Jahrhundert herrschte er als Zeremonienmeister und »King of Bath«, und alle unterwarfen sich seinem Reglement. Er machte miteinander bekannt, eröffnete die Tänze und wies zurecht, wenn Regeln verletzt wurden. Unter seinem Zepter mischten sich Aristokraten, Landadel und Bürgerliche, die zu Reichtum und Einfluß gekommen waren. Im »Pump Room« hing Nashs Bild zwischen den Büsten Newtons und des Dichters Pope.

Und so verlief ein Tag in Bath nach Vorschrift: Morgens zwischen sechs und neun Bad in den heißen Quellen. Man saß entweder bis zum Hals im Wasser oder wandelte umher, in lange fließende Gewänder gehüllt. Dann waren im »Pump Room« drei Glas Wasser zu trinken, in gewissen Abständen. Hernach zogen sich die Damen nach Hause zum Frühstück zurück, während die Herren die Kaffeehäuser aufsuchten und Zeitung lasen. Um die Mittagszeit war Gottesdienst, am Nachmittag durfte man flanieren, ausreiten oder einkaufen. An zwei Abenden in der Woche stieg ein Ball, die anderen Tage waren Besuchen, dem Konzert oder dem Kartenspiel vorbehalten.

Je populärer freilich die Sommermonate in Bath wurden, desto weniger attraktiv wurde die Stadt für die wirklich gute Gesellschaft. Schon 1771 läßt der Schriftsteller Tobias Smollet einen Bath-Besucher klagen, in der Stadt wimmele es von Neureichen und Kriegsgewinnlern, von Pflanzern aus Amerika und Handelsvertretern aus Indien, die nichts anderes im Sinn hätten, als nach der neuesten Mode ihren Reichtum zur Schau zu stellen. Und fünfzig Jahre später, als Charles Dickens die Helden seiner Pickwick Papers nach Bath reisen läßt, finden sie nur noch die Karikatur der stolzen Vergangenheit.

Lundy

Die Insel der Papageientaucher

Von Bernd Rink

»Tempestuous Isle, the Story of Lundy« – dieser Buchtitel fiel uns wieder ein, als wir an Bord des 180-Tonnen-Motorschiffes »Polar Bear« bei Windstärke 9 von Ilfracombe in Nord-Devon zur etwa 35 Kilometer weiter westlich im Ausgang des Bristol-Kanals gelegenen Insel Lundy unterwegs waren.

Zweieinhalb Stunden dauert die Überfahrt bei ruhiger See, und der Skipper hatte schon vor dem Auslaufen vorsorglich von drei Stunden gesprochen, doch als die zwölf Passagiere, die die »Polar Bear« bis auf den letzten Platz belegt hatten, vor der gigantischen Felskulisse des Landing Beach im Südosten Lundys mit weichen Knien vom Schiff ins Landungsboot stiegen, waren bereits vier Stunden vergangen.

Das »Welcome on Lundy« des Inselverwalters, der eigens gekommen ist, um die (namentlich vorangemeldeten) Besucher mit Namensanrede und Handschlag zu begrüßen, lenkt nur kurz davon ab, daß vom Landing Beach noch ein Steilpfad zum etwa 150 Meter hoch gelegenen Inselplateau zu bewältigen ist – zu Fuß; denn auf Lundy gibt es keine Motorfahrzeuge für die Personenbeförderung.

Noch beim Begrüßungstee im Hotel scheint der Boden unter den Füßen zu schwanken ...

Lundy, Insel der Lunde (Papageientaucher) – so nannten die norwegischen Piraten des ausgehenden 9. Jahrhunderts die knapp fünf Kilometer lange und bis zu einem Kilometer breite Insel, die sich, in Nord-Süd-Richtung liegend, mit atemberaubender Steilküste rundum wie ein riesiger Wellenbrecher aus Granit aus dem Meer erhebt.

Nur am Landing Beach können Fracht und Besucher (in dieser Reihenfolge) abgesetzt werden, wenn der Wind nicht gerade von Osten weht. Dann ist eine Landung unmöglich, und das Inselboot »Polar Bear« oder der bei schönem Wetter verkehrende Ausflugsdampfer »Balmoral« müssen wieder umkehren.

Auf dem Plateau angekommen, geht der Besucher an der 1897 vom damaligen Besitzer der Insel, Pfarrer Haeven (!), erbauten Kirche vorbei ins Dorf, das 24 Einwohner in seinen knapp zehn Häusern zählt. Hier ist für die meisten Tagesbesucher, die etwa zwei Stunden Aufenthalt auf der Insel geboten bekommen, Endstation; denn im Dorfladen gibt es Ansichtskarten und Ersttagsbriefe mit den seit 1929 gültigen Lundy-Briefmarken zu kaufen und in der nach dem mittelalterlichen Piraten und damaligen Eigentümer der Insel, William de Marisco, benannten »Tavern« einen Drink außerhalb der in England gültigen Ausschankzeiten. Wenn das geschafft ist – bis zu 650 Passagiere kann der Ausflugsdampfer befördern –, wird es Zeit für den Rückweg zum Schiff.

Den rund 100 Gästen, die Lundy gleichzeitig beherbergen kann (12 im Hotel, 20 auf der »Zeltwiese«, der Rest in Cottages als Selbstversorger), bietet die Insel daher einmalige Abgeschiedenheit, insbesondere auf den vier Kilometern nördlich des Dorfes. Ein eingehender Rundgang ist an einem Tag möglich. Man beginnt am besten auf der Ostseite, wo von 1863 bis 1869 die Lundy Granite Company einen Steinbruch betrieb, der sich als unwirtschaftlich herausstellte. Die Ruinen der Unterkünfte stehen noch; und die Trasse der ehemaligen Steinbruchbahn ist – stellenweise völlig von Rhododendronhecken überwuchert – der einsamste und schönste Weg der Insel, der nach etwa zwei Kilometern wieder aufs Plateau hinaufführt. Hier sind noch die Reste einer 1941 abgestürzten deutschen Heinkel 111 zu sehen. Über den von der Küstenwachtbehörde Trinity House mit großen Findlingen markierten Hauptweg gelangt man in einer Stunde zum nördlichen Ende der Insel. Vom Leuchtturm aus führt eine Treppe über mehrere hundert Stufen zum Meer hinunter. Hier, am Kittiwake Gully, kann man Seehunde aus nächster Nähe beobachten.

Den Rückweg nach Süden weist der Trampelpfad, der bis zum äußersten südwestlichen Zipfel von Lundy reicht. Auf der Westseite, etwas südlich des Leuchtturms, trifft man vereinzelt auf die großhörnigen, ziegenähnlichen, dunkelbraunen Soay-Schafe, die von den St.-Kilda-Inseln, nordwestlich der Hebriden, nach Lundy gebracht wurden. Diese hervorragenden Kletterer sind sehr scheu und lassen den Besucher nicht nahe herankommen. Die gesamte Westküste Lundys ist ein einziges Paradies für Vogelkundler und Bergsteiger. Rund 400 Vogelarten gibt es auf Lundy, und Klippen, die 100 Meter senkrecht abstürzen, sind keine Seltenheit. Sie haben die Phantasie früherer Generationen so stark beschäftigt, daß bei der Namensgebung ein wahres Arsenal an »Teufelsrequisiten« herauskam. So kann man, wenn man des Teufels Küche (Devil's Kitchen) entronnen ist, vorbei an der Teufelsrutsche (Devil's Slide), einer um 60 Grad vom Plateau ins Meer führenden, hundert Meter langen, schiefen Ebene, die wie künstlich geglättet aussieht, zu des Teufels Schornstein (Devil's Chimney), einer aus dem Meer aufsteigenden, vierzig Meter hohen Felsnadel, vorstoßen, bevor man am Südwestende zu des Teufels Kalkofen (Devil's Limekiln) kommt. Hierbei handelt es sich um ein riesiges konisches Loch mit Wänden von über hundert Metern Höhe, das zum Meer hin am »Boden« offen ist.

Die dieser Stelle vorgelagerten Felsformationen sind bei ruhiger See mindestens als aufregend zu bezeichnen. Bei Sturm sind sie Bestandteil jener Hölle, der die verschiedenen »Teufelsdinge« entstammen. Immerhin inspirierten sie 1849 den Schriftsteller Charles Kingley zur dramatischen Katastrophenszene seines Romans »Westward Ho!«, die hier vor Lundy spielt. Eine reale Schiffskatastrophe – die wohl spektakulärste der Insel überhaupt – ereignete sich 1906, als das englische Schlachtschiff »Montagu« bei einem Manöver seine 14000 Tonnen an dieser Stelle im Nebel auf die Klippen setzte. Im Laufe der (erfolglosen) Bergungsarbeiten wurde eine Treppe, die zum Wrack hinunterführte, in die Steilwand gehauen, die heute noch als »Montagu Steps« bekannt ist.

Zum letztenmal in seiner bewegten Geschichte der Schmuggler und Piraten sorgte Lundy für nationale und internationale Aufmerksamkeit, als die Insel 1969 verkauft werden sollte und sich Kaufinteressenten aus aller Welt einfanden, unter ihnen amerikanische Scientologen und deutsche Geschäftsleute, die ein Spielerparadies Lundy errichten wollten. Mit finanzieller Hilfe eines privaten Spenders konnte der »National Trust« Lundy erwerben, der die Insel für 60 Jahre an den »Landmark Trust« verpachtete, in dessen Händen heute die Erhaltung und Bewirtschaftung Lundys liegt.

Mit dieser Transaktion dürfte die Insel für immer ihre Rolle als Faustpfand und Spekulationsobjekt sowie Heimat exzentri-

Ilfracombe, der Hafen von Devon

scher Besitzer ausgespielt haben, an die heute nur noch die 1929
eingeführten Briefmarken erinnern, die zwar gegen englische
Währung verkauft werden, die jedoch heute noch den Nenn-
wert einer ebenfalls 1929 (illegal) eingeführten und wieder ab-
geschafften Inselwährung tragen: »Puffin«, englische Bezeichnung für den Papageientaucher, den Lund, der auf diesen Briefmarken porträtiert ist.

Bodmin
Die Kehrseite der Geschichte

Von Heinz Ohff

»Was, um Himmelswillen, wollen wir in Bodmin?« fragte meine Frau. Wir bereiteten unsere Reise vor und sie las eben im neuesten Südengland-Reiseführer.

»Bodmin hat eine ganz besondere Rolle in der Geschichte Cornwalls gespielt ...«, begann ich und bemerkte sogleich – mein alter Fehler! –, daß ich ins Dozieren geriet. Ich brach den Satz also ab und sagte statt dessen: »Aber du interessierst dich ja nicht für Geschichte.«

»Um so mehr für die Gegenwart. Soll ich dir mal vorlesen, was dieser Mensch hier über Bodmin schreibt? Er schreibt: ›Autofahrer, aufgepaßt! Bodmin ist eines jener Städtchen, die plötzlich anfangen und ehe man sich's versieht, ist man auch schon wieder draußen.‹«

»Autofahrer! Autofahrer!« rief ich aus. »Es sollte Autofahrern verboten werden, Reiseführer zu schreiben! Mit siebzig Sachen brausen sie durch die Landschaft und schreiben anschließend alles von früher erschienenen Reiseführern ab, deren Autoren ebenfalls mit siebzig Sachen durch Cornwall gerauscht sind. Geh mir weg mit allen diesen Reiseführern!«

Solch schlagenden Argumenten konnte meine Frau natürlich nicht widersprechen, und also fuhren wir nach Bodmin. Nie werde ich das Gesicht des Eisenbahnfahrkartenverkäufers in Reading vergessen, der mir grinsend die Billetts mit den Worten zuschob: »Right into Bodmin and out of the world.« Den Spruch kannte ich noch nicht, aber hatte das Gefühl, daß der Mann schon mal dort gewesen war.

»Rein nach Bodmin und raus aus der belebten Welt«, wie man ihn, den Spruch, wohl übersetzen muß, stammt aus jenen, noch nicht allzu weit entfernten Tagen, da Cornwall, der äußerste Südwestzipfel der Britischen Inseln, noch als ein von Kelten ungewissen Ursprungs bewohnter Urwald galt und die belebte Welt in Exeter aufhörte. Selbst die alten Römer haben sich nicht einmal bis Plymouth getraut, und wer über den Tamar fuhr, den Fluß, der Cornwall nahezu vollkommen von England abtrennt, rüstete sich bis zum Anfang des vorigen Jahrhunderts aus wie für eine Expedition, die eine Reise in den wenn auch nicht wilden, so doch unwirtlichen Westen wohl tatsächlich bedeutete.

Da gibt es in alten Reisebeschreibungen nur eine einzige Ausnahme: Bodmin. Seit im 6. Jahrhundert der Heilige Petroc, wie alle Heiligen in Cornwall aus Irland kommend, sich dort niederließ und ein Kloster gründete, galt und gilt dieser Ort als Oase in barbarischen Landen, Münz- und heimliche Hauptstadt eines Landes, das niemals eine Hauptstadt haben wollte, und sie selbst heute noch nicht akzeptiert, Knotenpunkt aller politischen Triebe und Umtriebe im Mittelalter, Ursitz cornischer Zivilisation, schon durch Cornwalls größte, das heißt geräumigste Kirche (ihr Name: St. Petroc), Sitz auch eines der in der Historie meistgenannten britischen Gefängnisse.

Es gibt da eine rührende Geschichte von John Wesley, dem methodistischen Prediger und Arbeiter-Missionar. Er hatte sich, noch Mitte des vorigen Jahrhunderts, im dichten Wald Ost-Cornwalls hoffnungslos verirrt. Seine Begleiter wollten schon verzweifeln, aber er bat sie, bis 12 Uhr mittags zu warten. Als einzige Kirche des gesamten damaligen Empires pflegte (und pflegt immer noch) um Punkt 12 Uhr am Mittag St. Petroc zu Bodmin die Glocken zu läuten, allen Wanderern zum Trost und zur Hilfe. Das geschah auch: Wesley und seine Begleiter hörten St. Petroc, weit entfernt, und sie fanden heraus aus der unbelebten Welt ins belebte Bodmin.

Wer Cornwall kennen will, lautete also meine These, muß auch Bodmin kennen, denn ich hatte spätestens auf der Reise, selbstredend meinen Vortrag doch noch gehalten, man darf schließlich nicht nachtragend sein und soll andere, vor allem die Nächsten, grundsätzlich an den eigenen Kenntnissen partizipieren lassen. Gebildete Menschen reisen nicht, wie Baedeker es ihnen vorschreibt, sondern aufgrund ihrer Belesenheit, ihres – mehr oder weniger – soliden Wissens.

Im übrigen: wer hat nicht Daphne du Maurier gelesen? Gewiß, sie schreibt Kolportage, aber innerhalb dieser Literaturgattung stellen ihre Romane »Rebekka« und »Jamaica Inn« das dar, was in der hohen Literatur der »Ulysses« ist oder der »Mann ohne Eigenschaften«. »Jamaica Inn« spielt im Bodmin Moor mit seinen »Tors«, natürlichen Granittürmen, von denen H. E. Conrad, einer jener Reiseführerverfasser, schreibt: »Sie stoßen abrupt wie Götterbauten aus dem Boden hervor und steigen in gespenstischen Formen manchmal zu beträchtlicher Höhe auf, im Zwielicht von fast beängstigender Wucht.« Ich sah uns schon auf langen Fußwanderungen durch das melancholische Moor und abends, zurück im Trubel der heimlichen Hauptstadt, das Gesehene bei einem Schluck Malt Whisky verarbeitend, auf dem Schoß viele Bücher und Broschüren lokaler Historie, an denen England so reich ist. Kein Ort, den nicht jemand beschrieben hätte, als sei es der schönste und beste auf der Welt, was ja auch auf – beinahe – jeden Ort der Welt zutrifft, wenn man sich näher mit ihm befaßt.

Nicht, wie es scheint, auf Bodmin. Die Buchhandlung lag dicht neben dem Hotel. Das Hotel war gut, sauber, preiswert; als einzige vielleicht belächelnswerte Kleinstadtabsonderlichkeit befand sich in unserem Zimmer die Badewanne direkt neben den beiden Betten, gleichsam als drittes Bett, und als viertes Bett stand da, eingequetscht direkt an der Wand, eine alte Nähmaschine. Schlimmer schon, daß es leise vom grauen Himmel herabnieselte und alle Straßen voller Menschen waren, die in riesigen Einkaufswagen aus riesigen Einkaufszentren riesige Mengen von Einkaufswaren zu riesigen Parkplätzen fuhren. Von den Parkplätzen wurden die Karren von bärenstarken Uniformierten zurück in die Einkaufszentren gefahren, gebündelt zu riesigen ineinandergeschobenen Einkaufskarrenknäueln. Da die Bürgersteige nur knapp einen halben Meter breit waren, ergab sich ein Gedränge, Geschiebe, Ausgeweiche, Excuse me, please von geradezu staunenswerten Ausmaßen. Wie alles Komplizierte in England ging es schweigend, ruhig, ganz selbstverständlich und ohne jedes laute Wort vonstatten. Trotzdem war ich froh, meine Zuflucht in der ruhigen Buchhandlung nehmen zu können. Wir waren die einzigen Kunden.

Als ich meinen Wunsch geäußert hatte, sah mich die Buchhändlerin an, als hätte ich von ihr drei Bratwürste verlangt. »Bücher über Bodmin?« Sie blickte ratlos auf ihre ältere Kollegin, die neben ihr stand und mir eben den neuesten Roman von William Golding anbieten wollte. Diese dachte eine Weile angestrengt nach und glaubte sich endlich zu erinnern, daß in den dreißiger Jahren Mr. Soundso, den Namen konnte ich nicht verstehen (»weißt du, der Schullehrer, längst tot, der mit dem Backenbart«), eine Broschüre über die Stadt herausgebracht hatte ... oder handelte sie von Bodmin Moor? Genau wußte sie es nicht mehr.

»Städte, über die es keine Literatur gibt, sind so gut wie nicht vorhanden«, sagte ich streng zu den beiden Buchhändlerinnen, die sichtlich zusammenzuckten. »Dann geben Sie mir bitte einen Stadtplan?«

Die beiden sahen sich erneut verlegen an, und ich bemerkte, daß die Ältere tief Luft holte. »Wozu brauchen Sie einen Stadtplan von Bodmin, Sir?« fragte sie dann und fügte rasch hinzu: »Das große Gebäude gleich dort an der Ausfallstraße ist St. Petroc, links geht es auf den Beacon zum Obelisken und rechts ist die Fore Street, die in die Bore Street übergeht. Das ist Bodmin, Sir.«

»Und wo befindet sich Bodmin Prison?« wollte ich wissen.

Schon wieder verlegenes Schweigen. Dann die Antwort: »Ah, Sie meinen die Autowerkstatt von (schon wieder ein unverständlicher Name) ... Fora Street runter und dann rechts, das hohe verfallene Gebäude. Sie können es gar nicht verfehlen!«

Die Damen schienen von Herzen erleichtert, als wir ihren Laden verließen.

Im Reisebüro, in dem ich erfuhr, daß es keinerlei Busverbindungen zum – etliche Meilen entfernten – Bodmin Moor gab (wir haben dann auch keinen einzigen Tor gesehen), erhielt ich wenigstens einen Reklamestraßenplan, an dem ich mich orientieren konnte.

Obwohl es regnete, beschlossen wir, uns zunächst den Obelisken anzusehen, der hoch über dem Städtchen thront, eine Nadelspitze, die steil aus Heide und Rhododendrongestrüpp aufragt. Sie ist einem gewissen Generalleutnant Sir W.R. Gilbert gewidmet, dessen einziges unsterbliches Verdienst darin zu bestehen scheint, daß er in Indien den Kohinoor für die englische Krone »sichergestellt« (wie es im Reklamestraßenführer heißt), also wohl geraubt hat. Der Obelisk wirkt so überdimensional und abweisend unfreundlich, daß man sich kaum nahe an ihn herantraut. »Wenn du noch näherkommst, falle ich auf dich«, scheint er zu drohen. Wir sahen uns dann Bodmin Prison an, wo

Die Kathedrale St. Petroc in Bodmin, Cornwalls größte Kirche

Perkin Warbeck, der Gegenkönig Heinrichs VII., gesessen hat
und so mancher andere Edelmann auch, ehe man ihn im Londoner Tower an den Galgen führte, ein düsteres, weitverwinkeltes
Bauwerk, dessen Schieferdach man in den dreißiger Jahren verkauft hat und in das es seither hineinregnet – außer den umge-
bauten, als Garage genutzten Teilen ist kaum etwas übriggeblieben. Mit Ausnahme von St. Petroc kannten wir damit die Stadt.

In St. Petroc begeisterte mich das normannische Taufbecken mit den vier Engelsköpfen und dem unendlich verästelten Lebensbaum samt seinen vielen Tieren – es ist das einzige, was an den Glanz Bodmins im Mittelalter erinnert und an den guten heiligen Petroc, dessen Stadt nie Hauptstadt gewesen und geworden ist und auch heute diesen Rang stillschweigend an das freilich gleichfalls niemals offiziell ernannte Truro abtreten muß.

Eine, wenn man so will, tragische Geschichte. Bodmin war einst eine unbotmäßige Stadt, reich, blühend, geistdurchwirkt, eigenständig und niemandem untertan. Aber die Herren der Geschichte sehen es nicht gern, wenn jemand ihnen nicht untertan sein will. 1497 brach die erste Rebellion Cornwalls gegen London los, wegen der auferlegten übermäßigen Steuern. Rädelsführer war der Schmied Michael Joseph aus St. Keverne, geistiger Anführer aber der Rechtsanwalt Thomas Flamank aus Bodmin. Sie wurden, mit Lord Audley aus Wells, dem militärischen Oberhaupt, schon am 27. Juli des gleichen Jahres in London auf grausame Weise hingerichtet. Drei Monate später zog Perkin Warbeck als Richard IV. von Bodmin mit einem dort ausgehobenen Heer aus 6000 Mann über den Tamar und hätte um ein Haar Exeter erstürmt. Von den 6000 Tapferen kehrte kaum einer zurück. Und als abermals fünfzig Jahre später cornischer Eigensinn sich wiederum in Bodmin und um Bodmin herum zusammentat und diesmal wegen des neugeschaffenen »Books of Common Prayer«, des Gesang- und Gebetbuchs, London bedrängte, 1549, schlug die Obrigkeit noch härter zu. Das kleine Landstädtchen hat den Blutzoll von damals nie überwunden. Es wurde zu einer Kreishauptstadt eingeschüchtert, zu einer Einkaufszentrale der umgebenden Landstriche, nicht einmal ein Bahnhof wurde ihr später gegönnt, der liegt, »Bodmin Road«, 12 Meilen von ihr entfernt. Seither sind sowohl die Überreste des heiligen Petroc verschwunden als auch die cornische Sprache – aus, vorbei: kein Wunder, daß die Leute in Cornwall von Städten nicht viel halten und sich lieber einzeln ansiedeln. Städte sind in Cornwall – Kunststück! – seither eher aus Zufall entstanden, aus der Zusammenballung von Häusern. Städte können zerstört werden, auch geistig, das arme Bodmin ist ein verheerendes Beispiel dafür: ohne Literatur, ohne Stadtführer, ohne Busse, ohne Bahnhof liegt es da, an einer Hauptverkehrsader und trotzdem, abgeschnitten sogar vom Moor, das seinen Namen trägt, geheimnisvollerweise nicht nur bestraft bis ins dritte, sondern bis ins zehnte, zwölfte Glied, hat man es, aus ebenso unerfindlichen Gründen, weiter verfolgt, bis es nichts mehr war als eine Stadt, die alles Städtische ausgeträumt hat, im Grunde eine tote Stadt, in der es, glaubte man an Gespenster, wohl unzählige Gespenster gäbe (und da kann man sich in dieser Gegend nie ganz sicher sein).

Ja, das schöne Lanhydrock in der Nähe, Cornwalls schönster Landsitz und schönster Naturgarten, da gerät man, ein paar Meilen nur, aus dem Bannkreis des Übels heraus, aus der Stadt mit ihrem unheimlichen, über Generationen hinwegreichenden Schicksal. Da atmet man plötzlich freier und kehrt nachdenklich in die – immer noch geschlagene – Stadt zurück.

»Nun«, sagte meine Frau, als wir weiter fuhren, »was wollten wir, raus aus der belebten Welt, in Bodmin?«

»Wir haben«, sagte ich, »die Kehrseite der Geschichte gesehen. Daraus kann man viel lernen. Unter anderem die traurige Tatsache, daß sich einmal Geschehenes nicht ungeschehen machen läßt, nicht einmal in Jahrhunderten.«

»Stimmt«, sagte meine Frau. »Und merkwürdigerweise mag ich dieses Bodmin. Gibt es so etwas wie historisches Mitleid?«

Darauf wußte ich keine Antwort. »Vergiß auch nicht, daß wir vom Bett direkt in die Badewanne steigen konnten«, sagte ich statt dessen, »das hat man ja nun auch nicht alle Tage.«

Scilly-Inseln
Blühende Gärten im Golfstrom

Von Nana-Claudia Nenzel

Im ersten Stock der Tresco Abbey klopft ein hagerer Gentleman energisch gegen die Scheibe. Wir schauen ihn fragend an, er macht eine vertreibende Bewegung. Verunsichert gehen wir langsam zurück und sehen dann das »Privat«-Schild. Die Besichtigung des schloßähnlichen Abbey House ist nicht im Insel-Eintrittspreis eingeschlossen. Denn Tresco, eine der großen Scilly-Inseln, 40 Kilometer vor der Südwestspitze Englands, ist ohne Obulus nicht zu betreten. Während man nach der Landung vor einem Bretterhäuschen Schlange steht, werden die Geschichten der Scilly-Piraten kolportiert. Wenn hier an den zahllosen Riffen ein Schiff strandete, dann sollen die Scilly-Insulaner reiche Ernte gehalten haben. Die modernen Wegelagerer von Tresco heißen schlicht und einfach Smith. Den Tribut fordert eine Blondine, deren Töchterchen gerade Stirn und Augen über das Zahlbrett recken kann. Die Touristen wagen höchstens ein »I don't understand eithe«, dann bezahlt jeder.
Nach der Schranke gehen die meisten Besucher zu den weißsandigen Stränden, um dort ein geruhsames Picknick zu zelebrieren. Viele Bootspassagiere streben jedoch dem Zentrum der Insel zu. Die Tresco Abbey Gardens nicht gesehen zu haben, wäre schlichtweg blamabel. Da muß man seinem Herzen schon einen Stoß geben und noch einmal in die Börse langen, um für die Passage zu zahlen. Dorrien Smith, der Insel-Pächter, versichert jedem schriftlich, daß er ohne diese Beteiligung der Besucher das botanische Wunder Tresco nicht gewährleisten könnte.
Mitten in der wuchernden Flora ist bald jeder Mammon-Gedanke vergessen. Das ist wahrlich ein Paradies: Blumen, Sträucher, Gräser und Bäume aus aller Welt haben die Smiths hier seit 1834 zusammengetragen und gepflegt. Begünstigt vom Klima des Golfstromes, der die Scilly-Inseln umspült, gedeihen auf Tresco Kasuarien aus Australien, Silberbäume aus Südafrika, Hibiscus von den Kanarischen Inseln, japanische Kamelien, Chiles Na-

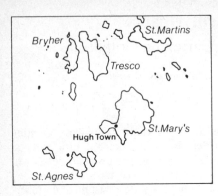

tionalblume, die »Lapageria rosea«, Palmen, Agaven, Rosen,
Bambus und Eukalyptus aus jeder Ecke der Welt.

Die Insel der Smiths, vom Königshaus gepachtet – der Pachtzins
fließt in die Schatulle von Prinz Charles –, ist eigentlich nur als
Ausflugsziel von der Hauptinsel des Archipels aus bekannt.
Doch in New Grimsby zum Beispiel stehen ein paar gut ausge-
stattete Ferienhäuser aus grauem Stein. Ein paar Schritte weiter
liegt das rund 300 Jahre alte »New Inn«, ein typisch englisches
Gasthaus mit gemütlichen Zimmern und Aufenthaltsräumen.
Lesley und Christopher Hopkins, das Manager-Ehepaar, sor-
gen für angenehme Atmosphäre. Auch Ex-Premierminister
Wilson schätzt Räumlichkeiten und das Essen der Insel-Wirte.

Die rund 100 Scilly-Inseln (nur fünf sind bewohnt) gehören ge-
naugenommen zu Cornwall. Dies nur zur Information poten-
tieller Besucher, sprechen sollte man darüber nicht, denn die
Scillonier hören das nicht gerne. Sie haben in ihrem Stolz sogar
ein Stück Verwaltungs-Autonomie innerhalb der Grafschaft er-
rungen, bezahlen dafür aber auch eine stolze Summe an den
Staat. Die Einnahmen stammen aus der Landwirtschaft, aus
Fischfang und Tourismus – und vom Versand von Osterglocken
und Narzissen. Entsprechend verblüfft ist man dann auch von
der Farbenpracht der Inseln – Tresco bildet »nur« die Spitze –
überall Blumenteppiche, leuchtende Büsche, wedelnde Palmen. Hier sproßt und blüht es das ganze Jahr, doch die hohe
Zeit der Narzissen liegt zwischen November und April. 50 Millionen Stengel pro Saison werden auf die Märkte Europas gebracht. Um die Saison zu verlängern, folgen den »Morgenster-

nen« auch noch andere Blumen wie Anemonen, Fresien, Iris und Veilchen. Allerdings von einer Blütenpracht und Größe, die unvorstellbar ist. Das Golfstrom-Klima, das selten einmal Frost zuläßt, hat in Südwest-England ein Inselparadies geschaffen. Hier gibt es eigentlich nur zwei Jahreszeiten: Frühling und Sommer.

Die Scillies bieten aber auch noch andere Naturwunder. Beispielsweise ausgedehnte, feinsandige Strände. Der Sand hier ist teilweise so fein und weiß, daß er einst in Europas Schreibstuben exportiert wurde: zum Trocknen der mit Tinte beschriebenen Dokumente. Auch mit den Gezeiten muß der Gast leben. Wird er am Morgen auf der einen Insel abgesetzt, muß er in den meisten Fällen für die Abholung am Nachmittag einen anderen »Hafen« aufsuchen. Die Gezeiten sind auch für Strandgänger von Bedeutung – wenngleich sich nur wenige Touristen in das höchstens auf 18 Grad aufgewärmte Meer stürzen. Aber jene, die sich im Sande sonnen, sollten dies nur an den vorwiegend sicheren Sandbuchten tun. Vorsicht ist geboten auf den Sandbänken zwischen den Inseln St. Agnes und Gugh sowie zwischen St. Mary's und Tolls Island. Wenn die Flut kommt, entstehen hier gefährliche Strömungen.

Weniger die Strömungen beim Gezeiten-Wechsel als die vielen unsichtbaren Riffe und Felsen sollen in der Vergangenheit vielen Schiffen zum Schicksal geworden sein. Noch heute tauchen Schatzsucher nach Wracks und in den Souvenierläden gibt es Münzen und Munition, die von den Unglückseligen stammen. Manche Lästermäuler behaupten, die Scillonier hätten in früheren Jahren fast nur von den Schiffsladungen gelebt und wohl absichtlich manch falsches Leuchtfeuer gesetzt.

Leuchttürme sollen Schiffskatastrophen verhindern. So wurde 1688 der älteste Turm der Archipels auf St. Agnes erbaut. Der bekannteste Leuchtturm aber steht auf dem Bishop-Rock, dem westlichsten Felsen der Scilly-Inseln. Auf Bootsausflügen in die Welt der grauen Atlantik-Seehunde, die es dort zahlreich zu bewundern gibt, kann der rund 60 Meter hohe Koloß bewundert werden.

Trotz aller modernen Sicherheitsvorkehrungen sind auch in neuerer Zeit Schiffskatastrophen nicht völlig zu vermeiden. Der Untergang des 61 000 Tonnen-Öltankers »Torrey Canyon« im Jahre 1967 gehört zu den größten Unfällen der Neuzeit. Drei Millionen Pfund Schaden entstanden damals – die Angst vor ölverseuchten Stränden hatte ihren Anfang genommen.

Jedes Scilly-Erlebnis beginnt auf St. Mary's: Hier legt die Fähre aus Penzance an, hier landen die Helicopter der regelmäßigen

Die Tresco Gardens, ein botanisches Wunder

Land-Insel-Verbindung der British-Airways, hier starten die
Boote zu den vielfältigen Ausflügen. Die Hauptstadt der
Hauptinsel heißt etwas großspurig Hugh Town (hugh = riesig).
In Hugh Town stehen die meisten Hotels der Scillies, hierher
kehrt die Mehrzahl der Urlauber am Abend auch zurück. Die
Hotelklassen gehen von C bis A.
Die englische A-Klasse, sei vorsichtshalber bemerkt, ist für
deutsche Urlaubsansprüche ein gutes Mittelklasse-Hotel, die

Zimmer sind sauber, besondere Ansprüche dürfen aber nicht gestellt werden. Dusche ist nicht selbstverständlich, Engländer ziehen Badewannen vor.

In den Hotels wird streng um Sieben zu Abend gegessen, in den Restaurants ist letzte Bestellung um Neun. Danach geht es in die Pubs. Die jungen Leute treffen sich in Hugh Town in »Mermaid« oder in der »Atlantic Bar«, die Mittelalterlichen und Junggebliebenen im »Bishop and Wolf«, die gesetztere Generation in der gemütlichen Kellerbar des »Star Castle Hotel«. Doch egal wie gemütlich es ist, um halb Elf scheppert die Schiffsglokke zur Last Order. Schnell wird noch ein Bitter oder ein Lager bestellt und hastig geschlürft. Um elf komplimentiert der Wirt die letzten Gäste auf die Straße.

Rund um Hugh Town gibt es eine Reihe schöner Sandstrände, groß genug, daß man sich seine eigene ruhige Ecke suchen kann. Wer etwas gehfaul ist, findet gleich rechts und links der Stadt je einen langen Sandstrand. Spaziergänge auf St. Mary's sind von der Inselumrundung bis zum abendlichen »Garrison Walk« möglich, der wegen des Sonnenuntergangs seine Fast-Berühmtheit erlangte. Nicht versäumen sollte man den Besuch eines der zahlreichen Hünengräber (Burial Chambers) aus der Bronze- bis zur Römerzeit.

Westlich von Tresco, von New Grimsby aus in Rufweite, liegt die Insel Bryher. Seit einiger Zeit müssen die Einwohner nicht mehr per Kahn den nächsten Zapfhahn aufsuchen – Bryher hat seither einen eigenen Pub, der einem 24-Betten-Hotel gehört. Ingenieur Peter Philpott und seine Frau Claire haben sich dieses wildromantische Eiland ausgesucht, um sich selber ein Stück wilder Natur zu schenken, dann aber auch, um Naturfreunden und Ruhesuchenden eine Herberge zu bieten. Die gute und geschmackvolle Einrichtung der Appartements hilft, auch an Regentagen sich wohlzufühlen (komplett auch für Selbstversorger eingerichtet).

Zur Pflichtübung beim Inselhüpfen gehören auch die Inseln St. Martin's und St. Agnes. Auf St. Martin's locken die langen, weißen Sandstrände zum Picknick. Die Insel St. Agnes im Süden des Archipels ist eine typische Besichtigungsinsel. So klein das Fleckchen ist, die Besucher sind eifrig damit beschäftigt, der Markierung zu folgen, um der Bronzezeit beziehungsweise ihren Zeugnissen einen Besuch abzustatten.

Cornwalls Küstenwanderweg
Die Route der Schmuggler

Von Carola Lentz

Organisierten Verbrechen verdankt Cornwall eine seiner touristischen Attraktionen, den herrlichen Wanderweg, der sich hügelauf, hügelab durch blühende Wiesen, üppige Farnwälder, weite Heideflächen an der cornischen Küste entlangschlängelt, immer mit freiem Blick auf Felsen, sandige Buchten und Meer. Anfang des 19. Jahrhunderts wurde er, so war zu hören, von der Küstenwache angelegt, um dem bis dato blühenden Geschäft der Strandräuber und Schmuggler Einhalt zu gebieten. Besonders an stürmischen Tagen sollen die wohlbewaffneten Wächter durch ihre Kontrollgänge den zahlreichen Halunkenbanden die Ausübung ihres Handwerks schwergemacht haben, die – von den Hilferufen ertrinkender Mannschaften ungerührt – an den Klippen gestrandete Schiffe ausraubten. Moralische oder rechtliche Skrupel örtlicher Autoritäten wurden durch ein Fäßchen Branntwein oder ein Säckchen Geld beschwichtigt, in Falmouth gar soll die adlige Lady selbst der Strandräuberei vorgestanden und auf den Klippen Irrlichter gezündet haben.

In der Nähe von Falmouth, dort, wo der River Helford in die See mündet, hängt noch ein altes Wrack an den spitzen Felsbrocken, ein stummer Zeuge dieses einstigen Erwerbszweiges, der die kärglichen Einkünfte aus Fischfang und Ackerbau stattlich aufbesserte. Eine etwas ehrbarere Version dieses Geschäfts, die, so munkelt man, auch heute noch nicht ausgestorben ist, war der Schmuggel. Französischer Branntwein war alle Zeit, aber besonders während der napoleonischen Kontinentalsperre eine geschätzte Konterbande, auch der hier beheimatete sittenstrenge Methodismus des John Wesley konnte an der cornischen Vorliebe für einen guten Tropfen nur wenig ändern. Und wer nur schmuggelte und nicht selbst trank, konnte sich – wie der Urgroßvater unserer Pensionswirtin – vor den heiligen Abstinenzregeln mit dem Hinweis rechtfertigen, er würde den Inhalt seiner Fäßchen ja nicht anrühren.

St. Michael's Mount

Mit einem üppigen Frühstück im Magen machten wir uns in Falmouth, dem feinen Bad mit den großen Hotels der Jahrhundertwende, auf unsere zehntägige Wanderung. Am Ende des Badestrandes steht das erste jener Schilder mit Eichel und »coastpath«-Aufschrift, die uns fortan bis Perranporth in regelmäßigen Abständen begleiten sollten, auch wenn wir uns manchmal, ratlos vor einer von Dornen und Farn überwucherten Wegkreuzung stehend, wünschten, sie möchten doch etwas zahlreicher aufgestellt sein. Unser Tagesziel Coverack hatten wir am Abend noch längst nicht erreicht. Zu häufig schnauften wir, des Wanderns ungeübt, an den sanften Hügeln, zu oft luden buntbewachsene Weiden oder kleine Tee-Restaurants in den Buchten zum Rasten ein. Eine nahezu mediterrane Pracht entfaltete sich an den Hängen. Wir genossen weite Blicke über von Hecken durchzogene reife Felder, mit kleinen granitgrauen und weißgetünchten Bauernhäusern gesprenkelt. Erst gegen Abend trafen wir in Helford ein, ein kleiner Weiler mit blaugestrichenen Fensterrahmen an der sich weit ins Land ziehenden Mündung des Helford River.

Der nächste Tag – das heiße Bad am Abend zuvor hatte allen Anfängen von Muskelkater gewehrt – führte uns endlich nach Coverack, einem einst belebten Fischerdorf, vorbei an steilen Felsen, durch Wälder, durch eine nur bei Ebbe zu durchwatende Flußmündung. Unterwegs stöberten wir in einem verlassenen Basaltsteinbruch herum, der noch vor fünfzehn Jahren fünfzig Menschen Arbeit geboten hat. Heute zeugen nur rostige Eisenbahnschienen, ein uralter Ladekran am Hafen und Schilder mit der Aufschrift »Vorsicht Sprengungen« von der früheren Geschäftigkeit. Eine typische Szene für die gegenwärtigen Probleme Cornwalls, denn seitdem die Glanzzeit der letzten Kupfer- und Zinnminen Anfang dieses Jahrhunderts verblich, sind nur wenige Industriebetriebe geblieben. Auch die Fischerei, einst neben dem Bergbau wichtigster Erwerbszweig der Cornishmen, spielt kaum noch eine Rolle: Längst haben die großen, industriellen Fischkutter mit ihren engmaschigen Schleppnetzen die Küstengewässer leergefischt. Der Fisch, mit dem man sich zwar preiswert, aber gleich langweilig paniert in zahllosen »fish-and-chips-shops« den Bauch vollschlagen kann, wird aus Island importiert. So bleiben nur Landwirtschaft und Tourismus, aber auch der Tourismus spürt die allgemeine Rezession.

Von Coverack wanderten wir weiter nach Lizard, Englands süd-lichstem Landzipfel. Ein Ort, der ebenso wie das berühmte Land's End, die westlichste Spitze, außer vielen Andenkenlä-den, ein paar Cafés und Pubs scheinbar nichts zu bieten hat – es sei denn, daß man hinterher wahrheitsgemäß behaupten kann, am südlichsten Fleckchen des Königreichs gestanden zu haben. Doch Lizard birgt ein hervorragendes, von keinem Touristen-führer erwähntes, auf keiner Landkarte verzeichnetes Heimat-museum. In einer alten, zugigen Scheune lagert ein wahrer Schatz von alten Büchern, Photos und Prospekten der (Dampf)-Maschinenfabrik Harvey & Co., mit alten Lohnzetteln, Ge-schäftsberichten der Minenmanager, Modellen alter Minen und Dampfpumpen, Werkzeugen und Kleidung der Arbeiter, Land-karten und Mineralienproben – unmöglich, die ganze Fülle von Erinnerungen aufzuzählen, die der alte Besitzer des Museums, der zu jedem Gegenstand Geschichten zu erzählen weiß, in jah-relanger Kleinarbeit gesammelt, geordnet und sorgfältig be-schriftet hat. Auch der angrenzende Garten steht voller Loren, die unter Tage eingesetzt, und Steinwannen, in denen Kupfer-und Zinnerze zerstoßen wurden.

In Cornwall, das war für uns eine Überraschung, wurden bis weit ins letzte Jahrhundert hinein die Hälfte der Weltzinn- und drei Viertel der Weltkupferproduktion gefördert. Wenn die Dampfmaschine eine Wiege hat, dann steht sie in Cornwall. Cornische Bergleute, einst im Gebrauch des Schwarzpulvers von Harzer Bergmännern der Silberminen unterwiesen, schwärmten nach dem Niedergang der heimischen Industrie in alle Welt aus, wo neue rentablere Erzvorkommen entdeckt wor-den sind – nach Malaysia, nach Kanada, nach Australien …

Heute zeugen nur noch an steile Klippen gekauerte, einsame, von Möwengeschrei durchzogene Ruinen der Maschinenhäu-ser, die einst die weltberühmten cornischen Dampfmaschinen beherbergten, und farnüberwucherte Schachteingänge von die-ser ehemals blühenden Region und der frühen englischen Indu-strialisierung. Auf unserem Weg, der uns über lange Strände nach Porthleven, an Michael's Mount, dem englischen Gegen-stück zum normannischen Mont St. Michel, an Penzance und dem stimmungsvollen, alten Fischerort Mouschele vorbeiführ-te, entdeckten wir viele dieser alten Industriedenkmäler. Be-sonders die Gegend um Cape Cornwall und Pendeen bietet sich

So türmen sich die Felsen an den Küsten bei Newquay

an für solche geschichtlichen Entdeckungsreisen, dort wurde auch eine Zinnmine wieder in Betrieb genommen.

Die Nordküste, auf der wir unsere Wanderung fortsetzten, nachdem wir St. Ives, ein von Touristen wimmelndes Städtchen, nur kurz gestreift hatten, zeigt ein anderes Gesicht als der liebliche Süden Cornwalls: rauher, steiler, großartiger, mit einer mächtigen Brandung und weiten Heideflächen. Ein kräftiger Wind ließ uns unsere Kopftücher auspacken, wacker kämpften wir uns gegen Regenschauer voran. Fast schon stereotyp war der tröstliche Hinweis so mancher Pensionswirte, daß dieser Sommer aber auch besonders grau sei. Sonst könne man abends noch im ärmellosen Kleid den Sonnenuntergang über dem Meer genießen. Legende oder Wahrheit – wir freuten uns, daß jedem Tag, der grau begann, wenigstens nachmittags aufreißende Wolken beschieden waren und gaben dem heißen Bad in der Wanne den Vorzug vor einem Kampf mit der kühlen Brandung.

Alderney
Hinter Portwein gegen den Nebel verschanzt

Von Ernst Hess

Die Herren vom »States Tourist Committee« waren sichtlich verstört: Was wollte ein deutscher Journalist ausgerechnet im November auf ihrer Insel, die unter dunklen Wolken schon dem Winterschlaf entgegendämmerte? »Kommen Sie doch im Frühling«, hatte uns der alte George Redfern fast flehentlich gebeten, »da ist Alderney am schönsten.« Jetzt stand George leidgeprüft im Wartesaal des Flughafens, fast zerbrechlich neben der vierschrötigen Gestalt seines Referenten Tuke-Hastings, und begann sich zu entschuldigen. Nein, das »Grand Island Hotel« gebe es nicht mehr, das sei im Frühjahr bis auf die Grundmauern abgebrannt. Warum wir nicht auf Jersey geblieben seien, da kenne er eine ganze Reihe luxuriöser Hotels? Und erst das Wetter im November. Nebel, Stürme, Regen. Es könne Tage dauern, bis ein mutiger Pilot im Blindflug nach Guernsey oder Southampton übersetzen würde. »Mit dem Fischen wird es auch nichts werden«, setzte Mike Tuke-Hastings die Litanei nahtlos fort, »irgendwelche Mistkerle haben Sand in den Motor der ›Lady Gwen‹ geschüttet.« Gram zerfurchte das Kolonialgesicht des ehrenamtlichen Touristikmanagers: »Mein Boot kann wochenlang nicht auslaufen, weil wir keine Ersatzteile haben. Es herrscht eine Vendetta auf Alderney, das ist klar. Man will uns das Geschäft ruinieren.«
Wir fühlten uns plötzlich wie Voyeure. Was hatten wir um diese Jahreszeit eigentlich auf der kleinen Insel zu suchen, wer gab uns das Recht, die Ruhe von George, Mike und den übrigen 2000 Alderneymen zu stören? Nebel kam auf, griff langsam nach dem Tower und legte sich schwer auf St. Anne. Mit dem Rückflug wurde es die nächsten beiden Tage nichts werden, jetzt waren wir notgedrungen unter uns.
Man beschloß, den Kummer mit den Störenfrieden gemeinsam im »Sea View Hotel« zu ertränken. Komplettiert wurde die

Runde durch einen der beiden Deutschen, die auf Alderney leben, einen gänzlich unbekannten Schriftsteller mit unerhörtem Durst. Von George zunächst wohl als Aufmerksamkeit für die späten Gäste gedacht, erwies sich der Landsmann bald als echte Bestrafung. »Die Insel ist randvoll mit Skandalen. Ich werde Ihnen Geschichten erzählen, daß Sie ein ganzes Buch damit füllen könnten«, drohte uns der Schriftsteller nach der dritten Flasche Muscadet. Wir lehnten dankend ab und eilten lieber George und Mike zu Hilfe, die sich vereint an einem 73er »Chateau Pichon-Longueville« gütlich taten. »Unser einziger Exportartikel – behaupten die Engländer – sind leere Flaschen«, scherzte Tuke-Hastings. »Und Ihr Landsmann sorgt dafür, daß die jährliche Rate konstant bleibt.« Das war nicht einmal böse gemeint, denn über Alderney und die Deutschen gibt es wahrlich Schlimmeres zu berichten. Im Juli 1940 besetzten Hitlers Welteroberer auch die strategisch nicht uninteressante Kanalinsel, nachdem die britische Regierung das Eiland zuvor vollständig geräumt und die Bewohner evakuiert hatte. Fast fünf Jahre verbrachten die Besetzer damit, Alderney in einen schwimmenden Koloß aus Beton und Stahl zu verwandeln – paradoxer Abschluß des viktorianischen Traums vom »Gibraltar im Kanal«. Nur die Invasion scherte sich den Teufel um Alderney und seine waffenstarrenden Forts: Eisenhowers »Overlord«-Truppen ließen die Kanalinseln einfach links liegen und überrannten den vielgerühmten Atlantikwall in wenigen Tagen. Für den letzten Kommandanten, Oberstleutnant Schwalm, dürfte es nur ein schwacher Trost gewesen sein, daß die Reichskriegsflagge erst am 16. Mai 1945 niedergeholt wurde – acht Tage nach dem offiziellen Ende des Zweiten Weltkriegs.

Heute stolpert man auf Schritt und Tritt über die häßlichen Reste des tausendjährigen Reichs. Wilde Brombeerhecken wuchern gnädig über Flakstellungen und Bunker, billiger als Dynamit und mindestens so erfolgreich. Es wird wohl noch eine Generation dauern – oder zwei –, bis alles unter dem grünen Panzer verschwunden ist. So lange sollten auch die klobigen Stühle in der »Kathedrale« von St. Anne halten, »deutsche Wertarbeit«, wie der anglikanische Pfarrer nicht ohne Stolz versichert. Am 1. Juni 1946 verabschiedeten sich die gefangenen Hobbyschreiner mit einem zünftigen Konzert der Lagerkapelle, dessen Programm heute im Museum von Alderney besichtigt werden kann. »Die Himmel rühmen der Ewigen Ehre« intonierten damals die Landser, bevor es in die ferne Heimat ging. Und den Schlußpunkt der musikalischen Darbietungen setzte ein Truppführer der Organisation Todt mit dem »Liebestraum« von Liszt …

Das liest sich fast rührend, doch so friedlich ging es in »Camp Sylt« keineswegs zu. Mehr als 3000 Zwangsarbeiter kamen unter dem Nazi-Terror zu Tode; verhungert, erschlagen oder hingerichtet. Russen zumeist, auch Juden aus Frankreich, Polen und der Tschechoslowakei. Es gibt viele Kreuze auf Alderney,

Blühende Sträucher vor dem Landhaus auf Guernsey

Gedenktafeln in kyrillischer Schrift, unbekannte Gräber. Die Leute sprechen nicht gerne darüber, schon gar nicht mit deutschen Journalisten, denen man doch die unbestreitbare Schönheit der Insel zeigen will. »Wer hat denn mit den Konzentrationslagern angefangen«, verblüffte uns ein älterer Herr an der Bar des »Rose & Crown«. »Die Engländer waren im Burenkrieg auch nicht gerade zimperlich, von Indien mal ganz zu schweigen.« Wir schämten uns dennoch, wagten keine Entschuldigung, weil es da ohnehin nichts zu entschuldigen gibt.

Auf die jeweilige Regierung in London sind die Leute von Alderney nicht gerade gut zu sprechen. »Sie haben uns 1940 nicht gegen die Deutschen verteidigt, also wollen wir auch ihre heutigen Probleme nicht haben«, heißt es lapidar zwischen Fort Quesnard und der Telegraph Bay. Und Engländer sind die knapp 2000 Insulaner schon gar nicht, obgleich sie seit 1066 direkt der Krone unterstehen. Man gehört zur autonomen Bailiwick of Guernsey, hat aber eine eigene Regierung und einen obersten Gerichtshof. Bis 1970 wurden sämtliche Gesetze und Verträge in französischer Sprache abgefaßt, was den unschätzbaren Vorteil hatte, daß sie kaum einer verstand. Es gibt keine Parteien und vor allem keine Gewerkschaften, dafür fünf Banken, zwei Metzger, ebensoviele Bäcker und Polizisten, drei Fußballklubs und einen Golfplatz. Der hat zwar offiziell nur neun Löcher, beherbergt daneben aber Legionen von Kaninchen mit dazugehörigem Bau, so daß immer für Kurzweil gesorgt ist. Böse Zungen behaupten sogar, der Ballverkäufer im Klubhaus füttere die possierlichen Wühler, um den Umsatz zu steigern.

Noch immer erklingt auf Alderney das normannische »Clameur de Haro«, ein Vorläufer unserer einstweiligen Verfügung. Baut ein Nachbar auf fremdem Grund oder nutzt er widerrechtlich eine Feldscheuer, so kniet der Eigentümer in Anwesenheit von zwei Zeugen am Ort der Freveltat nieder und ruft laut: »Haro, Haro, Haro! A l'Aide mon Prince, on me fait tort.« (Zur Hilfe mein Prinz, man tut mir unrecht.) Hat der Beschwerdeführer auch das Vaterunser in französischer Sprache gebetet, so erläßt der Vorsitzende des Obersten Gerichtshofs eine einstweilige Verfügung gegen den angeblichen Rechtsbrecher. Die gilt solange, bis das Gericht den streitigen Sachverhalt entscheidet, höchstens jedoch ein Jahr und einen Tag. Wird innerhalb dieser

Frist keine Klage erhoben, so erlischt die Verfügung. Zum letzten Mal wurde der Normannenherzog im April 1980 lauthals angerufen, als Roger Blacking auf dem Acker seines Nachbarn eine Mauer errichten wollte ...

Ansonsten geht es eher friedlich zu. Ein Diebstahl wurde im letzten Jahr registriert und von den beiden Konstablern bravourös geklärt. Meist gilt es für die Polizei, trunkene Fahrer aus Autos, Gräben oder einem der 13 Pubs zu ziehen. Ab und zu ereignet sich auch ein leibhaftiger Unfall, der im lokalen »Alderney Journal« auf Seite eins gebührend gefeiert wird. Als kürzlich beide Fahrerinnen behaupteten, ihr Auto habe gestanden, bescherten sie dem »Journal« die sensationelle Schlagzeile: »Two cars crashed standing«.

Im übrigen ist genug Platz für alle auf Alderney. Anglikaner, Katholiken, Methodisten, Freimaurer und die Heilsarmee wetteifern in frommer Eintracht um ihre trinkfesten Schäflein. Wird eines von ihnen krank, so begibt es sich ins Spital, wo zwei Ärzte und fünf Schwestern segensreich wirken. Nur bei größeren Operationen wird der Patient per Flugzeug außer Landes gebracht, nach Guernsey oder Southampton.

Mit dem Schiff ist es schon schwieriger, den Kontakt zur Außenwelt herzustellen. Nur im Sommer laufen regelmäßig Fährschiffe den kleinen Hafen in der Braye Bay an, den die Royal Navy im letzten Jahrhundert zu einem Flottenstützpunkt ausbauen wollte. Man muß die unzähligen Riffe und Felsen schon genau kennen, um die schmale Fahrrinne bei Flut zu finden. Nicht nur das stürmische Herbstwetter fördert den Separatismus der Bewohner von Alderney, mehr noch ist es der gefährliche Felsenkranz rund um die Insel, der ungebetene Besucher fernhält. Unzählige Wracks liegen in der Passage von Singe, nahe der unbewohnten Vogelinsel Burhou, auf Grund. Bei guter Sicht erkennt man auch zwei verrostete Frachter, die der Sturm zwischen die Riffe geschleudert hat. Dort sitzen die Havaristen fest im Sattel, bald nur noch eiserne Skelette, durch deren Rippen die Brandung schäumt.

Weiter nördlich haben britische Torpedoflieger ein deutsches U-Boot mit Mann und Maus versenkt. Manchmal fährt Mike Tuke-Hastings mit der »Lady Gwen« zum Schiffsfriedhof, um zu fischen. »Die Aasfresser haben sich das U-Boot genau gemerkt, die vergessen nichts und vererben ihr Wissen weiter.

Dort holen wir die fettesten Kerle rauf.« Mag sein, daß solche Stories das Geschäft mit den Offshore-Fischern beleben. Tuke-Hastings Kunden sind rauhe Burschen, Belgier, Norweger und Schotten, denen der Tanz durch die Felsen nur ein müdes Achselzucken wert ist. Wir dankten jedenfalls dem Saboteur der »Lady Gwen«, weil uns dadurch die obligate Tour zu den Wracks erspart blieb. Der Fußweg nach Fort Clonque bei Windstärke acht war auch nicht gerade von Pappe. Nur sechs Stunden am Tag ist die viktorianische Küstenbatterie über schmale Klippen zu erreichen, ansonsten gurgelt der Atlantik zwischen Insel und Fort. Die britische Firma »Landmark Trust« hat die alten Kasematten und Geschütztürme vor kurzem restauriert und bietet Clonque als »ungewöhnliche Ferienunterkunft« (Landmark-Sprecher John Smith) an. Weihnachten 1981 war die Granitfestung wieder einmal in deutscher Hand: Sechs Top-Manager eines deutschen Verlagskonzerns feierten unter der vier Meter dicken Betondecke Heilig Abend, ohne Telefon, Fernsehen und elektrisches Licht. Ein Ort von geradezu apokalyptischer Gemütlichkeit, wenn dieser gewagte Begriff hier einmal erlaubt ist.

Wir wollten am Freitag hinüber nach Guernsey, doch sämtliche Flughäfen auf den Kanalinseln hatten sich mit dem Funkspruch »out« abgemeldet. Der Nebel war so dicht, daß selbst die Möwen stundenlang auf dem Tower saßen und keinen Start wagten. »Wenn die ›Aurigny Airline‹ nicht fliegt, fliegt sowieso niemand«, tröstete uns Tuke-Hastings. Es wurde Samstag und wir lernten die liebenswerte Insel erst so richtig schätzen. Der Sturm zauste die wenigen Bäume und rüttelte ärgerlich an den Fenstern des »Sea View Hotels«. Wir hatten uns hinter Portwein verschanzt, mit Blick auf die Braye Bay, in der zwei abgewrackte Fischkutter hilflos vor Anker torkelten. George Redfern zeigte auf einen riesigen Trimaran, der nahe der Kaimauer auf einer Sandbank festsaß. »Der Besitzer wollte damit nach Neuseeland. Eines Tages legte er hier an, packte seine Sachen und nahm das nächste Flugzeug. Seitdem haben wir nichts mehr von ihm gehört.« Das sei schon Anfang 1979 gewesen, meinte Tuke-Hastings, der sich auch an eine blonde Frau erinnerte, die den verhinderten Weltumsegler begleitet habe. »Vielleicht sind sie sich auf die Nerven gegangen.«

Uns ging der ewige Nebel erst am Sonntag auf die Nerven, als noch immer keine Maschine flog. Die Stimmung war gereizt, alles, was man sich erzählen konnte, war erzählt. George beschwor nochmals die Blumenteppiche im Frühjahr, die weißen Sandstrände im Norden der Insel und Alderneys subtropisches Klima. Wir starrten auf die Rollbahn, wo tatsächlich eine kleine »Trilander« startklar gemacht wurde. Southampton war eine halbe Stunde als offen gemeldet worden und der Pilot wollte den Sprung mit uns wagen. »Wir kommen auf jeden Fall im Frühling wieder, wenn hier alles blüht«, versprachen wir George und Mike, »ganz bestimmt.« Der gelbe Vogel hob schwankend ab und verschwand in den Wolken. Geglaubt haben sie uns wohl nicht.

Guernsey

Edle Lords und Kühe mit schönen Augen

Von Annerose Lohberg-Goelz

Lord Sausmarez saß auf einem alten Küchenstuhl vor seinem Familiensitz. Er las Zeitung und tat, als bemerke er uns nicht. Es war warm geworden, doch der Wind, der die kleine Insel ständig streichelt, war kühl. Cecil de Sausmarez ist Lord of the Manor, ein Gutsherr also, der noch heute mit Sonderrechten aus der Zeit des alten Feudalsystems ausgestattet ist. Seine Stimme ist gewichtig auf Guernsey – und nicht nur dort. Auch in Deutschland wird er gehört. Sein ehemaliger Schüler, der Regierende Bürgermeister von Berlin, Jochen Vogel, lädt ihn ab und zu ein, um seine Meinung zu hören. Das Deutsch des Lords ist perfekt und nahezu akzentfrei. Er genießt es, Deutsch reden zu können. Eigentlich war nur ein kurzer Besuch und ein Blick auf den Herrensitz dieser alten und berühmten Familie vorgesehen, deren Geschichte über 600 Jahre zurückgeht. Doch wir blieben Stunden und wurden nicht müde, Lord Cecil zuzuhören, wie er über seine Vorfahren sprach und sein altes Tudorgebäude ins rechte Licht rückte.

Obwohl er vergleichsweise wohlhabend ist, muß auch der Lord of the Manor auf Guernsey – wie viele Lords und Herzöge in England und anderswo – sein Haus der Öffentlichkeit gegen Eintrittsgeld zugänglich machen, um es erhalten zu können. Er tut das im Sommer – mit so viel Charme und Witz, daß Historie lebendig wird.

Will man Guernsey und die Kanalinseln richtig verstehen, so muß man weit in die Geschichte zurückgehen – ins Jahr 1066 nämlich, als der Herzog der Normandie mit seinem Heer nach England übersetzte und hier König wurde. Die Kanalinseln gehörten zu Frankreich; man sprach also Französisch. Als 138 Jahre später der englische König Johann die Normandie wieder verlor, bestanden die Kanalinseln darauf, weiterhin zur englischen Krone zu gehören. Frankreich und England stritten sich noch jahrhundertelang um die strategisch wichtigen Inseln. Die entwickelten in der Zeit nach und nach ihre eigenen parlamentarischen Einrichtungen sowie ein eigenes Rechtssystem. So kam es, daß heute sowohl Jersey als auch Guernsey unabhängige, eigenständige Inseln sind. Jede hat sogar ihr eigenes Geld und ihre eigenen Briefmarken.

Man vergißt auf Guernsey aber keinen Augenblick, daß die Insel einst zur Normandie gehörte. Die meisten Straßenschilder tragen englische und französische Aufschriften, viele Bewohner sprechen beide Sprachen gleich gut, und der Name Lord Cecil de Sausmarez klingt auch nicht gerade englisch. Doch die britische Regierung ist für alle auswärtigen Angelegenheiten der Insel zuständig. Ein Vizegouverneur vertritt auf Guernsey die Königin, aber er hat in der Zivil- oder Rechtsverwaltung der Insel nichts zu sagen. Der wichtigste Mann ist der Bailiff – das Staats-

Alderney St. Anne

St. Sampson

Vale

Guernsey

Herm

St. Peter Port

Jethou

Sark

Jersey

St. Aubin St. Helier

Gorey

Corbiere

oberhaupt des 62 Quadratkilometer kleinen Landes. Ihm zur Seite steht das Inselparlament, das sich »States of Deliberation« nennt. Die 57 Mitglieder werden nach einem außerordentlich komplizierten Verfahren gewählt, auf Guernsey ausschließlich nach ihrer Persönlichkeit und ihrem Ansehen. Es gibt keine Parteipolitik, obwohl das nicht heißt, daß es nichts zu debattieren – in Englisch – und nichts abzustimmen – in Französisch – gebe.

Die Zeitungen der Welt berichten im allgemeinen auf der ersten Seite über Politik. Doch auf Guernsey ist die wichtigste Meldung auf der ersten Seite der einzigen Zeitung, ob und wie weit der Tomatenpreis gefallen oder gestiegen ist. Gewächshäuser stehen überall. Einst zog man hier Weinreben, an denen Desserttrauben fürs englische Festland reiften. Heute wächst hier die »Guernsey Tom«, die vor hundert Jahren als »Liebesapfel« eingeführt wurde, und viele Blumen.

Man hat auf den Kanalinseln schon mit vielem Geld verdient – sehr erfolgreich auch mit Freibeuterei. Es würde zu weit gehen, zu behaupten, daß heute die Touristen ausgebeutet werden. Doch ein Teil der Inselbewohner lebt recht gut davon, daß täglich viele Schiffe aus St. Mâlo in Frankreich herüberkommen. Deren Bäuchen entströmen – vor allem in den Sommermonaten – unzählige Einkaufsbesessene, die die preiswerten Parfüm- und Tabakläden der Hauptstadt St. Peters Port stürmen und mit vielen Plastiktüten am Abend wieder zurückfahren.

Diese Touristen kaufen auf Guernsey günstig ein, aber sie lernen die Insel nicht kennen. So seltsam es klingt: Man braucht dazu länger als man glaubt. Das Eiland ist klein – elf Kilometer lang und zehn Kilometer breit –, aber man ist dort keineswegs gleich zu Hause. Erst einmal wird man müde durch den Wind; jeden Tag ein bißchen mehr. Dabei war man so voller Tatendrang und Entdeckerlust, als man in diesem seltsamen Propellermaschinchen, das eher einer großen Biene gleicht, hierhergeflogen war. Sehr viel wußte man von diesen Inselchen nicht, von denen es eine ganze Reihe zwischen England und Frankreich gibt. Und wenn man sie sich vorstellte, dann dachte man eher an Wind, Regen und graue Stimmung.

Das Gegenteil ist der Fall. Es ist mild und lieblich dort. Eine freundliche Sonne scheint, die Strandpromenade hat viele Farben, kleine Yachten dümpeln im Hafen von St. Peters Port – Ri-

Kleine Yachten dümpeln im Hafen von St. Peters Port

vieraatmosphäre für Nichtmillionäre. Zwischen den geschäftigen Leuten in der kleinen Hauptstadt und den Hausfrauen mit ihren Einkaufstaschen, die mitten auf der Straße ein Schwätzchen halten, fallen die Touristen nicht auf. Nicht unangenehm jedenfalls.

Winkelgassen mit Kopfsteinpflaster führen in St. Peters Port hügelig überall hin. Ein wenig abseits liegen die hübschesten und interessantesten Antiquitätenläden. Es ist der Mühe wert, sich umzuschauen und zu stöbern.

Der französische Dichter Victor Hugo, der zeitweise auf Guernsey lebte, wird hier noch heute sehr verehrt. Sein Haus in der steilen Hauteville-Straße gehört zwar der Stadt Paris, wird aber von Guernsianern voll Hingabe gepflegt und den zahlreichen Besuchern vorgeführt. Die Räume sind fast so belassen, wie sie waren, als Victor Hugo das Haus 1870 verließ – angefüllt mit Kostbarkeiten aus allen Ländern der Welt, seinen Büchern und den täglichen Utensilien eines Dichters. Sein Standbild steht in den »Candie Gardens«, dem schönen botanischen Garten über St. Peters Port. Dort sieht man ihn, wie er in seinem wehenden Umhang über die Insel zu marschieren pflegte.

Wer sich für Hexen interessiert, kann im Royal Court in den Akten nachlesen, was sie hier getrieben haben. Sie scheinen auf Guernsey recht verbreitet und mächtig gewesen zu sein. Die Westküste wird noch heute von vielen Einheimischen als Hexenland angesehen. Auf einem der vielen Dolmen, den vorgeschichtlichen Steingrabmälern, von denen es auf Guernsey zahllose gibt, fand regelmäßig der Hexensabbat statt. Ein anderer, der 3000 Jahre alte Dehusdolman, enthält ein ausgezeichnet erhaltenes Ganggrab mit einer prähistorischen Felsmalerei.

Eine Steinfigur steht an der Pforte zum Kirchhof von St. Martin. Sie wird liebevoll »La Grandmère du Chimquière« genannt und ist ums Jahr 700 v. Chr. entstanden – zu der Zeit, in der man gerade anfing, Gestein zu behauen. Und doch wirkt sie erstaunlich modern.

Auf Guernsey hat man nie das beklemmende Gefühl, daß hier Tourismus veranstaltet wird. Jeder Gast muß sich selbst in die Atmosphäre und die Mentalität dieses Inselstaates hineinfinden. Es ist alles da, was er braucht: Sonne, Meer, Hotels. Wie er diese Dinge benutzt, ist seine eigene Sache. Mittags und abends treffen sich Einheimische wie Touristen in den Lokalen am Hafen oder in den Pubs. Man hat die Auswahl unter englisch-klassischem oder italienischem, französischem und chinesischem Essen.

Guernseys Bewohner sind stolz auf ein mächtiges steinernes Ungetüm, das vor der Hafeneinfahrt im Wasser liegt: Castle Cornet, eine Wasserfestung, die in der Geschichte eine wichtige Rolle gespielt hat. Seit 1204 hat sie alle Heere des Abendlandes gesehen, zuletzt das deutsche im Jahr 1940. Jetzt hat man sie einem friedlichen Zweck zugeführt: Das Bürgerwehrmuseum und das Schiffahrtmuseum sind darin untergebracht. Nachts wird die Festung angestrahlt und bietet dann vom Ufer aus einen zauberhaften Anblick. Dann vergißt man den recht trostlosen Eindruck, den der Hafen immer dann macht, wenn der Wechsel der Gezeiten das Meer um volle fünfzehn Meter abfallen läßt. Viele Boote und Yachten sitzen einfach im Morast. Hier gibt es den gewaltigsten Tidenhub Europas.

Auch an den Badestränden – sei es der etwas überlaufene von Moulet Huet, die nicht so einfach zu erreichenden Sandbuchten von Jaonnet und La Bette oder der winzige Einschnitt von Petit Bot – sollte man sich immer nach den Gezeiten richten, die einem jeder Einheimische sagen kann. Sonst sitzt man hin und wieder im wahrsten Sinne des Wortes auf dem Trockenen.

Doch des Badens wegen geht man kaum nach Guernsey. Weit eher schon, um ausgiebig spazierenzugehen. Und zwar auf den Klippenwegen, die um die ganze Insel herumführen. Manchmal sind sie hoch über dem Meeresspiegel zwischen spitzen Felsen, dann wieder nahe am Wasser angelegt. Sie führen an Höhleneingängen vorbei, oder man wandert stundenlang durch einen kühlen, grünen Wald. Selten begegnet man einem Menschen, und wenn, dann will er ebenso allein sein wie man selbst. Es ist müßig, nach einer Beschilderung Ausschau zu halten. Sie ist nicht da. Wozu auch? Irgendwo wird man schon herauskommen – im Zweifelsfall am Wasser. Und dort ist immer eine Kneipe. Diese Wege gehören zum schönsten, das die Insel zu bieten hat. Es dauert viele Tage, sie zu erkunden, denn jeder ist wieder ganz anders, und die Landschaft auf Guernsey ist überaus vielgestaltig.

Sonst aber ist im Innern der Insel nicht viel los. Straßen und Sträßlein ziehen sich scheinbar ungeordnet übers Land. Überall stehen und liegen die berühmten Guernsey-Kühe mit ihren sanften großen Augen – auch auf den vielen Golfplätzen. Sie muhen ab und zu unwillig, wenn ein Ball sie trifft, aber sie grasen ungestört weiter. Die Guernsey-Kuh ist zum Erschrecken mager; doch das muß so sein; sie gibt dennoch sehr viel mehr und fettere Milch als jede andere Rasse. Deshalb ist sie auf der ganzen Welt sehr begehrt. Doch wenn eine Guernsey-Kuh einmal ihre Heimat verlassen hat, darf sie nie mehr zurück.

Jersey
Kniehosen für die Königin, Austern für Tafellüstlinge

Von Gabrielle Wittkop-Menardeau

Straußenfederngeschmückt, sehr malerisch, schießt ein farbiger Offizier der französischen Streitkräfte in die Menge. Der Union Jack flattert in Rauchwolken, Säbelklingen blitzen, und, schon tödlich getroffen, Major Peizson sinkt in die Arme seiner Redcoats-Soldaten. Dieses schaurige Bild der Schlacht von Jersey kann man nicht nur in der Tate Gallery, von John Singleton Copley gemalt, betrachten, sondern auch auf jedem beliebigen Ein-Pfund-Schein der States of Jersey. Die Insel hat ihr eigenes Geld – in London gedruckt –, ihre eigenen Briefmarken und eine autonome, ganz abstruse Verwaltung, deren mathematischer Non-sense an Lewis Carroll erinnert. Wie die anderen englischen Kanalinseln gehört sie zu Großbritannien, aber nicht zum United Kingdom. 933 von William I. als Teil seines Herzogtums erworben, blieb der Mini-Archipel normannisch. Daß er normannisch bleibe, wollte gerade Major Peizson, als er gegen die Franzosen kämpfte, die unter dem Vorwand, Jerseys Freibeutertum abzustellen, an der Südostküste bei La Rocque in der Nacht vom 5. Januar 1781 landeten. Unter der Führung des Prinzen von Nassau und des Barons de Rullecourt, der, gebürtig aus St. Mâlo, selbst den unholden Geist des Freibeutertums sicherlich schon mit der Milch eingesaugt hatte, gelang es den Franzosen, die Insel zunächst zu erobern, doch nicht für lange, denn sehr bald wurden sie von der Jersey-Miliz in die Flucht geschlagen. Die Franzosen, die zehn Jahre später kamen, waren Flüchtlinge der Revolution, Aristokraten und Priester, die auf Jersey Asyl suchten. Heute wird die Insel regelmäßig von französischen Gourmets und anderen Tafellüstlingen erobert; sie bleibt der sommerlichen Touristeninvasion ausgeliefert, und die Besucherzahlen steigen wie Raketen.
Friedlich, aber wehrhaft hat Jersey die Form eines prähistori-

schen Monsters, Grosnez am Gesicht, Archirondel am anderen Ende, St. Helier zwischen der plumpen Hinterhand und der großen Bauchkurve von St. Aubin's Bay. Flach, weich gezeichnet, sind die südlichen Ufer sogar für zaghafte Schwimmer geeignet, während an der Nordküste der Buckel des Monsters hart, knochig, zerklüftet den formidablen Gezeiten trotzt. Sie gehören zu den höchsten der Welt, und die Vehemenz ihres Ansturms hat Victor Hugo eine neue oder fast neue Selbstmordmöglichkeit für eine Figur seines Gilliat eingegeben: man erinnert sich, der naive, frustrierte Seemann läßt sich im Osten von Guernsey von dem steigenden Meer in einer Grotte überfluten, so daß er ertrinkt. Bevor Victor Hugo die restliche Zeit seines Exils auf Guernsey verbrachte, hat er in Jersey gewohnt, und zwar in Marine Terrace, heute eine bescheidene Pension, auf deren Tür nur der Name einer Mrs. Courage (welch schöner Name) steht; Courage hatte auch Victor Hugo, als er sich gegen die Regierung Napoleons II. auflehnte, gegen die Willkür des caporal en sciure de bois. Die Lebensweise des Dichters befremdete aber die Jerseyaner; es fiel ihnen schwer zu begreifen, wie er Madame Hugo, die Kinder und seine Freundin Juliette zusammen unter ein Dach bringen konnte. Das wurde scheel angesehen, und als er in seiner Zeitung »L'Homme« sogar Victoria angriff, weil sie Sympathie für den Kaiser zeigte, war man nur allzu froh, seiner Herausforderung: »Und jetzt werft uns nur hinaus!« Folge zu leisten. Grollend zog sich der Titan nach Guernsey zurück.

An der rührenden Propellermaschine von Jersey European Airline und dem britischen Archaismus der Wasserhähne, die sich obstinat weigern, kalt und heiß zu mischen, merkt man, daß Jersey die menschlichen Rhythmen bewahrt. Aber jeder Insulanismus kennt die Ambivalenz von Verkapselung und Sehnsucht, Sehnsucht nach Unendlichkeit. Direkt am Meer hat Bramerton House, ein zweistöckiges Gebäude des Havre des Pas, einen langen blaugestrichenen Gußeisen-Balkon. Von 1891 bis 1893 hat hier als Kind T. E. Lawrence, Lawrence of Arabia, gewohnt und ist noch dreimal wiedergekommen. Die See und die Wüste sind verzehrende Schwestern: so ließen sie einen Menschen, einen Abenteurer, in seiner Legende explodieren bis zum Verschwinden der eigenen Persönlichkeit, bis zum schwarzen Sturz von Clouds Hill.

Zwischen den Kettengliedern seiner Küstenfestungen, Fort

Elizabeth, Mont Orgueil, Portelet mit der Sage seiner toten See-
leute, oder den eigentümlichen Martello-Türmen, hammerför-
mig und heute zuweilen zu Wohnhäusern ausgebaut, ist Jersey
grün und blumig. Reich ist es auch.

Schon im März die rosige Blässe der gefüllten Kamelien, schon
Teppiche von Osterglocken, Narzissen, Gänseblümchen und
zwischen den Mauersteinen Goldlack aus demselben braunen

Ein Fährschiff erreicht den Hafen von St. Helier

Samt wie die Nüstern der Kühe. Fast jedes Cottage hat sein Gewächshaus, groß oder klein, doch immer sachlich, zweckgebunden. Vergeblich würde man die Pracht viktorianischer Wintergärten aus Eisen und Palmen suchen: das Paradies muß ohne

Schwüle sein, die Sinnlichkeit unerbittlich in den rechten Weg geleitet werden. Dieser Weg führt in gerader Linie zu Tisch.

Vielleicht speist man in keinem anderen Land der Welt so vorzüglich wie auf Jersey; die Qualität kennt keine Schwankungen, die Güte läßt nie nach. Das Meer liefert seine Früchte: kein Mahl, das nicht mit Austern, Langusten, Jakobsmuscheln oder Hummer beginnt. Die Sahne ist berühmt, die Gemüse sind unvergleichlich. Alles frisch, üppig, liebevoll serviert: hübsche Tischwäsche, anständige Bestecke, schöne, große Gläser. Die Weinreben von Jersey können allerdings die Nachfrage nicht erfüllen; in der Nähe von Le Lecq, im Norden der Insel, wird ein Wein angebaut, der ein wenig dem deutschen Steinwein entspricht. Seine Kelterung stellt vor allem eine Touristenattraktion dar. Meinetwegen. Man kann aber auf Jersey alle britischen Spezialitäten genießen und, falls man keine komplizierten Nachtträume fürchtet, den Höhepunkt englischer Gastronomie erleben: Stilton with old vintage port. Leider erlauben finanzielle Impotenz und Hinfälligkeit der menschlichen Natur nicht jeden Tag ein solches Tafelglück. Schade, ist doch bewußte Maßlosigkeit auch eine Facette der Sehnsüchte. Um sachlich zu bleiben, sei gesagt, daß Jersey nicht nur Luxusrestaurants zu bieten hat und daß man überall hier ausgezeichnete pub lunches finden kann. Die Insel bemüht sich, jedem nach seinem Geschmack und seinen Möglichkeiten etwas zu bieten. Vor allem kann der Besucher sich auf absolute Solidität und Angemessenheit der Preise verlassen.

Die Landstraßen sind schön, eng und gewunden zwischen Hekken und Böschungen, an Gemüsefeldern und Wiesen entlang, die zuweilen bis zum Meer hinabsteigen. Echte Kulturlandschaft mit Nutzgärten und Wassermühlen, mit grauen Manors, hinter Bäumen halb versteckt. Zwei solcher Herrschaftshäuser werden heute als Hotels benutzt, andere sind privat geblieben. Denn wenn auch die elf Seigneurs von Jersey ihre einstigen Privilegien verloren haben, führen sie doch ihren Titel noch und besitzen noch ihre Schlösser. Außerdem wohnen auf Jersey viele wohlhabende Londoner, die zwei oder drei Mal pro Woche für ihre Geschäfte in die Metropole fliegen, vorausgesetzt, daß es keinen fog gibt. Aber durch restriktive Immigrationsmaßnahmen bemüht man sich, das demoskopische Gleichgewicht in den verschiedenen Kirchspielen zu erhalten. Es sind deren zwölf, und jedes unterliegt der Gerichtsbarkeit eines Kirchenrates, was einen kritischen und liberalen Geist bedenklich stimmen mag.

1840 gebaut, um den Gläubigen den steilen Weg zur Hauptkirche St. Lawrence zu ersparen, wurde St. Matthew 1934 im Innern vollkommen renoviert, auf Kosten von Lady Florence Trent. Sie beauftragte René Lalique, den großen Glasschneider des Jugendstils, der durch Verwendung neuer Materialien und Stilisierung von Tier- und Pflanzenmotiven die französische Juwelierkunst erneuert hat. Keine glückliche Wahl, war doch Lalique viel zu sehr nach einem Diesseits des Paradieses orientiert, um den puritanischen Mystizismus eines anglikanischen Gotteshauses ausdrücken zu können. Lichtdurchdrungen, hieratisch, lassen seine Glasengel unweigerlich an die Parfüm-Flacons denken, die er für Coty und Guerlain kreiert hatte. Alles sehr schön, sehr weltlich.

An verschiedenen Punkten der Insel stehen Dolmen und Menhirs, wurden römische und armorikanische Münzen und Schmuck gefunden. Das prähistorische Felsengrab von La Hougue Bie wurde 1924 entdeckt, obwohl schon 1880 in der Nähe eine Steinaxt aus Jadeit aufgelesen worden war. Zwischen St. Saviour und Gorey gelegen, ist La Hougue Bie leicht zu erreichen, ein grüner, ziemlich abrupter kleiner Hügel inmitten einer Parkanlage. Der Name Hougue leitet sich vom altnorwegischen Haugr her, einem Wort für »Erhöhung«, und wurde wahrscheinlich von den auf der Insel landenden Vikingern gegeben. Der Name Bie mag eine Korruption von Hambye sein, denn die Herren von Hambye in der Normandie besaßen Ländereien in diesem Teil von Jersey. Nach einem zum ersten Mal im 18. Jahrhundert gedruckten Manuskript hätte der Lord of Hambye einen Drachen im Kampf getötet, bevor er selbst von seinem treulosen Knappen ermordet wurde. Als die Sache ans Licht kam, ließ die Lady of Hambye, die inzwischen allzu blind und allzu hastig den Verräter geheiratet hatte, eine Kapelle auf dem Hügel errichten, die Ende des Mittelalters erneuert wurde und aus zwei winzigen Sanktuarien unter einem einzigen Dach besteht.

Das prähistorische Grab liegt am Fuß des Hügels. Die Hauptkammer erreicht man durch einen langen Korridor von unregelmäßiger Breite und so niedriger Höhe, daß der Besucher nur sehr tief gebeugt den etwa zehn Meter langen Gang durchschreiten kann. Alles ist naß, Wasser sickert auf den Kieselboden. In der ellipsenförmigen Kammer schimmern die rauhen Grabplatten in blassem Orange, zartem Grau mit manchmal einer rostfarbenen Spur. Drei kleine Zellen öffnen sich um den zentralen Raum. Das Grab ist irgendwann einmal geplündert worden; die Archäologen fanden nur einige von Holzkohle geschwärzte Töpfereien, Asche, Knochen, Austernschalen und Muscheln, auch zwei Knochenperlen und wenig Silexwaffen. La Hougue Bie hatte geschichtlich aber noch nicht ausgespielt.

Als Hitler 1942 den Bau des Atlantikwalls befahl, wurden die Kanalinseln in den Befestigungsplan einbezogen, und in La Hougue Bie wurde ein unterirdischer Bunker gegraben. Der kleine Betonbau dient heute als Okkupationsmuseum, eine Stätte der Beklemmung. Flott und knackig unterzeichnete Oberst Knackfuß die Todesurteile und ihre Bekanntmachung: »Der Kraftfahrer Robert Deregnaucort ... Alfred Ottino ... Raymond Justice ... sind zum Tode verurteilt und erschossen worden.« Viele andere, lauter junge Menschen. An der Wand auf einer schwarzen Tafel steht noch die letzte Verpflegung der deutschen Soldaten angezeigt: Eintopf, Schweinebauch, Scheußlichkeiten ... Die Zeit floß zäh im Bunker, und irgendein Wohnküchensiegfried – wo mag er jetzt sein? – hat hier Scherenschnitte zurückgelassen, armseliges Zeug, Hänsel und Gretel ... Wieder draußen, atmet man tief.

St. Helier ist eine ulkige Stadt, in freundliches Understatement stilisiert. Die Cottages in den Außenbezirken und den Nebenstraßen, wo der Vorgarten mit zur Familie gehört, haben etwas Komestibles an sich; sie sind piekfrisch, mit bow windows, weißgestrichenen Holzrahmen, braven Eingangstüren. Aber um neun Uhr abends, wenn die Lampen brennen, kann das Milde leicht ins Gespenstisch-Unruhige umschlagen. Die Straßen sind leer, obwohl Jersey 75000 Einwohner hat. In den erleuchteten Stuben sieht man niemanden. Nur vergessenswürdige Möbel, Allerweltsbilder, Fernsehapparate, die absinthgrün vor leeren Sesseln strahlen, Lampenschirme mit Rüschen, geraffte Vorhänge, kein Mensch, kein Tier, kein Buch ... Eine höchst dramatische Dekoration, in der sich alles ereignen kann. Man denkt an manche Bilder von Paul Delvaux, nur viel härter: Delvaux ohne Liebe.

Tagsüber sieht alles anders aus, obwohl das Leben sich im Stadtzentrum konzentriert: Fußgängerzone, nette Geschäfte, Restaurants mit französischem Einschlag, Heiterkeit. Man bummelt, man guckt, man schleckt die Schaufensterscheiben. Die Kosmetika sind im allgemeinen billiger als in Deutschland.

Die Jersey-Pullover sind wohl das Beste, was man hier kaufen kann; ihre Tradition ist über vierhundert Jahre alt. Schon Elizabeth I. trug im Winter Jersey-Kniehosen und war damit äußerst zufrieden. Im 17. Jahrhundert war die Haupteinnahmequelle von Jersey das Stricken von Strümpfen und Unterwäsche für den Export. Beinahe die Hälfte der Bevölkerung, Männer, Frauen und Kinder, war damit beschäftigt. Die einseitige Erwerbstätigkeit verursachte einen Mangel an landwirtschaftlichen Arbeitskräften, und darum verbot 1608 das Jersey-Parlament allen Leuten über fünfzehn Jahren das Stricken während der Erntezeit. Doch trotz der angedrohten Strafen blieb das Verbot ohne große Wirkung. Das Parlament erkannte schließlich die wirtschaftliche Bedeutung des Strickens; jetzt wurden Inspektoren eingesetzt, die die Qualität der Wolle überwachen sollten. Die Heimindustrie hielt sich das ganze 17. Jahrhundert über, bis ein allmählich eintretender Mangel an Rohmaterial und vor allem das Aufkommen von Strickmaschinen ihr ein Ende bereiteten. Die Bevölkerung ging zum Fischen über; und was machten die Fischer in ihren freien Stunden? Sie strickten. So ging die Tradition niemals ganz verloren. Noch heute – auch wenn er maschinell hergestellt wird – trägt jeder Jersey-Pullover das Zeichen des Kirchspiels seiner Herkunft, ein Ankermotiv, da alle zwölf Bezirke so angelegt sind, daß sie Zugang zum Meer haben.

Trotz seiner grimmigen Fassade ist das Jersey-Museum am Pier Road empfehlenswert. Viel klassische Malerei des ausgehenden 18. Jahrhunderts, in eine unterkühlte Romantik übergehend, alles sehr gläsern, sehr gekonnt, aber auch die liebliche Zeichnung einer Jersey-Kuh von Gainsborough. Und der geschickteste Epigone von Turner, den man sich denken kann, Jean Le Capelain, ein Kerl, der sehr genau wußte, wie man sich etwas abguckt. Er konnte vorzüglich malen. Dennoch bleibt Turner, wie er ohne Vorbild gewesen ist, auch ohnegleichen. Er hat die Kanalinseln oft gemalt, das Spiel des Lichts durch Dunstschleier, die Schatten der Wolken auf dem Meer.

John Everett Millais lebte abwechselnd in Dinan (Bretagne) und St. Helier in den Jahren 1833 bis 1838. Als Exponent der Präraffaeliten wurde er einer der erfolgreichsten Gesellschaftsmaler und Porträtisten der siebziger Jahre. Sein in der Royal Academy ausgestelltes Bild »A Jersey Lily« löste so stürmischen Enthusiasmus aus, daß man das Gemälde nur hinter einem Geländer zeigen konnte. Es ist das Porträt einer jungen Frau, deren Gesicht in einem goldenen Licht erstrahlt. Sie hält sich sehr gerade, eine rote, wilde Lilie zwischen den Fingern. Das Modell, dem der Name Jersey Lily blieb, war tatsächlich auf der Insel geboren, und zwar 1853 als siebtes Kind des Dekans von St. Saviour, William Le Breton. Sie heiratete den jungen, reichen Witwer Edward Langtry und machte in London Furore; sie wurde eine der professional beauties der viktorianischen Epoche; der Ausdruck bezeichnete keineswegs Kurtisanen, sondern Damen von Welt, deren Fotos man aber noch in den kleinsten Provinzlädchen kaufen konnte. Auf noble Weise nahmen sie die Rolle der Stars vorweg. Das Leben der Jersey Lily entsprach freilich den spröden Prinzipien von St. Saviour nicht.

Als Schauspielerin eroberte sie Hay Market im Nu, als Witwe heiratete sie den Baronet of Bath; ihre Pferde gewannen berühmte Rennen, für ihre Tourneen in Amerika, wo sie eine Ranch erwarb, besaß sie einen eigenen Eisenbahnwagen, eine »Lalée« von unermeßlichem Luxus. Sie war exzentrisch, jähzornig und infantil, vergaß aber niemals ihr Haus in Jersey, und oft sah man ihre Yacht »White Lady« in der Bucht von St. Aubin kreuzen. Freundin en ›titre des Prince of Wales‹, des späteren Edward VII., wurde Lillie Langtry von Leighton und sogar von Whistler gemalt. Sie starb in Monte Carlo mit 76 Jahren.

Ein Porträt von Lillie Langtry, gemalt von Sir Arthur Poynter, hängt im Jersey-Museum, ganz anders als das keusche Bild von John Everett Millais, sehr ornamental, sehr schwül und wäre ein enttäuschendes Bild ohne gewisse Subtilitäten, die es retten, etwa die Halbschatten des Spitzenkragens auf der milchigen Schulter und die Venusfalte des Halses.

Die Möwen von Bonne Nult Bay kreischen wie toll. Auf dem Sand gestrandete Algen und weiße Chitinenhüllen, tüllähnliche Strukturen eines toten Seetiers. Plötzlich wächst und steigt der Himmel, explodiert, wirft dampfende, große silberne Lappen auf das Meer. Alles scheint endlos. So sah es schon Turner.

Sark
Eiland im Kanal

Von Peter Hays

Zuerst fegte nur eine freche Brise die steilen Gassen von St. Peters Port hoch. Doch die steigert sich bald in wirbelnde Böen, die den Palmen an der Promenade wild an den Wedeln reißen. Und bald aber ballen sich die Böen wiederum zum heulenden Sturm, der Wellen sogar hinter der Hafenmauer hoch aufpeitscht und alle Regenschirme umstülpt, die ihm die guten Bürger von Guernsey entgegenstemmen. Das Sauwetter kommt, inzwischen mit Windstärke neun und immer noch zunehmend, aus Südosten. Die Insel Sark ist jetzt nur ein verschwommener Strich am Horizont, eine unerreichbare Fata Maritima, kaum sechs Seemeilen entfernt. In dieser turbulenten See kann der alte Pott »Ile de Sark«, der zwischen beiden Inseln pendelt, drüben unmöglich anlegen.

Immer dasselbe Drama mit Sark. Letztes Mal, vor zehn Jahren, hatte uns der Sturm auf halbem Wege überrascht. Nur weil die Tide gerade richtig lief, war unsere kleine Fähre noch sicher in den felsgerahmen Sarker Hafen Le Creux geschlüpft. Aber: je abweisender und unzugänglicher so ein Brocken im Meer, desto insulaner, zwangsläufig, wirkt er. Und je überschaubarer, desto angenehmer steigert sich das Inselgefühl in demjenigen, der seine Landschaften meerumschlungen mag. Der Besucher, der über England kommt (statt auf kürzestem Weg von St. Mâlo), erlebt eine aufregende Rezession: Inseln, die, von einem Fährhüpfer zum nächsten, jedesmal ein bißchen mehr unter seinen Füßen schrumpfen. Die britische Hauptinsel, das steht fest, konnte er weder von der höchsten Dover-Klippe noch vom Post Office Tower in London überblicken.

Guernsey ist da schon kompakter. Auf dem Deck der »Caledonian Princess«, sechs Stunden nach Portsmouth und eine vor St. Peters Port, faßt er die ganze Breite dieser zweitgrößten Kanalinsel mit einem einzigen, nicht einmal schweifenden Blick.

Doch einmal an Land, hat er auch auf Guernsey nicht den vollen Überblick. Den genießt er – und damit das perfekte Inselgefühl – erst auf Sark, nach dem dritten Hüpfer. Das Eiland mißt nämlich nur knapp sechs mal zwei Kilometer. Steil steigt es rundum etwa achtzig Meter aus der nagenden Brandung. Eine mit Wiesen, Eichenwäldern und Primelteppichen geschmückte Felsentorte, in die das Meer versteckte Höhlen geknabbert und statt Krümeln goldsandige Strände hinterlassen hat.

So ungefähr habe ich Sark zumindest in Erinnerung. Noch fegt der Wind durch St. Peters Port. Noch bleiben die gut fünfhundert Sarkees drüben unter sich und üben sich unauffällig, aber wirksam in einem Separatismus, der weder Parolen zu pinseln noch Bomben zu schmeißen, sondern einfach auf den richtigen Wind zu warten braucht.

Schafft viele Sarks? Teilt überall auf der Welt die Menschen wieder in überschaubare, regierbare Gemeinden auf, die nicht mehr als sechshundert Köpfe zählen. Dann staut Seen und leitet Flüsse um – bis breite Wasserrinnen all diese Stämme umkringeln und sie voneinander schützen. Ein utopischer Gedanke? Vielleicht. Seit mehr als vierhundert Jahren verhalten sich die Sarkees im besten Sinne unzivilisiert. Sie führten nicht einmal Krieg, verspürten nicht einmal den Drang, irgendwen zu kolonisieren. Als der Zweite Weltkrieg ringsherum tobte, hieß ihre Devise: »Dies ist nicht unser Konflikt«. In den mindestens fünf Jahrtausenden, da Sark nachweislich immer wieder mal besiedelt war, kam die Insel, zugegeben, erst spät zur Ruhe. Im Römischen Reich gehörte sie zur Provinz Gallia Lugudensis. 565 nach Christus landet der keltische Mönch Magloire mit seinen Anhängern. Deren Nachfolger bleiben bis 1463 im Kanal. Zwischendurch, im zehnten Jahrhundert, fällt sie in die Hände von normannischen Herrschern wie Rollo, »dem Riesen«, sowie Robert, »dem Teufel«. 1372 tragen Engländer und Franzosen einen Zipfel ihres »Hundertjährigen Krieges« derart zerstörerisch auf Sark aus, daß die Insel danach nur noch ein Platz für Kaninchen und Piraten ist. Doch später, 1563, meldet Sir Helier de Carteret von der Insel Jersey nebenan sein Interesse an Sark bei Englands Königin Elizabeth I. an: »Damit man die Insel kultiviere und vor Piraten schütze«. Zwei Jahre später wird sie dem Edelmann »auf alle Ewigkeit« geschenkt. Kostenpunkt: das Zwanzigstel eines damaligen Rittersoldes. De Carteret etabliert sich als Seigneur auf Sark, teiltl die Insel unter vierzig Siedlerfamilien (»tenants«) auf und gründet einen winzigen Feudalstaat, der bis heute überlebte – mit eigener Verfassung und Parlament, genannt »Chief Pleas«.

Mitvereinigt im Königreich ist man nach wie vor nicht, allerdings durch den Lieutenant-Governor auf Guernsey mehr als nur sentimental mit der britischen Krone liiert. Monarchen von der größeren Insel im Norden (Elizabeth II. zum Beispiel vor drei Jahren) gucken dann und wann beim jeweiligen Seigneur oder bei der amtierenden Dame vorbei – so ungefähr wie sie es beim Commonwealth-Stamm in der Südsee machen würden.

Hamon, Guille, Carré – das Telefonbuch von Sark liest sich anders als sein Londoner Pendant. Fast alle Familiennamen wurzeln noch in der Gründerzeit. Und die Sarkees sprechen die Namen ihrer Buchten und Felsen – Grande Grève, Les Autelets, La Banquette – zwar wie Engländer aus, die Französisch in der Schule paukten. Aber noch heute klingt das rollende »r« ihrer normannischen und bretonischen Vorfahren unüberhörbar durch. Müßte man die heutigen Insulaner karikieren, dann wohl am treffendsten hinter einer »Times«, aber mit einer »Gauloise« im Mundwinkel. Ein Tourist hat darum in diesem einzigartig anglogallischen Milieu das Beste zweier Welten: dem British way of life entliehene Pub-Abende, aber zugleich auch eine cuisine à la française; eines dieser windgefegten, etwas kargen Inselchen, die man auch in keltischen Gewässern findet, aber hier von kontinentaler Sonne gewärmt. Stets führt ein schmaler steiler Pfad hinab zu Sonnenfallen wie Dixcart Bay oder Grande Grève, die schwindelerregend enge Landbrücke La Coupée hinüber zur Halbinsel Little Sark mit ihren versteckten Pools und Buchten.

St. Peters Port sonnt sich wieder unter blauem, unbeflecktem Himmel. Nach vierundzwanzig Stunden des Wartens läßt Sark nun endlich bitten. Wird sich in den zehn Jahren viel an diesem liebenswerten Anachronismus aus Fels geändert haben? Damals, bei meinem ersten Besuch, saß noch, über neunzigjährig, die Dame Sibyl Hathaway als einundzwanzigstes Oberhaupt in der Seigneurie. Sie war besonders beliebt und regierte freilich keinesfalls wie eine feudale Mama Doc des Kanals. Laut Gesetz stand ihr zum Beispiel jedes dreizehnte Kind einer jeweiligen Familie zu. Dame Sibyl war zweifellos modern genug, auf derartige Rechte zu verzichten, falls ein Ehepaar sie je in diese Verle-

genheit gebracht hätte. Andererseits sah sie Sark nie als folkloristische Juxinsel für touristische Gaffer, sondern als »eine wirkliche, lebendige Gemeinschaft, deren Mitglieder glücklich sind, ihre alte Regierungsform bewahrt zu haben«; keine Einkommensteuer, keine Gewerkschaften, keine Parteipolitiker.

Manches ist abgeschafft worden, so zum Beispiel 1901 die Inselmiliz, die man »die sieben Paar Stiefel« nannte. Doch manche Gesetze sind nach wie vor aktuell, wie etwa jenes, das jeden mit hoher Geldbuße bestraft, der beim Klauen von Möweneiern erwischt wird.

In den Herbstnebeln lotst nämlich das Gekreisch der Seevögel die Hummerfischer durch jenen Felsenkranz um Sark, an dem schon ungezählte Boote zerschellten. An den Pierres de Lecq, wo mehrere Kinder der allerersten de-Carteret-Siedler nach einem solchen Unglück ertranken, hören die Einheimischen in Sturmnächten heute noch den gespenstischen »cri da la mer«.

Dame Sibyl sei 1974 gestorben, hatte man mir schon in St. Peters Port erzählt. Die Dame ist tot, es lebe der Seigneur: der Hathaway-Enkel Michael Beaumont, der seinen Job als Ingenieur in Bristol aufgeben und seinen Sark-Pflichten nachkommen mußte. Ansonsten ist, auf den ersten Blick, alles beim alten. An der kleinen Kaimauer warten zwei Pferdekutschen auf uns und

Die enge Landbrücke La Coupée hinüber zur Halbinsel Little Sark mit ihren versteckten Buchten

unser Gepäck. Autos, geschweige denn Atomkraftwerke sind auf dieser Insel also immer noch nicht zugelassen. Die Pferde schnaufen den steilen Klippenpfad hinauf. Oben, auf der welligen, grünen Wohnplatte, folgt der erste, rituelle Schluck Sarker Bier im »Bel Air«. Ich erkenne Hilary Carré wieder – einen Mann, der einem, wie alle Sarkees, pfeilgerade in die Augen guckt und dabei ungeschminkte Wahrheiten sagt. Inzwischen hat er an Amt und Würde zugenommen. Als Sénéschal, sprich Inselrichter, kann er etwa einem betrunkenen Fußgänger eine Geldstrafe bis zu zehn Schilling aufbrummen. Oder auch Rabauken – »meistens Fremde, die mit der Tagesfähre kommen und sich bei uns sinnlos betrinken« – drei Tage lang ins zweizellige Inselkittchen sperren lassen. Dreimal im Jahr sitzt er den »Chief Pleas« vor. Ins Parlament werden zwölf Deputierte gewählt und bekommen automatisch kraft ihrer aus der de-Carteret-Zeit geerbten Landparzelle jene vierzig »Tenants«.
Unter ihnen hat auch der Seigneur nur eine Stimme. In dem demokratisierten Feudalstaat Sark (schließlich hat man von den größeren Europäern ringsherum manches abgucken können)

sind ihm auch sonst keine despotischen Allüren gestattet. Da gab es beispielsweise im neunzehnten Jahrhundert jenen rabiaten Seigneur William Frederick Collings, der stets mit seiner Pistole in die Luft feuerte und gotteslästerlich fluchte, wann immer ihm der Pfarrer Louis Napoléon, sein Erzfeind, über den Weg lief. Die Geldstrafen, die daraufhin der damalige Sénéschal zu verhängen pflegte, hat der Seigneur immer brav bezahlt.

Mit der Größe von Inseln schrumpfen auch ihre Probleme. Gibt es hier Punks wie in London? Hilary hebt seine Schultern: »Punks, was ist das?« Wie steht es mit der Arbeitslosigkeit, die inzwischen sogar auf Guernsey nebenan zu finden ist? »Wir haben, Gott sei Dank, hundertprozentig Vollbeschäftigung. Im Winter flicken die Fischer zum Beispiel unsere Wege. Die englische Misere haben wir durchs Fernsehen mitgekriegt. Aber uns hat der heiße Atem des Thatcherismus bis jetzt noch nicht gestreift.«

In einem sei man allerdings nun auch »mit der Zeit gegangen«. Nämlich? »Seit zwei Jahren sind bei uns Scheidungen erlaubt.« Und sonstige Zeiterscheinungen? Gab es auch auf Sark einen Touristenboom? »Letztes Jahr«, sagt Hilary, »kamen achtzigtausend Besucher, die je 35 Pence Landessteuer zahlten. Da hatten wir einen Überschuß von fünftausend Pfund im Budget.« Dann zählt Hilary fast alles auf, was es so gibt auf Sark: Achthundert Fahrräder. Sechzig Traktoren. Zwei Banken. Eine Bäckerei. Zwei Metzger. Ein Postamt. Dreihundert Stück Vieh. Hundert Schafe. Achtzig Schweine. Zweihundertfünfundziebzig Häuser, darunter ältere, graugemauerte, die unten im Kamin extra eine Nische für Hexen haben (damit sie nicht ins Wohnzimmer vordringen).

»Aber nur achtzehn Gastbetriebe«, rundet er seine Liste ab, »mit nur zweihundertfünfzig Betten.« Also kaum ein halber Gast, wenn's hochkommt, auf einen Einheimischen.

Seit de Carteret haben Fremde auf Sark allenfalls Duldung, nie aber eine Eroberung für sich verbuchen können. Als zum Beispiel 1940 pechschwarze Rauchpilze die nahe französische Küste markieren und bald darauf deutsche Truppen unter einem Kommandanten Dr. Lanz landen, da lassen sich die meisten Sarkees nicht evakuieren, sondern leben ihr Leben trotz deutscher Anwesenheit weiter, so gut es eben geht.

Sie überzeugen die Besatzer unter anderem davon, daß bei deren neuer Fischerlaubnis von nur zehn bis fünfzehn Uhr die Tide nicht mitspielen werde. Sie erleben auch mißmutig, wie die deutschen Offiziere drüben in Guernsey alle Tweedstoffe aufkaufen und nur noch drauf lauern, einen guten Schneider in London aufsuchen zu können. Doch als alle Tweed-Träume ausgeträumt sind, kann Dame Sibyl, die damalige Herrscherin, berichten: »In der ganzen Zeit hat es keiner gewagt, in meiner Anwesenheit nur einmal Heil Hitler zu sagen.«

Die innere Résistance lebt immer noch, frei nach dem Hathaway-Satz: »Jeder Besucher, auch ein englischer Tourist, ist für uns ein Ausländer ... Mag dieser uns aber noch so sehr nerven: unsere Höflichkeit steht ihm zu.« Ganze Völker, die sich einst mit jeder Zinne und mit jedem Wassergraben gegen fremde Eindringlinge wehrten, mögen sich mittlerweile den Touristenhorden kampflos ergeben haben. Sark ist da noch altmodisch.

Gern erzählen sich die Einheimischen die (wahre) Geschichte von jenem alten Bauern, der während einer Versammlung der »Chief Pleas« einschlief, als gerade über die Landegebühren für Touristen diskutiert wurde. Er wachte erst wieder auf, da man bereits einige Punkte weiter in der Tagesordnung war. Nun ging's darum, ob man Rattengift auf die Felder streuen dürfe. Der alte Mann glaubte, man sei noch bei den Touristen, und sagte: »Ich weiß ja, daß sie unsere Tore auflassen und durch unseren Mais trampeln. Aber so weit sollten wir vielleicht doch nicht gehen.«

Ganz so weit würde auch Hilary nicht gehen. »Jetzt im Frühling sehen wir gern ein paar neue Gesichter.« Allerdings, schränkt er dann gleich auf seine unverblümte Art ein, »im nächsten Winter sind wir dann natürlich wieder gern unter uns.«

Isle of Wight

Sommerresidenz von Königen und Literaten

Von Bernd Rink

Während das Hovercraft-Luftkissenboot in sieben Minuten von Portsmouth an der englischen Südküste zur jenseits der Meerenge Solent gelegenen Insel Wight übersetzt, kann man sich kaum vorstellen, daß im Jahr 1853 Familie und Gesinde des soeben auf die Insel übersiedelten Dichters Alfred Lord Tennyson nach heil überstandener, vierstündiger Überfahrt in Tränen ausbrachen und lauthals verkündeten, niemals in derartiger Einsamkeit leben zu können. Eindrücke der von Tennysons Umgebung so beklagten Einsamkeit kann der heutige Besucher der Insel nur noch gewinnen, wenn er – so paradox das klingen mag – den Spuren der (in diesem Teil der Insel längst wieder verschwundenen) Eisenbahn folgt, die nach Tennysons Ansiedlung im Farringford House bei Freshwater so viele Einheimische und Touristen über die Insel beförderte, daß der Dichter 1890 angewidert Wight für immer verließ.

Ein gewisses (ererbtes?) Mißtrauen gegenüber dem Besucher vom Festland ist dem Insulaner nie abhandengekommen; warum sonst sollten die rund 100000 Bewohner der Insel Wight, deren Fläche von etwa 20 mal 38 Kilometern ungefähr der Groß-Londons entspricht, alle Nicht-Insulaner als »overners« (»die von drüben«) bezeichnen? Schließlich war das Eiland nach römischer Eroberung (43 n. Chr.; römischer Name Vectis) und normannischer Übernahme (1066) bis zum Ende des 13. Jahrhunderts weitgehend von der englischen Krone unabhängig und hatte im 15. Jahrhundert mit Henry Beauchamp, Duke of Warwick, sogar einen eigenen gekrönten König. Doch sind es heute die »overnes« und in zunehmendem Maß auch die ausländischen Touristen, die mit ihren Urlaubsaufenthalten einen Großteil der Gelder einbringen, von denen die Insulaner nicht schlecht leben.

Die frühere Selbständigkeit der Insel ist auch heute noch spürbar: So bestimmt der »Isle of Wight County Council« über die lokalen Geschicke wie andere Grafschaftsbehörden in Großbritannien, doch im Gegensatz zu den Festlandsgrafschaften hat die Insel einen »Governor«, der von der Krone in dieses Ehrenamt berufen wird. Governor war beispielsweise der 1979 bei einem Attentat ermordete Lord Mountbatten of Burma, der sich einer so großen Beliebtheit erfreute, daß die neue Grafschaftsbibliothek in der Hauptstadt Newport ihm zu Ehren »The Lord Louis Library« genannt wurde.

»The Garden Island«, die Garteninsel, nennen die Engländer Wight, das diesen Beinamen keineswegs zu Unrecht trägt. Der Golfstrom ermöglicht – besonders im südlichen Teil – eine Vegetation, die in vergleichbaren deutschen Breiten nicht denkbar wäre: Subtropische Pflanzen, besonders Palmen, sind Statussymbol nicht nur im Botanischen Garten von Ventnor, sondern auch in unzähligen privaten Gärten. Ventnor ist der Haupt-Badeort und wird auch als »Madeira Britanniens« gepriesen. Der Ort liegt an der Südseite des Undercliff und ist durch diese Position vor den kalten Nordwinden geschützt. Diese Lage wußten außer dem Dichter Swinburne, der im Nachbardorf Bonchurch aufwuchs, auch Charles Dickens, der hier seinen Roman »Great Expectations« begann, sowie Anna Sewell, Autorin von »Black Beauty«, und Kaiserin Elisabeth von Österreich zu schätzen, die 1874 mit ihrer Tochter in Ventnor »kräftigende Seebäder nahm«.

Die Popularität der Insel Wight als elegantes Seebad und Domizil der High Society geht auf Königin Victoria zurück, die sich 1845 auf der Suche nach einer abgeschiedenen Privatwohnung hier einkaufte und das Anwesen Osborne House von Prinzgemahl Albert zur stattlichen Sommerresidenz im italienischen Stil umbauen ließ. Heute steht Osborne House dem Besucher ebenso offen wie das in der Nähe gelegene Norris Castle, 1799 in neoromanischer Manier errichtet. Es diente Victorias Enkel, Kaiser Wilhelm II. als Wohnung, wenn er an den Segelregatten vor der Insel Wight teilnahm. »The Kaiser's Bathroom«, eine Dusche, die sich Wilhelm zur Erfrischung in Norris Castle installieren ließ, ist heute die große Attraktion des feuchten und recht muffigen Gemäuers.

East und West Cowes, die Doppelstadt zu beiden Seiten der Mündung des Flusses Medina, ist das Mekka der Segler. In der ersten Augusthälfte jeden Jahres findet hier die »Cowes Week« statt, auf deren Programm alle zwei Jahre die Rennen um den British Admirals Cup für Hochseeyachten stehen. Dieser Wettkampf machte 1979 negative Schlagzeilen, als fast 20 Segler in einem Sturm umkamen. Während der Cowes Week hat der Besucher Gelegenheit, nicht nur die Großen des Segelsports, sondern hin und wieder auch Mitglieder der königlichen Familie aus der Nähe zu sehen. Die königliche Yacht »Britannia« ankert dann vor Cowes, und geschäftstüchtige Bootsbesitzer fahren die Touristen gegen ein kleines Entgelt darum herum.

Die Isle of Wight ist nicht zuletzt wegen ihrer landschaftlichen Schönheit und ihrer geologischen Besonderheiten zu empfehlen, die auch den Laien faszinieren. So bietet die im Westen der Insel gelegene Steilwand über der Alum Bay Sand in 22 verschiedenen Farben. An dieser Stelle endet auch der Kreidegürtel, der sich von Osten nach Westen quer durch die Insel zieht, in einigen freistehenden Kreidefelsen, den »Needles«. Hier sieht der Besucher am deutlichsten, wie das Land von Norden allmählich nach Süden hin ansteigt: Die südlichen Kreidefelsen sind rund 150 Meter hoch. Der unterhalb gelegene Strand erstreckt sich entlang der gesamten Südwestküste und ist trotz seiner günstigen Lage kaum besucht, da man ihn nur an fünf Stellen durch die sogenannten »Chines«, enge Bachtäler, erreichen kann. Außerdem gibt es hier keine Liegestuhlverleihe oder fish-and-chips-Buden, die den Badeorten Shanklin und Sandown an

Die sogenannten »Chines« mit ihren engen Bachtälern

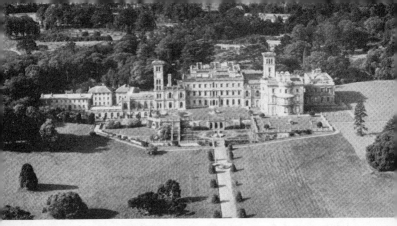

*Osborne House wurde im Jahre 1845 von Queen Victoria als Ferien-
domizil gekauft*

der Südostküste das typisch englische Gepräge geben. Eine dieser Chines, Blackgang Chine, ist zum gigantischen Vergnü-
gungsgarten ausgebaut worden: Auf den Spuren der früher hier
tätigen Schmuggler (»black gang«) wandelnd, kann der Besucher echte Wal-Skelette und unechte Dinosaurier bewundern
und auch die Folgen des Erdrutsches von 1928, dem damals die
südliche Küstenstraße zum Opfer fiel und dem Jahr für Jahr weitere Felsstürze folgen. Eines Tages wird man Blackgang nicht
mehr betreten können.

Mit einem Besuch des aus normannischer Zeit stammenden Ca-
risbrooke Castle, in dem König Karl I. vor seiner Hinrichtung
Gefangener Oliver Cromwells war, schließt sich der Bogen
eines Inselbesuchs. Hier kann der Gast nicht nur das Fenster sehen, in dem der unglückliche König bei einem Fluchtversuch
steckenblieb, sondern auch einen alten Ziehbrunnen, dessen
drei Meter hohes Rad von einem Esel angetrieben wird. Vom
Bergfried des Schlosses schließlich erkennt man vor den Toren
der Hauptstadt Newport das Gefängnis Parkhurst, in dem zeitweise die berühmten Posträuber untergebracht waren und in
dem heute der berüchtigte Yorkshire Ripper einsitzt.

Angesichts all dieser Berühmtheiten aus Geschichte und Gegenwart, die sich freiwillig oder unfreiwillig Wight zum Domizil
wählten, dürfte der Zustrom an Besuchern der Insel wohl auch
in Zukunft erhalten bleiben.

Brighton
Die Piers im Herbst

Von Dieter Vogt

Brighton liegt fünfzig Meilen südlich von London an der Kanalküste. Brighton ist der Fuß, den London ins Wasser streckt,
wenn die weniger kühle, gelegentlich sogar trockene Jahreszeit
kommt, die man in England für den Sommer hält. In Brighton,
jenseits der grünen Sussex Downs, hat die Hauptstadt einst
schwimmen gelernt.
Der Aufstieg des Fischerorts Brightelmstone zum Badeort
Brighton wird einem Doktor, einem Prinzen und der Eisenbahn
zugeschrieben. Der Doktor war Richard Russell, der 1750 ein
Buch über die gesundheitsfördernde Wirkung des Meerwassers
veröffentlichte und dessen äußere und innere Anwendung empfahl. Buch und Praxis des Dr. Russell führten Brighton die ersten Kurgäste zu.
Der Prinz von Wales, Georg, der später Regent, König und
einer der angesehensten Lebemänner des ancien régime werden
sollte, schleppte Hof und Gesellschaft an die Küste. Georg war
oft in Brighton, zuerst 1783, auch er auf Russells Empfehlung,
und so kamen die besseren Stände kaum noch an Brighton vorbei. In einem Buch der Jane Austen konnten die heiratsfähigen
Mädchen nachlesen, die Straßen von Brighton seien mit jungen
Offizieren nur so gepflastert. Und schließlich die Eisenbahn: die
hat dann das übrige London gebracht.
Daß Brighton nicht mehr ist, was es einmal war, hat als erster
ein Reisender des Jahres 1837 erkannt; er schrieb enttäuscht, es
sei abscheulich überfüllt und kaum noch zu ertragen. Das war
zur Pferdewagenzeit, als die Leute noch einzeln reisten und
einen gazen Tag lang brauchten. Vier Jahre später dampften die
Eisenbahnzüge nach Süden; sie hatten manchmal vierzig Waggons und schafften elfhundert *weekenders* auf einen Streich.
Man braucht nur den Londoner Bahnhof Victoria zu betreten,
um schon so gut wie in Brighton zu sein. Da steht immer ein Zug
bereit, da liegen die eingefahrenen Gleise, über die nun schon

fünf Generationen zur Kanalküste gerollt sind, zu ihrem Hausstrand, zur Königin der Seebäder, wie man sie nannte, die schaumgeborene alte Venus. Die Tagesrückfahrkarte ist immer noch ein Bestseller, die Reise dauert nur noch eine Stunde.

Es macht den Charme des Landes aus und auch sein Unglück, daß hier so vieles von gestern ist, selbstverständlich auch das Eisenbahnwesen, die Bahnhöfe, Brücken und Viadukte, die Schaffner nicht ausgenommen: man wird das Gefühl nicht los, sie seien auf dem neunzehnten Jahrhundert sitzengeblieben, weil es nun einmal so prächtig funktionierte. Die Eisenbahn, bemerkte Disraeli, sei für England nützlicher gewesen als die Klöster. Eisenbahningenieure waren die wahren Revolutionäre der viktorianischen Zeit. Die Welt verdankt ihnen die Mobilmachung der Massen. England verdankt ihnen obendrein die Piers, die dem Müßiggang der Massen eine verblüffend exotische Kulisse gaben.

So ist in Brighton auch zu besichtigen, was die englische Volksseele bedrückt, sofern sie an einem melancholischen Sonntag einmal die Inflation vergessen kann: der Niedergang und Verfall der *seadside piers*. Sie sind immer noch eine Institution. »Wenn Sie sich wirklich für die Piers interessieren«, sagt der Taxifahrer nachdenklich, »hätten Sie besser daran getan, vor achtzig Jahren hergekommen zu sein.«

Vor achtzig Jahren schrieb ein bissiger Kolumnist, es sei an der Zeit, die Karte Englands neu zu zeichnen und ihr endlich die Form eines riesigen Stachelschweins zu geben. Denn überall an den Küsten stachen die Piers ins Meer hinaus und widerlegten die Behauptung, Wasser habe keine Balken. Auf den Planken der Piers kam man dem Abenteuer einer Schiffsreise ziemlich nahe, ohne nasse Füße zu bekommen oder seekrank zu werden, außerdem war man rechtzeitig zum Tee zurück. Der Pier, der vom Bootssteg abstammte, hatte sich als Promenade selbständig gemacht und war zum Vergnügungspark ausgeartet. Piers in England: eine Laune, eine Mode, eine Seuche. Kein Seebad ohne Pier! Die Insel brachte es auf 84 große Piers, und die Schotten haben dabei nicht einmal mitgespielt.

Der erste Pier war 1813 in Ryde auf der Insel Wight gebaut worden, eine Holzkonstruktion, die vor allem den Zweck hatte, Bootspassagiere trocken abzusetzen; bis dahin waren sie an den Strand gerudert oder getragen worden. Aber schon der Chain

Der Royal Pavillon mit seinen weißen Kuppeln und Türmen

Pier, der 1823 in Brighton mit einem Volksfest eröffnet wurde, wollte nicht nur ein Sprungbrett der Reisenden, sondern auch eine Bühne der Daheimgebliebenen sein; er schwang sich nach Art einer Hängebrücke zwischen ägyptisch anmutenden Pfeilern aufs Meer hinaus und wurde abends so blendend illuminiert, daß vielen Spekulanten ein Licht aufging.

In den Bädern wurden Aktiengesellschaften gegründet, die das neugierige Publikum gegen geringe Gebühr auf dem Wasser wandeln ließen und bald Dividende zahlten oder Bankrott machten. Denn ein Pier hat eben doch nicht die Standfestigkeit der Londoner Börse. Die Flut knickte den merkwürdigen Tausendfüßlern immer wieder die Beine. Sie wurden von Schiffen gerammt, vom Feuer zerstört, von Würmern oder vom Rost angefressen, sie stürzten ein oder versanken im Meer. Der alte Chain Pier, einst »Gesprächsthema im ganzen Königreich«, ist

im Oktober 1896 wegen Baufälligkeit gesperrt worden und zwei
Monate später im Sturm zusammengebrochen.

Die Architektur der Piers zeichnete sich schon vor ihrer Blütezeit durch wunderbare Zeichen von Dekadenz aus. Auf den ak-
kurat gepflanzten Stelzen wuchs ein geradezu tropischer Über-
bau aus Pavillons und Palästen, Theatersälen und Tanzhallen,
die dem gesellschaftlichen Leben der Feriengäste einen neuen
Rahmen verpaßten, windgeschützt und meerumschlungen. Der
bevorzugte Baustil war orientalisch oder indisch oder jedenfalls
so, daß einem sofort der Orient oder Indien dazu einfielen; das
Material war Gußeisen und Holz; die Lebensdauer so ungewiß
wie das Wetter.

Zu Beginn des neuen Jahrhunderts ließ die englische Pierbau-
wut plötzlich nach, eine Erscheinung, die zum Gegenstand touristischer und gesellschaftsgeographischer Erörterungen wurde.
Die Sache war aber äußerst simpel: Es hatte ja nun wirklich je-

Auf Pfähle gebaute Pavillons und Paläste im indischen oder orientalischen Baustil

der schon einen Pier. Blackpool hatte sogar drei Piers, und Southport hält mit zwei Kilometern den Längenrekord. Auf manchen Piers verkehrten Eisenbahnen. Auf manchen türmten sich Riesenräder, Rutschbahnen, Karussells und Buden in fürchterlicher Enge, und niemand fragte ernsthaft, warum man das ganze Zeug nicht einfach am Strand aufgebaut hatte, dort war doch genug Platz. Der vorletzte Pier, bescheidene hundertfünfzig Meter lang, entstand 1910 in Fleetwood; er hatte nur noch einen Nachfolger in Deal in den fünfziger Jahren.

Nun hat das Stachelschwein immer noch fünfzig Stacheln, und zwei hat Brighton: West Pier und Palace Pier. Den West Pier darf man nur noch betrachten, betreten darf man ihn nicht mehr. Er hat sein Jahrhundert reichlich gehabt und ist den

Eigentümern unter den Händen weggerostet. Das Unternehmen hat den Pier und sich selbst aufgegeben. Die Eingangstüren sind verriegelt und vernagelt: Vorsicht Einsturzgefahr!, und die Bürgerinitiative, die sich wütend gebildet hat, fordert: »West Pier must be saved!«

Das verwitterte Schmuckstück der Lustbarkeitsarchitektur vor dem Untergang zu bewahren, kostet nach amtlicher Schätzung mindestens eine Million Pfund, schlimmstenfalls drei Millionen. Ein Geschäftsmann hat sich vorsichtig ins Gespräch gebracht. Er will investieren, wenn man ihn modernisieren läßt – nun stellt sich wie bei manchen anderen Piers die heikle Frage, wieviel Substanz beim Sanieren verlorengeht und ob der Gewaltakt am Ende bewahrend oder zerstörend ist.

Das Stilgemisch, das zum Stil der Piers wurde, hat die Kunsthistoriker schon immer erschreckt, wenn sie es nicht gleich als Theaterkulisse abtaten; aber Kunsthistoriker sind nicht mehr die letzte Instanz, seit Industriearchäologen, Sozialhistoriker und eine mächtig wachsende Zahl von Nostalgikern sich um die alten Bauwerke scharen.

In seinem Buch »Seaside Architecture« schreibt Kenneth Lindley über die Piers: »Nie sind Funktionalität und Frivolität so glücklich in einem Bauwerk vereinigt worden, und seit dem Mittelalter hat sich ein Baumeister selten so vollkommen in Übereinstimmung mit dem Geist seiner Zeit befunden.« Eugenius Birch, der ehemalige Eisenbahningenieur, der Englands erfolgreichster Pierbaumeister wurde, hat sich bei der Errichtung des West Piers in den Jahren 1863–66 durchaus an den Geist der Zeit gehalten: er zitierte den Kristallpalast der Londoner Weltausstellung von 1851.

Der Chain Pier ist fortgespült, der West Pier wankt, doch eisern steht und fest der Palace Pier, und zwar auf 368 Stelzen. Wenn jetzt im Herbst der Nebel auf dem Wasser liegt, verschwindet das dunkle, rostige Wurzelwerk – dann schweben die weißen Pavillons, die Kuppeln und Türme wie eine Fata Morgana über dem Meer. Es ist dieselbe Sorte Orient, die Prinz Georg für sein Landschloß in Brighton gewählt hatte, den Royal Pavilion.

Palace ist ein später Pier. Die ersten Pfähle waren 1891 gesetzt, aber bald zog die Gesellschaft sich wegen Geldmangels vom Bauplatz zurück und hinterließ einen häßlichen Wald von Eisen, der jahrelang den Blick aufs Meer verdüsterte. Erst 1899 bliesen die Trompeten, und die Pennies klimperten. Zwei Jahre später, als draußen am Pierkopf das Theater mit 1500 Plätzen eröffnet wurde, galt Palace als »the ultimate pier«: der letzte Schrei des maritimen Amüsements, das nicht mehr der Raddampfer bedurfte, um die Leute anzulocken.

Ja, auch auf dem Palace Pier hat die Pavlova getanzt, auch vom Palace ist der einbeinige Artist, der sich Professor nannte, kopfüber ins Wasser gesprungen, auch der Palace hatte großes Theater, Regatten, Bälle und Feuerwerk, ja, auch der Palace war einmal im Mittelpunkt am Rand der Welt.

Die Zeiten sind jetzt ein wenig anders, die schönen Künste wohnen nicht mehr auf dem Pier, geblieben ist nur das billige Vergnügen, die Geisterbahn, die Autoscooter, Kirmes, Kinderspaß und selbstverständlich ist auch für Schnellimbiß gesorgt.

Mit dem Sommer sind die Familien wieder abgezogen, jetzt kommen die stillen Gäste, Rentner und Angler, die mit Liegestuhl und Geländer vorliebnehmen. Der Palace Pier hat immer noch eine Million Besucher im Jahr, halb so viele wie in der guten alten Zeit; er hält sich über Wasser.

William Everett, der 1948 als Bürolehrling auf dem Pier anheuerte und so lange blieb, bis er Geschäftsführer war, sitzt oben im »Palast der Freude« wie auf einer Schiffsbrücke, und wie ein Schiff, sagt er, muß der Pier betrieben werden. Die Mannschaft ist fünfzigköpfig. Der Kapitän macht jeden Morgen seinen Rundgang, um das Schiff zu inspizieren, das keinen Kiel, aber immer Wasser in der Bilge hat, das seit achtzig Jahren strandet und eines Tages vielleicht zerschellen, aber nie ablegen wird. Palace Pier ist einen halben Kilometer lang, das Deck liegt bei Flut sechs, bei Ebbe zwölf Meter über den Wellen. Die jährliche Instandhaltung kostet 100000 Pfund, die Anstreicher müssen sich beeilen, wenn sie mit dem Rost Schritt halten wollen. Die Farbe des Piers ist ein vielfach gebrochenes Weiß. Everett denkt konservativ, dem Ort seines Wirkens angemessen, er will das Bestehende erhalten, weil es sich bewährt hat. Ein Stockwerk tiefer tobt derweil der elektronische Lärm der Spielautomaten: das dominierende Geräusch aller englischen Badeorte.

Im alten Theaterbau, der 1973 halb zusammenstürzte, weil ein Schiff den Pier unterqueren wollte, ist jetzt ein Museum alter Spielautomaten. Sie tun es noch. Wenn man nicht gerade den »Was-der-Butler-sah«-Automaten angestellt hat, der intime

Bilder aufblättert, so hat man von hier aus einen großartigen Blick über den Pier, über die Liegestühle, Dächer und Lauben und das ganze gußeiserne Rankenwerk hinweg auf die noblen Regency-Fassaden, die sich wie zu einem Schönheitswettbewerb aufgereiht haben und doch keinen Preis mehr bekommen. Aus dem Wahrsageautomaten fällt eine Karte: »Liebe ist für Sie das wichtigste im Leben.« Man muß die Karte zurückgeben, weil sie nicht mehr nachgedruckt wird; sie soll noch vielen Liebhabern des Palace Pier in die Hände fallen.

Brighton im Herbst. Am Strand liegen die schönen Ungeheuer aus der Steinzeit des Volksvergnügens. Niemand braucht sie. Niemand bringt es übers Herz, sie zu verjagen. Sie sind so ungeheuer von gestern.

Sprachunterricht
Zum Crash-Kurs nach Südengland

Von Rosemarie Noack

Alle reden sie von diesem Regen, der wirklich schlimm war. Aber schlimmer noch: Sie redeten alle in Englisch. Zu gern hätte ich mich in die Thekengespräche eingemischt und meinen Verdacht zum Ausdruck gebracht, ganz Sussex solle in diesen herabstürzenden Wassermassen ersäuft werden. Meinem Verlangen jedoch stand die Tücke der Wortwahl entgegen, der mir unbekannte, aber gewiß gravierende Unterschied zwischen »ersäufen« und »saufen«. Ganz zu schweigen von den Untiefen der Grammatik, über die ich noch vor kurzem bedenkenlos hinweggeredet hatte.

So bestellte ich denn das zweite »draught Guinness« – one pint, versteht sich –, denn in meinem Lieblings-Pub im südenglischen Brighton fing keiner mit halben Sachen an. Der kräftige Boxer Sacha, wie immer in einen der Kunststoffsessel geflezt, sah zu mir herüber, und sein bekümmertes Gesicht schien die entscheidende Frage auszudrücken: »Merkst du jetzt, wie nötig du einen Englisch-Kurs hattest?« Diese Tatsache war ebenso wenig zu leugnen wie jene, daß es sich bei Sacha um einen außergewöhnlichen Hund handelte.

Nahezu zwanzig seiner Konterfeis deckten die plüschenen Pub-Wände, und den ergriffensten Ausdruck zeigte Sacha auf dem Ölbild, das über dem Kamin in Nähe des Billardtisches hing. Seine Porträts wechselten sich mit denen des großen Churchill ab. Das hatte den fatalen Effekt, daß sich die beiden im Verlauf des Abends wie Zwillingsbrüder zu ähneln begannen.

Die Tröstungen eines Pubs brauchen die »students« der Regent Sprachschule in Brighton gelegentlich schon: Bereits gesettelte Leute zwischen Mitte Zwanzig und Sechzig, die im täglich sechsstündigen Intensiv-Verfahren ihre Englischkenntnisse aufzubessern versuchen. Dabei wird von ihnen der gleiche Erfolg erwartet, den sie im Berufsleben bereits vorweisen können. Fast

227

ausnahmslos nämlich zahlen die Firmen die Kosten für die sprachliche Weiterbildung ihrer mittleren und höheren Angestellten.

Ein schriftlicher und mündlicher Test zu Beginn des meist vierzehntägigen Kurses: Dann werden Lerngruppen mit maximal sechs Teilnehmern zusammengestellt. Wir sind sogar nur vier: der Produktmanager Jean-Pierre aus Grenoble, der hier im Frühjahr schon einmal einen Crash-Kurs absolvierte, sowie die beiden Japaner Yuichi und Yoshi, der eine Ingenieur, der andere Industrie-Designer. Sie haben bereits ein zweiwöchiges Englisch-Training hinter sich und werden nach Abschluß unseres Kurses noch zwei Monate in einer Regent School in London büffeln. Alle drei sind Anfang Dreißig.

Später stößt dann noch Maria aus Genf dazu, die als Angestellte einer Fluggesellschaft arbeitet. Maria und ich sind die einzigen Frauen unter zwanzig Teilnehmern. Damit ist das weibliche Element – gemessen an anderen Kursen – schon fast überrepräsentiert, spezielle Sekretärinnen-Kurse einmal ausgenommen. Während nämlich die Weiterbildung der männlichen Aufsteiger von ihren Firmen finanziert wird, zahlen die Frauen stets aus eigener Tasche.

Vier Stunden Unterricht am Vormittag, zwei am Nachmittag. Wer will, kann freiwillig eine weitere Stunde im Sprachlabor bleiben und seine Übungen auf berufsbezogene Texte konzentrieren. »Hausaufgaben« sind eine freiwillige Sache und werden nur selten gemacht. Die Abende nämlich sind dem englischen Familienleben vorbehalten.

»My home is my castle« – dieser britischen Anmaßung, mit der das eigene Heim heiliggesprochen wird, verfallen die Kursteilnehmer so ausnahmslos, daß sich für die von der Schule organisierten Abendveranstaltungen kaum Interessenten finden. »My family« – das ist eine unantastbare Größe, von Lehrern und Schülern ebenso ernstgenommen wie der Unterricht selbst.

Der Wunsch nach einer Hotelunterkunft wird daher nur selten geäußert, wobei keineswegs der Preis den Ausschlag für die Wahl der Privatunterkunft gibt. Man möchte aufgenommen sein in der fremden Stadt, ein bißchen am Inselalltag schnuppern, abends über ganz alltägliche Dinge reden.

Meine Familie hatte mich am Bahnhof von Brighton abgeholt: Jeff und Linda, beide in den Dreißigern, der vierjährige Ben und die neunjährige Lucie. Daheim, in dem schönen alten Reihenhaus nahe dem Preston Park, machten sie mich mit Peter bekannt, dem schwarzen, stets stummen Kaninchen.

Um so beredter zeigte sich die Großmutter bei ihren gelegentlichen Besuchen. Und ihr Mann wurde nicht müde, mir vom »alten Brighton« zu erzählen. Die mit ihren viktorianischen Häuserfronten noch heute beeindruckend schöne Stadt pries das Brockhaus Conversations-Lexikon bereits in einer Ausgabe von 1882 als eines der »glänzendsten Seebäder« Großbritanniens.

Von der Seeseite aus steigt die Stadt beängstigend steil bergauf. Würden in einer Nacht die Bremsen aller in den Straßenzeilen parkenden Autos gelöst – das Meer hätte schwer zu schlucken. König Georg IV. ließ sich noch vor Königin Victorias Tagen hier den Royal Pavillion hinstellen, einen im indischen Moghulstil erbauten, architektonisch höchst verwegenen Palast nahe am Meer. Mit dieser pastellfarbenen Riesentorte haben die Brightoner seither leben müssen.

Aber immerhin gibt es ja noch die breite Küstenstraße mit dem prächtigen, weit in den See hinausgebauten Palace Pier, gibt es die niedrigen bunten Häuser in den »Lanes«, dem Kern des ehemaligen Fischerdorfes »Brighthelmstone«. Nicht zu vergessen das anheimelnde, sehr lebendige Quartier zwischen Trafalgar Street und North Road.

Zeit jedoch, um das fast zwei Millionen Einwohner zählende Brighton zu erkunden, bleibt den Kursteilnehmern nur an den Wochenenden. Vorausgesetzt sie entscheiden sich nicht für die von der Schule organisierten zweitägigen Ausflugsfahrten in andere Landesteile. Auch das achtzig Kilometer entfernte London bietet sich an. Am weitesten treibt es Yuichi und Yoshi: Sie besteigen bereits am Freitagabend einen Nachtzug, um sich zwei Tage in Schottland umzusehen.

Von seinen »Mitschülern« im Kurs, von deren Arbeit und ihrem Herkunftsland, erfährt man mit der Zeit eine ganze Menge. Die im Unterricht verwendeten Texte nämlich sind immer auch Ausgangsbasis für praxisbezogene Diskussionen. Anfängliche Hemmungen beim Radebrechen sind ziemlich bald überwunden. Wenn sich die richtigen Worte nicht gleich finden lassen, laufen wir immer wieder zu pantomimischen Glanzleistungen auf. Der Stimmung bekommt das bestens. Wir lernen konzentriert, aber keineswegs verbissen.

Die Kommunikation mit der übrigen Gruppe beschränkt sich im großen und ganzen auf die kurzen Kaffeepausen und die gut einstündige »lunch-time«, die wir meist in einem nahegelegenen Pub verbringen. Häufigstes Gesprächsthema: Was gewinnen wir in diesen Tagen hinzu? Einem Diplom-Ingenieur, zum zweiten Mal in Brighton, ist es wichtig, die »richtige Satzmelodie zu erlernen, die richtige Wortbetonung«. Einem Italiener geht auf, daß er inzwischen überall zuhört, ob im Bus, im Restaurant oder auf der Straße. Er sei zu einem penetranten Lauscher geworden, gesteht er. Einig sind sich alle in der gemeinsamen Erkenntnis: »Das Sprechen bringt's.« Ein paar Tage Anlaufzeit, und schon puppt man sich völlig ein in die fremde Sprache, ins fremde Milieu.

Listig lauert man auch darauf, ob sich im Kontakt mit den anderen nicht doch ein paar Vorurteile bestätigt finden. Und richtig: Der Spanier Miguel stochert in seinen Chips und träumt derweil von der ausgedehnten Siesta daheim. Edgardo, mit 59 der älteste unter uns, stellt erschüttert seine Kaffeetasse beiseite: »That is water«, raunzt er – bella Italia, bello Expresso, und beide so fern von hier!

Die Hillmanns machen es mir da schon schwerer: Linda, eine prima Köchin, hat noch nie eine Minzsoße zubereitet. Dabei wird auf dem Kontinent hartnäckig behauptet, diese grüne Tunke überziehe so unausweichlich alle Gerichte des United Kingdom wie Ketchup die Vereinigten Staaten. Mit dem englischen Regen hat's aber wohl doch etwas auf sich? Jeff winkt ab. Absolut ungewöhnlich, sagt der gebürtige Brightoner. Hätte er es sonst als Malermeister mit seinem kleinen Unternehmen zu solch solidem Wohlstand bringen können? Die gegenwärtige Sintflut zwingt ihn und seine Leute seit Tagen zur Untätigkeit. Bei diesem Wetter können sie keine Häuserfassaden tünchen.

Der Franzose Philippe, zunächst wortlos, weil er »diese Sprache nicht mag«, taut spürbar auf und macht sich so seine Gedanken über die Briten. »Wer hier rechts und links verwechsle«, sagt er, sei in diesem Land arm dran. Der Linksverkehr verwirrt in der Tat. Auch gestandene Manager geben zu, daß sie die blauen und grünen Doppeldecker gelegentlich auf der falschen Straßenseite erwarten.

Unbestritten aber bleibt: Wer an den Türen weiß, was er bei »push« und »pull« zu tun hat und außerdem dahintergestiegen ist, daß aus dem Salzstreuer immer Pfeffer und aus dem Pfeffer-streuer immer Salz fließen, der hat ganz schön dazugelernt. Je-denfalls ist das englische Frühstück noch immer so gut wie sein Ruf, sind »Fish and Chips« nicht auszurotten und gelingt es den Hunden auch noch im total überfüllten Pub, sich einen Sitzplatz auf einem Sessel zu sichern. Dieses Kunststück, meint der mit dem »English way of life« völlig ausgesöhnte Philippe, »das sol-len denen unsere Hunde erst einmal nachmachen«.

Glyndebourne
Große Oper mit Garten-Picknick

Von Gigi Dethleffsen

Wimbledon, Ascot, Henley und Glyndebourne – sie sind die »großen Vier« der britischen Sommersaison. Sie sind die gesellschaftlichen »Highlights«, bei denen man sich zumindest alle paar Jahre wieder einmal sehen lassen muß: beim Tennis im Londoner Vorort Wimbledon und beim Turf in Ascot möglichst jährlich, beim Ruderbootrennen zwischen den Universitäten Oxford und Cambridge wenigstens hin und wieder. Glyndebourne fällt aus diesem Rahmen. In dem unweit der britischen Südküste gelegenen Örtchen geht es ausnahmsweise nicht um Sport, sondern um ein kulturelles Ereignis, das längst weltweite Anerkennung gefunden hat – das »Festival Opera«, das von Ende Mai bis Anfang August über die – neben Bayreuth – wohl berühmteste Provinzbühne geht.

Und über was für eine Bühne – sie ist Europas originellste, nicht zuletzt wegen ihrer geographischen Lage. Glyndebournes Opernhaus liegt anderthalb Stunden von London entfernt inmitten der sanften Hügel von Sussex. Der Theaterbau mit achthundert Zuschauerplätzen, Architektur der frühen dreißiger Jahre, ist in ein vierhundert Jahre altes Herrenhaus integriert. Das Foyer ist »open air«: man wandelt zwischen Rosen und alten Bäumen am Lilienteich vorbei bis zu den saftigen Wiesen, auf denen friedlich die Kühe grasen.

In eben dieser Idylle findet auch das Picknick in der Pause statt, das für manche Leute, so heißt es, der eigentliche Grund für den Opernbesuch ist. Immerhin dauert die Rastzeit fünfundsiebzig Minuten, in denen auf das nobelste im Park gespeist wird. Da sieht man Szenen wie von Impressionisten gemalt: Damen im Romantic-Look auf Seidenkissen im Gras, umgeben von Herren mit Rüschen auf der weißen Hemdbrust.

Die Damastdecken auf dem Rasen sind mit Tafelsilber geschmückt. Butler servieren Lobster, Steaks und Himbeeren,

In der Pause wird auf das nobelste im Park gespeist

schenken Cocktails und Champagner aus. Wer ohne Butler
kommt – das sind freilich die meisten –, packt seinen Picknick-
korb selber aus. Eines allerdings – ob mit oder ohne Butler – tragen alle gemeinsam: die festliche Kleidung. Smoking und
Abendkleid sind für Glyndebourne erwünscht.

Die Idee fürs elegante Opernfest auf dem Land entstand Ende der zwanziger Jahre. John Christie, Besitzer vom Herrenhaus Glyndebourne, war ein Bayreuth-Fan und brannte darauf, Wagners Opern im eigenen Haus aufzuführen. Daß Christies Privatbühne dann 1934 mit Mozarts »Hochzeit des Figaro« eröffnet wurde, lag an des Landlords Ehefrau, der jungen Opernsängerin Audrey Mildmay. Sie gab ihrem Mann den professionellen Rat, mit einfacheren Inszenierungen als »Ring« oder »Tristan« zu starten.

Der Anfangserfolg gab Frau Christie recht, weshalb in der Folge vorwiegend Mozart auf dem Programm stand. Inzwischen ist das Repertoire erweitert: neben Mozarts »Don Giovanni« gibt es Strauß' »Rosenkavalier«, Rossinis »Barbier von Sevilla«, den »Orpheus« von Gluck und neuerdings auch Prokofieffs »Liebe zu den drei Orangen«.

Die Vorstellungen beginnen, je nach Dauer der Oper, um 17 Uhr oder um 17.30 Uhr, sonntags aber bereits eine Stunde früher. Der Programmplan ist erhältlich, bei dem »Glyndebourne Festival Opera« in Lewes, East Sussex BN 85 UU / Großbritannien.

Daß die Privatoper selbst in unserer Zeit der Subventionen weiterhin ohne Staatszuschüsse auskommt, verdankt sie George Christie, dem Sohn des 1962 verstorbenen Festival-Gründers John. George Christie warb Mitglieder für den Verein »Glyndebourne Trust«, der heute an die 5000 Mitglieder zählt, und er gewann Banken und internationale Industriekonzerne als Sponsoren. Den Löwenanteil der Einnahmen aber (65 Prozent) bringt der Kartenverkauf, denn die vierundsechzig Vorstellungen pro Saison sind stets ausverkauft.

Die Qualität der Aufführungen ist von hohem Rang. Schon das erste Festspiel 1934 machte Schlagzeilen: es dirigierten die aus Deutschland emigrierten Fritz Busch und Carl Ebert, die anfangs nur für eine Saison zugesagt hatten. Beide blieben bis nach dem Kriege und machten aus der »spleenigen Idee eines Landlords« ein Opernfest von internationaler Bedeutung.

Heute leitet John Cox Londons Philharmoniker während der Festspiele. Für manchen Sänger wurde die Landoper sogar zum Sprungbrett: Weltstars wie Teresa Berganza, Mirella Freni und Frederica von Stade feierten in Glyndebourne ihre ersten Erfolge.

Talente entdecken und fördern – das war die Devise vom Festspielbegründer John Christie. Daran hat sich seither nichts geändert. Wer heute die junge Amerikanerin Maria Ewing als Rosine im »Barbier von Sevilla« hört, weiß spätestens nach der überschwenglichen Pressekritik, daß er beim Auftritt eines kommenden Stars dabei war.

Um Glyndebourne voll auszukosten, sollte man eine Stunde vor »curtain up« (Vorhang hoch) ankommen, seinen ersten Drink an der Bar in der Halle ordern und in Muße das Opernhaus ergründen – seine Bibliothek und den sakralen Orgelsaal mit kostbaren Ölbildern, darunter auch die Portraits von John Christie und seiner schönen Frau Audrey. Darauf holt man sich einen zweiten Drink und bestaunt die Anfahrt der Luxusautos.

Nie zuvor sah ich so viele Rolls-Royce und Bentley auf einmal. Doch auch Minicooper rollen vors Portal und sogar ein Bus, aus dem die Fahrgäste vom Londoner Sonderzug strömen. Dieser Special Train verkehrt nämlich während des Festivals täglich zwischen Londons Victoria Station und dem Kleinbahnhof von Glyde.

Die meisten Besucher – ob aus Bus oder Limousine – tragen Schirme, um selbst bei Regen das Picknick im Park durchzustehen. Wer keinen Schirm trägt – das sieht der Portier sofort –, ist fürs Candlelight-Dinner im Restaurant gebucht (mit einer Tischbestellung erhöht sich auch die Chance, eine der raren Opernkarten zu erhalten). Auch wir gehörten zu den Unbeschirmten und hatten, weil's in England ja bekanntlich oft regnet, auf Nummer Sicher gesetzt. Zu Recht: während ein sanfter Regen auf die Schirme der Parkpicknicker niederfiel, speisten wir warm und trocken in der »Wallop Hall«, so benannt nach der Mutter des Landlords John Christie, der Lady Rosamond Wallop. Einen Hauch von Park gibt es auch dort: die Wallop Hall ist um zwei dickstämmige Bäume herumgebaut.

Dover

Englands Sprungbrett nach Europa

Von Klaus Viedebantt

London war noch nicht »swinging« und die Beatles waren bestenfalls einigen Teenagern in Liverpool bekannt. Aber dennoch wollten wir, meine Klassenkameraden und ich, nach Großbritannien. Die Insel war Musik in unseren Ohren: »The White Cliffs of Dover«. Wir konnten damals jeden Takt und jede Textzeile des gerade populären Dixieland-Songs mitsingen. Aber es wurde nichts aus der Klassenfahrt auf die königliche Insel, Reisehilfen aus der Bundeskasse gaben den Ausschlag, wir fuhren nach Berlin.

Es sollte lange dauern, bis ich die weißen Klippen zum ersten Mal sah. Mittlerweile war ich schon mehrere Male in London gewesen, aber immer war ich im Flugzeug gelandet. Es war die Zeit der spottbilligen Charterflüge und der billigen Einkäufe bei Harrod's, Marks & Spencer oder in der Portobello Road. All das ist Geschichte inzwischen, zum Shopping-Trip fliegen heute vorzugsweise die wohlbetuchten Herren der arabischen Ölquellen in Heathrow ein.

Erst mit der zweiten Einkaufswelle kam ich nach Dover. Damals sprach sich herum, daß man auf den Britischen Inseln noch preiswert Antiquitäten und Stilmöbel erstehen könne. Studenten waren gefragte Chauffeure für diese feine Fracht; mit einem Kommilitonen und dessen Kombiwagen befand ich mich eines späten Oktobertages auf dem Weg nach London, via Calais und Dover, auf der billigsten Route. Es war ein grauer, unerfreulicher Herbsttag. Die See rollte kabbelig unter der steifen Brise von West, die Wellen trugen Schaumkronen; jenseits des hier rund 32 Kilometer breiten Channels war kein Land zu erahnen. Entsprechend rauh gestaltete sich die Überfahrt. Einige Passagiere mußten Neptun opfern, sie waren gewiß froh, als sich aus dem grauen Horizont, in den Meer und Himmel übergingen, allmählich die Umrisse des Landes herausschälten. Ich war ent-

236

täuscht, von »weißen« Klippen konnte nicht die Rede sein, die berühmten Kalkfelsen erwiesen sich bestenfalls als hellgrau in dem Nieselregen.

Inzwischen war ich mehrfach in Dover und ich habe die Klippen auch schon nahezu weiß gesehen – wenn die Sonne ungetrübt auf die Felsen strahlt und die Klippenkante in scharfem Kontrast zu einem makellos blauen Himmel steht, dann kann England voller Stolz behaupten, eine der schönsten Küstenlinien der Welt vorzuzeigen.

Bei solch einem Kaiserwetter (wenn dieser Ausdruck angesichts des Königreiches erlaubt ist) kletterte ich auch wieder einmal hinauf zur Felskante und zu der alten Burg, die einst die Meeresstraße beherrschte und deren Ruinen heute die Hafenstadt prägen. Schon bei meiner seinerzeitigen ersten Visite war ich zur Ruine hinaufgestiegen, enttäuscht von einem Städtchen, das vorzugsweise dem Durchgangsverkehr dient und auch so aussieht. Im Regen gefiel mir das Mauerwerk nicht recht, ich trollte mich wieder hinunter ins Städtchen und fand ein Pub, das ein ordentliches Guinness zapfte. Beim zweiten Mal wußte ich, daß ich der alten Festung unrecht getan hatte.

Hier, an der kontinentnächsten und somit auch gefährdetsten Stelle, haben bereits die Kelten Befestigungsanlagen errichtet; gegen Cäsars Legionen nutzten diese bekanntlich nicht viel, aber auch die römischen Strategen nutzten nach der Eroberung des südlichen Britanniens diese Inselecke. Sie errichteten einen Leuchtturm, der wohl manches Mal auch Zuflucht bieten mußte. Kaum eine Ecke in Großbritannien ist so umkämpft wie die Küstenlinie der Grafschaft Kent. Wer immer die Insel erobern wollte, hier setzte er seine Pläne zur Überwindung des Meeresarmes an. Die Gemeinden an dieser vorgeschobenen Südküste mußten mehrfach kriegerische Attacken über sich ergehen lassen, es war nur folgerichtig, daß sie sich zu einem Schutzbündnis zusammenschlossen. »Cinque Ports« nannte sich die Union, die bereits im 11. Jahrhundert entstand. Neben Dover gehörten ihr in der Gründungsphase die Städte Sandwich (damals noch unmittelbar an der Küste), Hythe, Romney und das im benachbarten Sussex liegende Hastings an, später kamen noch andere Städte hinzu. Sie legten sich eine gemeinsame Flotte zu, um Angreifer schon auf See attackieren zu können. Die Flotille des englischen Städtebundes dürfte einer der Gründungsväter der britischen Marine gewesen sein, zumal sich die städtischen Sealords schnell Ruhm erwarben als Schutzmacht der bedrohten Insel. So schlugen sie beispielsweise eine französische Invasionsflotte 1217 in der Seeschlacht vor Dover und auch die spanische Armada, die 1588 aufgerieben wurde, hatte nicht zuletzt in den Kriegsschiffen der Städte die härtesten Gegner.

Auf die abschreckende Wirkung ihrer Schiffskanonen wollten sich die Briten allerdings nicht ausschließlich verlassen, deshalb legten sie auch neue Bollwerke an der Küstenlinie an. Das heutige Castle bei Dover entstand noch unter normannischer Herrschaft, in späteren Jahrhunderten wurde die Festung allerdings mehrfach erweitert, verstärkt, mit Geheimgängen versehen oder auf andere Weise umgebaut. Wie wichtig das trutzige Gemäuer einst war, zeigt sich an einem klaren Tag mit guter Fernsicht. Dann soll man nämlich in der Ferne sogar die französische Küste sehen können – ein ziemliches Handikap für beutelüsterne Eroberer vom Kontinent.

Ich selber habe die gegenüberliegende Küstenlinie allerdings nie gesehen, obwohl ich auch schöne Tage in Dover erlebt habe. Aber auch ohne Sicht auf »Europa« (so nennen die Insulaner den Kontinent gegenüber, dem sie geographisch auch zugehören) lohnt sich eine Rast auf den Klippenkanten bei Dover: Es gibt wohl kaum eine andere Meeresenge, in der solch ein starker Schiffsverkehr herrscht wie hier. Ständig fahren Schiffe aller Art und Größenordnung in Richtung Nordsee oder Atlantik, ohne Pause kreuzen die Fährschiffe von Frankreich oder Belgien her die Wasserstraße, hohe und eckige Kästen, die dutzendweise mächtige Lastwagenzüge in ihrem hohlen Bauch verstauen, oder flache Hovercrafts, die vorwiegend Personen auf ihren Luftkissen transportieren und deren ohrenbetäubender Lärm hier oben nur noch bei ungünstigem Wind zu hören ist.

Die »Strait of Dover«, von den Franzosen »Pas de Calais« genannt, entstand, als nach der Eiszeit die Kalkfelsenbrücke zum Kontinent zerbrach. Die Straße ist bis zu 72 Meter tief, bietet also auch sehr großen Schiffen eine Durchfahrtsmöglichkeit. Dieser Wasserweg war zu allen Zeiten stark genutzt, gleichgültig, ob sich Segelschiffe den Weg durch die starken Gezeitenströme der Enge bahnten oder später maschinengetriebene Schiffe zwischen den beiden Ufern hindurchdampften. Die Überwindung dieser Meerenge durch eine Brücke und einen Tunnel hat aber

Das heutige Castle bei Dover entstand noch unter normannischer Herrschaft

wohl auch zu allen Zeiten Baumeister und Visionäre, Realisten und Phantasten angeregt, so wie der Channel auch immer Sportler oder Spinner anzog, die dieses natürliche Hindernis auf besonders originelle oder technisch ausgefuchste Weise überwinden wollten.

Ein »Channel Crossing« blieb bis in unsere Tage hinein ein Rekordmaßstab, eine überschaubare und geschichtsträchtige Entfernung, die im Erfolgsfall hohe Aufmerksamkeit sichern konnte. Inwieweit es sinnvoll war, als der britische Captain Webb 1875 die Straße von Dover erstmals durchschwamm, mag umstritten bleiben, wer allerdings einen Sinn in den Rekordversuchen unserer Tage, etwa in der dreimaligen Durchquerung der Straße oder bei einer Badewannen-Regatta, sucht, tut sich wohl recht schwer. Vernünftiger war gewiß die Leistung des französischen Luftfahrtpioniers Louis Blériot, der 1909 die Strecke erstmals im Flugzeug meisterte.

Nicht alle Briten waren ob dieser Leistung froh, und das nicht nur des gekränkten Nationalstolzes wegen. Nein, in der Möglichkeit, den Kanal in der Luft binnen weniger Minuten zu überwinden, sahen die Briten durchaus eine Durchlöcherung ihrer Inselabgeschiedenheit. Und die Feldherren der Krone wiesen auch auf die Gefahren für das Königreich hin, Gefahren, die schon gut dreißig Jahre später sehr real werden sollten, als Hitler versuchte, die Lufthoheit über Großbritannien zu erlangen, um dann ungestörter den Kanal zu überqueren. Das Ergebnis der schrecklichen Luftschlacht ist bekannt, es bestätigte all jene, die sich strikt gegen eine feste Verbindung mit dem europäischen Festland aussprechen: die zu allen Zeiten einflußreiche Anti-Tunnel-Front.

Daß ausgerechnet unter Napoleon die ersten ernstzunehmenden Vorstellungen über einen Tunnel zwischen Frankreich und England entwickelt wurden, machte diese Pläne in Großbritannien nicht populärer. Jeder Plan, die beiden Länder mit einer Röhre zu verbinden, stieß auf Bedenken der Militärs. Die »Times« kommentierte beispielsweise: »Dies ist eine Aufforderung zur Invasion Englands. Sie wird bald zum Planspiel jeder deutschen Kadettenanstalt zählen.« Da hilft den Tunnelplanern selbst allerhöchste Zuneigung nicht, auch die zur Seekrankheit neigende Königin Victoria konnte dem Plan des französischen Ingenieurs Thomé la Garmond nicht weiterhelfen.

Unweit von Dover sind heute auch noch Spuren vergangener Tunnelversuche zu besichtigen; zwei Kilometer wurde ein Stollen bereits gen Frankreich vorgetrieben, aber selbst unterirdische Champagnerparties konnten das Vorhaben nicht populär machen. »Calais here we are« heißt es auf einer Baubude auf britischer Seite, die optimistisch gemeinte Parole erwies sich als Zustandsbeschreibung, obwohl die Tunnelbauer mit dem (immer noch umstrittenen) Beitritt Großbritanniens zur Europäischen Gemeinschaft auch wieder »Oberwasser« bekommen hatten. Die strategischen Bedenken gegen einen Tunnel gelten als weitgehend zerstreut, die Transportkapazität eines Tunnels ist der Wirtschaft beiderseits des Kanals sehr erwünscht und alle geologischen Untersuchungen des Kalkfelsengrundes haben ergeben, daß den Ingenieuren technische Probleme nicht entgegenstehen würden.

Wieder taten sich Gesellschaften zum Zweck des Tunnelbaus

zusammen, wieder legten sie Studien vor, die beweisen sollten, daß solch ein Tunnel binnen weniger Jahre die Baukosten (die für den zur Zeit bevorzugten Eisenbahntunnel rund 3,5 Milliarden Mark betragen sollen) einbringen und sogar eine saftige Rendite erwirtschaften kann. Und wieder gibt es Stellungnahmen der beteiligten Regierungen, die prinzipiell keine Einwände gegen den Tunnel haben. Erneut ist inzwischen ein Termin verstrichen, jener, der den Baubeginn im Herbst 1983 sichern sollte.

Ein alter Fahrensmann, mit dem ich in Dover einmal über den Tunnel sprach, bot mir eine Wette an, die gegebenenfalls sein Sohn oder sein Enkel einlösen sollte: »Wetten, daß wir in diesem Jahrtausend keinen Tunnel bekommen?« Ich habe mich gehütet, solch ein Risiko einzugehen.

Die Geschichte Großbritanniens

Funde in der Älteren Altsteinzeit (500 000 bis 60 000 v.Chr.) bei Swanscombe beweisen die Besiedlung England bereits in dieser Periode.
2700 bis 1600 v.Chr. – Megalithzeugnisse in Großbritannien; Grab- und Kultbauten von monumentaler Form.

ab 1600 v.Chr.	Seit Beginn der Bronzezeit sind die Britischen Inseln von den Goidelen, einer keltischen Sprachgruppe, bewohnt.
300 v. Chr.	Die keltischen Briten wandern ein.
80 v. Chr.	Die Stämme der Belger wandern ein.
55 v. Chr.	Cäsar überschreitet den Ärmelkanal bei Dover.
Seit 43 n.Chr.	Der Südosten Englands wird römische Provinz.
78 n. Chr.	Feldzüge des Cäsaren Julius Agricola in Britannien: Die römische Provinz wird bis Schottland ausgedehnt.
122	Errichtung des sogenannten Hadrianswalls vom Solvay zum Tyne.
142	Unter Antonius Plinus »Antoniuslimes« zwischen Clyde und Forth.
184	Legionslager Eburacum = York ist zeitweilig Kaiserresidenz (unter Septimus Serverus und Constantinus Chlorus).
2. Jh.	Verbreitung römischer Kultur im Süden des Landes bis ins 4. Jh. hinein mit den Zentren Cannilodunum (Colchester), Glevum (Cloucester), Lindum (Lincoln), Verulamium (St. Albans); wichtigster Umschlagplatz ist Londinium (London).
Um 300	Beginn der Verbreitung des Christentums in Großbritannien.
367	Die Picten und Scoten durchbrechen von Norden her den Hadrianswall.
Um 449	Jüten, Angeln und Sachsen kommen nach England und gründen die Staaten Kent, Sussex, Essex, Eastanglia, Wessex, Mercia und Northumbria. Ein Teil

der Briten wird nach Wales verdrängt, ein anderer Teil siedelt sich auf dem Kontinent in der Bretagne an.

596 Der Mönch Augustin wird nach Kent entsandt, wo er das Erzbistum Canterbury gründet. Beginn der Bekehrung der Angelsachsen.

793 Beginn der »Wikingerzeit« nach der Plünderung von Lindisfarne durch die Normannen.

838 Überfälle der Normannen.

850 Erste Wikinger-Siedlung auf britischem Boden. Im Lauf der folgenden zwei Jahrhunderte großer dänischer Bevölkerungsanteil in England.

871 Schwere Kämpfe gegen die Dänen durch Alfred den Großen.

885 Friede nach Alfreds Sieg bei Edington. Nordöstlich der Linie London–Chester gelangt das Land an die Dänen.

Im Land entstehen die Grafschaften (shires), an deren Spitze der »earl« steht: der leitende Kronbeamte des »shire« ist der »sheriff«.

927 Ethelstan erobert das normannische Königreich York. Er ist Oberherr der meisten Fürsten von Wales und der Briten von Cornwall.

978 Neue Überfälle der Dänen auf das Reich. Um den Tribut zahlen zu können, erhebt König Ethelred II. das »Danegeld«, woraus sich die erste allgemeine Steuer eines mittelalterlichen Staates entwickelt.

1016 bis 1042 wird England von dem Dänenkönig Knut d. Großen beherrscht. Er ist Christ.

1066 Schlacht bei Hastings am 14. Oktober, wobei König Harald von den Earls des Nordens im Stich gelassen und von Wilhelm von der Normandie (»der Eroberer«) besiegt wird.

1071 Wilhelm ist Herrscher ganz Englands und regiert gleichzeitig die Normandie. Einführung des normannischen Feudalsystems, England leidet unter der Tyrannei.

1107 Krieg mit Frankreich unter Heinrich I. (Wilhelms I. jüngster Sohn).

1128 Nachdem Heinrichs Sohn, Wilhelm Etheling, ertrun-

ken ist, vermählt er seine Tochter Mathilde mit Gottfried, genannt Plantagenêt, Sohn des Grafen Fulko
von Anjou, Maine und Touraine.

1139   Langjähriger Bürgerkrieg, Thronstreitigkeiten.

1154   bis 1399 herrscht das Haus Anjou-Plantagenêt in
England. Heinrich II., der bis 1189 regiert, gilt als der
größte englische König des Mittelalters und bedeu-
tender Staatsmann. Er besitzt mütterlicherseits die
Normandie und vom Vater Anjou Maine und Touraine; durch seine Heirat mit Eleonore kommen Poi-
tou, Guyenne mit der Gascogne dazu sowie England.
So entsteht neben dem Stauferreich die zweite Vor-
macht des Abendlandes: das Angevinische Reich.

1171   Beginn der englischen Eroberung Irlands.

1173   große Gerichtsreformen: In den königlichen Gerich-
ten bildet sich das »Common Law«, das allgemeine
englische Recht.

1189   Richard Löwenherz regiert bis 1199 (Kreuzzug, Ge-
fangenschaft).

1199   Johann »ohne Land« bis 1216; Zusammenbruch des
Angevinischen Reiches.

1215   Aufständische Barone zwingen König Johann zur
»Magna Charta«, die vor allem den Adligen und Rit-
tern Vorteile bringt und die Rechte des Königs be-
schneidet. Die »Magna Charta« ist Grundlage der
Entwicklung der britischen Verfassung.

1258   Aufstand der Barone (bis 1265). Ausbildung des Par-
laments: Die »Große Ratsversammlung« wird durch
gewählte Ritter als Vertreter jeder Grafschaft (1254)
erweitert; ab 1265 werden außerdem aus jeder Stadt
zwei Bürger dazugerufen.

1272   Edward I. erobert Wales.

1301   »Prince of Wales« ist von nun an Titel des jeweiligen
Thronfolgers.

1294   Krieg mit Frankreich.

1297   Bestätigung der »Magna Charta«.

1298   Edward I. besiegt die mit Philipp dem Schönen von
Frankreich verbündeten Schotten bei Falkirk.

1314   Edward II., politisch unfähiger Nachfolger Edwards
I., wird vom schottischen König Robert Bruce bei

Bannockburn entscheidend geschlagen. Schottland behält seine Unabhängigkeit.

1333 Der zielbewußte englische Monarch Edward III. greift in einen schottischen Thronstreit ein und siegt bei Halidon Hill. Schottland behält trotzdem seine Unabhängigkeit.

Trennung im Parlament in Oberhaus (House of Lords) und Unterhaus (House of Commons). Das House of Lords ist oberstes Reichsgericht, Gesetzgebungsrecht hat das House of Commons.

Die Pest vermindert die englische Bevölkerung um mehr als die Hälfte.

1370 Die Stuarts besteigen den schottischen Thron. Ständige Kriege mit England.

1381 Großer Bauernaufstand.

1399 Bis 1461 regiert das Haus Lancaster, eine Nebenlinie des Hauses Plantagenêt.

1400 Kämpfe um Wales. Im Norden des Landes wird ein Aufstand des Hochadels niedergeschlagen.

1455 Rosenkriege (bis 1485); eine rote Rose ist das Zeichen des Hauses Lancaster, eine weiße Rose symbolisiert das Haus York (ebenfalls eine Nebenlinie der Plantagenêts).

1461 Edward IV. siegt in einer Entscheidungsschlacht bei Towton. In Westminster wird er zum König gekrönt. Das Haus York regiert das Land bis 1485.

1485 Heinrich Tudor, Graf von Richmond, der letzte Sproß des Hauses Lancaster, wird König. Bis 1603 regiert das Haus Tudor in England.

1509 Bis 1547 regiert Heinrich VIII. Nach verweigerter Scheidung von seiner ersten Frau durch den Papst (Heinrich VIII. war insgesamt fünfmal verheiratet) trennt die englische Kirche sich vom Heiligen Stuhl.

1534 Der König macht sich selbst zum Oberhaupt der englischen Kirche.

Um 1540 Unter Mitwirkung des Predigers John Know breitet sich in Schottland die calvinistische Reformation aus.

1547 Gründung der englischen Hochkirche unter Edward VI.

1553 Die schottischen Barone treten unter der absolutistischen Herrschaft Jakobs V. von Schottland zum Calvinismus über.

1560   Das schottische Parlament richtet die reformierte Staatskirche ein.

1568   Die katholische Königin Maria Stuart muß nach England fliehen.

1558   Regierung der Königin Elizabeth I. (bis 1603). Anfänge des Puritanismus.

1577   Erste Weltumseglung unter Sir Francis Drake.

1584   Sir Walter Raleigh gründet die erste englische Kolonie in Nordamerika: Virginia.

1587   Hinrichtung der Maria Stuart. Krieg mit Philipp II. von Spanien. Englische Seemacht gewinnt an Bedeutung.

1600   Gründung der East India Company. Entwicklung Englands zur Kolonialmacht.

1603   bis 1714 herrscht das Haus Stuart. Vereinigung der drei Kronen (England, Schottland und Irland) unter Jakob I., dem Sohn der Maria Stuart, zum Königreich Großbritannien und Irland.

1604   Jakob I. verweigert den Puritanern kirchliche Freiheiten.

Um 1630   Viele Puritaner wandern nach Amerika aus.

1642   bis 1646 Bürgerkrieg in England: Das Parlament will den strengen presbyterianischen Puritanismus einführen, der König will jedoch die Bischofskirche wiederherstellen.

1644   Das königliche Heer wird bei Marston Moor sowie ein Jahr später bei Naseby von den Presbyterianern und Schotten geschlagen. Der König flieht zu den Schotten, die ihn 1647 wieder ausliefern.

1649   Am 30. Januar Hinrichtung König Karls I. in Whitehall. Das Oberhaus wird aufgehoben und der Freistaat ausgerufen. Bis 1660 ist England Republik unter einem 41köpfigen Staatsrat (Cromwell).
Cromwell unterwirft nach blutigen Auseinandersetzungen Irland.

1652   Englisch-holländischer Seekrieg, nachdem das Parlament die »Navigationsakte« (gegen holländische Frachtschiffe gerichtet) beschlossen hatte.

1653	Cromwell: bis 1658 nach Auflösung des Parlaments Lord-Protektor von England, Schottland und Irland.
1660	Nach Cromwells Tod wird das Königtum Stuart wiederhergestellt.
1688	Wilhelm von Oranien, Neffe und Schwiegersohn des Königs, wird vom Parlament gegen den Katholiken Jakob II. zu Hilfe gerufen. Jakob wird abgesetzt (»Glorious Revolution«).
1689	Durch Parlamentsakte wird Wilhelm III. gekrönt.
1701	Neuordnung der Thronfolge (»Act of Settlement«): die katholischen Stuarts werden ausgeschlossen, das protestantische Haus Hannover wird erbberechtigt (ab 1714 mit Georg I.).
1755	Krieg mit Frankreich: geführt in Amerika, Indien und Deutschland sowie zur See in allen Teilen der Welt.
1759	Die britische Flotte vereitelt eine französische Invasion in England. – Die Briten erobern ganz Kanada und Südindien.
Seit 1760	Beginn der Industrialisierung in Großbritannien.
1763	Friede von Paris, wodurch Großbritannien zur weltgrößten Kolonialmacht avanciert.
1769	Erfindung der Dampfmaschine durch James Watt.
1789	Erfindung des mechanischen Webstuhls.
1819	Blutige Zusammenstöße auf dem St. Peter's Field bei Manchester nach Unzufriedenheit in der Arbeiterschaft: Die sogenannten Knebelgesetze (»Six Acts«) werden erlassen, das heißt: Einschränkung der Presse- und Versammlungsfreiheit.
1824	Bildung von Gewerkschaften (Trade Unions).
1829	Aufhebung der »Testakte«: Katholiken werden wieder zum Parlament und zu Staatsämtern zugelassen. Der Führer des irisch-katholischen Mittelstandes, Daniel O'Connell, arbeitet für die Aufhebung der parlamentarischen Union Irlands mit England.
1837	Königin Victoria (regiert bis 1901).
1847	Einführung des Zehn-Stunden-Arbeitstages. Es kommt kaum zu sozialen Spannungen, Grund: steigender Wohlstand. Große Auswanderungswelle in Irland durch strenge Hungersnot.

1854	Teilnahme Großbritanniens am Krimkrieg auf seiten der Türken gegen die Russen.
1886	Gladstone (Liberales Ministerium) verbündet sich mit der irischen Nationalpartei im britischen Parlament; er beantragt die Errichtung eines eigenen Parlaments für Irland.
1899	Burenkrieg (in Südafrika).
1904	Englisch-französische Verständigung (»Entente cordiale«).
1907	Englisch-russisches Abkommen, womit die Sicherung der indischen Grenzen erreicht wird. Das Oberhaus verliert sein bisheriges Vetorecht durch ein Parlamentsgesetz.
1912	Das Unterhaus akzeptiert das Gesetz über »Home Rule« in Irland (das erst nach dem Ersten Weltkrieg in Kraft tritt).
1914	Am 4. August tritt Großbritannien in den Ersten Weltkrieg ein, nachdem Deutschland die belgische Neutralität verletzt hat.
1916	Am 24. April Osteraufstand in Irland, die Iren wollen eine unabhängige Republik gründen statt der »Home Rule«. – Blutige Unterdrückung durch die Briten.
1921	Dominionstatus für Irland, ausgeschlossen ist Ulster (Nordirland), das bei Großbritannien bleibt.
1923	Empire-Konferenz gesteht den Dominions zu, eigenmächtig Verträge mit anderen Ländern abzuschließen.
1926	Erneute Empire-Konferenz: Die Dominions sind im »British Commonwealth of Nations« frei verbunden.
1931	Wirtschaftskrise in Großbritannien.
1939	Am 26. Mai: Gesetz über die Allgemeine Wehrpflicht. Am 3. September erklärt Großbritannien Deutschland den Krieg.
1940	Verschärfte deutsche Luftangriffe gegen England.
1944	Beginn des Beschusses der Britischen Inseln (besonders des Raumes um London) mit deutschen V-Waffen im Juni. Das im Krieg neutrale Irland erhält seine Forderung auf Nordirland aufrecht.
1947	Unter der Labour-Regierung C. R. Attlee umfassen-

	de Verstaatlichungen (Kohlebergbau, Bank von England, Eisenbahn- und Stahlindustrie).
1951	Konservative Regierung unter Winston Churchill bis 1955. – Langsame Reprivatisierung der Wirtschaft.
1952	Elizabeth II. folgt ihrem Vater auf dem Thron.
1967	Starke Abwertung des britischen Pfunds durch die schlechte internationale Währungslage.
1968	Bürgerkrieg in Nordirland zwischen den Gruppen der katholischen Irish Republican Army (IRA) und den Protestanten.
1971	Das Parlament stimmt dem britischen Beitritt zur Europäischen Gemeinschaft zu.
1973	Schwere Streiks in Großbritannien.
1976	Verstaatlichung der Werft- und Flugzeugindustrie unter der Labour-Regierung Callaghan.
1979	Die konservative Margaret Thatcher wird im Mai Premierministerin.
1982	Im April Krieg mit Argentinien um die südamerikanischen Falkland-Inseln, die zu Großbritannien gehören.

Tips für Großbritannien

Die beste Reisezeit

Das Klischee, daß es in Großbritannien ständig regnet, stimmt nicht. In London gehen jährlich beispielsweise durchschnittlich 610 Millimeter Regen nieder, nur ein wenig mehr sind es im schottischen Edinburgh, und in Belfast fallen rund 685 Millimeter. Das Wetter auf den Britischen Inseln wird stark vom Golfstrom beeinflußt und ist entsprechend milde: Weder steigen die Quecksilbersäulen im Sommer zu hoch, noch wird es im Winter zu frostig. Der Temperaturunterschied zwischen dem durchschnittlich wärmsten und kältesten Tag des Jahres beträgt im allgemeinen nicht mehr als 14 Grad Celsius.

Wer Großbritannien entdecken will, sollte dies zwischen Anfang Mai und Ende Oktober tun. Im Juli und August sind auch die Briten unterwegs im eigenen Land: Großbritannien-Urlauber müssen sich deshalb besonders für diese Zeit rechtzeitig um eine Quartierreservierung bemühen. Aber gerade die Monate vor und nach den britischen Ferienterminen haben ihren besonderen Reiz: besonders im Spätsommer und im Herbst können Britannien-Urlauber mit schönen, klaren und verhältnismäßig warmen Tagen rechnen, meist noch bis in den November hinein.

Großbritannien gehört, wie man sich vorstellen kann, nicht zu den Ferienländern, in denen man den ganzen Urlaub träge in der Sonne liegend verbringen kann. Aber ein Aktivurlaub bietet sich hier geradezu an; Golf und Reiten sind im ganzen Land populär. Großbritannien – das bedeutet für viele auch Wandern, sei es nun auf den Fernwanderstrecken (Auskünfte: Countryside Commission, siehe Adressenliste), auf denen man mehrere Tage unterwegs ist, oder seien es die gut markierten Wanderwege beispielsweise durch die Forest Parks (Auskünfte: The Forestry Commission, siehe Adressenliste). Schottland, Nordwestengland, Wales und Nordirland laden zu geruhsamem Angelurlaub an fischreichen Gewässern; Bootsfreunde können in ganz England, etwa an den Norfolk Broads, an den mittelenglischen Kanälen oder an der Themse, mehrtägige Touren in Kajütenbooten unternehmen. Oder der Urlauber macht einfach eine Rundreise in die britischen Nationalparks oder von einer historischen Stadt zur anderen.

Die Einreisebedingungen

Bürger der Bundesrepublik Deutschland und somit EG-Angehörige benötigen für die Einreise nach Großbritannien den gültigen Reisepaß, Familienpaß, Kinderausweis oder Personalausweis ohne Rücksicht auf Dauer und Zweck des Aufenthalts. Die »vorläufige« Aufenthaltsdauer beträgt sechs Monate, erst danach ist eine polizeiliche Anmeldung nötig.

Staatsangehörige Österreichs und der Schweiz können für einen Aufenthalt bis zu drei Monaten mit gültigem Reisepaß oder auch nur mit der nationalen Identitätskarte einreisen. An der Grenzstelle kann der Nachweis ausreichender Geldmittel für die Aufenthaltsdauer und/oder Flug- beziehungsweise Fahrscheine für Weiter- oder Rückreise gefordert werden.

Für die Ein- und Ausfuhr von Landes- und Fremdwährung gibt es keine Beschränkungen.

Die Anreise

Viele Wege führen nach Großbritannien. Umfangreich ist allein das Angebot an Autofährverbindungen: Allein in 17 Verschiffungshäfen auf dem Kontinent zwischen Norddänemark und Frankreichs Bretagne (und von Schottland aus nach Nordirland) legen die Fähren ab. Die längste Reise geht von Esbjerg nach Newcastle (interessant vielleicht für Schottland-Urlauber), die kürzeste und schnellste Überfahrt verbindet Calais mit Dover. Platzreservierungen, besonders für die Monate Juli und August, über die Reisebüros sollten möglichst kurzfristig vorgenommen werden. Beim Heraussuchen der richtigen und optimalen Verbindung zur britischen Insel ist die Broschüre »Autofähren nach Großbritannien und Irland« behilflich, die die Britische Zentrale für Fremdenverkehr kostenlos verschickt.

Wer das Auto zuhause läßt, kann bei der Bahn durchgehende Fahrkarten einschließlich Überfahrt am Schalter lösen. Auskünfte über günstige Bahnrückfahrkarten und Pauschalarrangements gibt es an den Bahnschaltern und in den Reisebüros. Schon zuhause können Bahnurlauber den »Britrail Pass« kaufen, eine Netzkarte für ausländische Besucher, mit der man acht, 15, 22 Tage oder einen Monat uneingeschränkt in England, Wales und Schottland auf Schienen unterwegs sein kann (diese Karte wird in Großbritannien nicht verkauft). Auskünfte erteilt die Britische Eisenbahn (siehe Adressenliste). Jugendliche bis 25 Jahre können den verbilligten »Youth Pass« benutzen.

Eine weitere Möglichkeit, Großbritannien ohne eigenes Gefährt zu entdecken, bietet die »Britexpress Travelcard«. An fünf bis zehn Tagen (innerhalb eines Zeitraumes von 28 Tagen) können Karteninhaber mit Expreßbussen unbegrenzt durch England, Schottland und Wales reisen. Die Karte gibt es in hiesigen Reisebüros oder beim National Travel Office (siehe Adressenliste).

Schottland-Liebhaber durchstreifen die Highlands bis in die unbekanntesten Winkel mit dem »Highland Travelpass«, der für alle Strecken von Bahn, Bus und Fährschiffen gilt. Diese Netzkarte wird nur im Ausland verkauft, sie gilt zwischen März und Oktober zehn Tage.

Sieben Tage lang fahren Wales-Fans auf acht Dampflok-Kleinwagen durch die Gegend. Das Sonderticket »Great Little Trains of Wales« wird zwischen April und September ausgestellt und kann schriftlich bestellt werden bei Joint Tourist Ticket (siehe Adressenliste). Weitere Informationen über britische Sonderfahrkarten enthält das Blatt »Tourist Tickets and Discount Cards«, das die Britische Zentrale für Fremdenverkehr verschickt.

London-Heathrow ist der meist frequentierte europäische Flughafen, ringsum die Stadt sind weitere internationale Airports. Von den größten deutschen Städten gehen mehrmals täglich Flüge in die britische Metropole, ähnlich zahlreich sind die Verbindungen aus Österreich und der Schweiz. Außerdem werden von Frankfurt und Düsseldorf aus Manchester und Birmingham täglich angeflogen sowie mehrmals wöchentlich Glasgow.

British Airways (siehe Adressenliste) unterhält einen Shuttle-Dienst von London nach Edinburgh, Glasgow, Manchester und Belfast. Linienflüge innerhalb Großbritanniens bieten auch unter anderem die Gesellschaften British Caledonian, Dan-Air und British Midland Airways, die auch das britische »Festland«

mit den Kanal-Inseln, den Scilly-Inseln, der Insel Man und den schottischen Western Isles sowie die Orkneys und Shetlands anfliegen. Über Wochenendflugtarife und andere Vergünstigungen informieren die Fluggesellschaften und die Reisebüros, die auch Auskünfte geben über Charterflüge nach London und die zahlreichen Pauschalreisen in das Vereinigte Königreich.

Mietautos (auch in Verbindung mit Flügen = Fly und Drive) der großen Leihwagenfirmen können auch bereits im heimatlichen Reisebüro gebucht werden. Der Reisende kann sich aber auch am Urlaubsort eine Firma aus den »Yellow Pages«, dem Branchentelefonbuch, heraussuchen.

Wer nach Großbritannien reist, ohne vorher große Pläne und genaue Routen ausgearbeitet zu haben, muß sich nicht verloren fühlen. In allen größeren Städten sind Touristeninformationszentren eingerichtet, Reiseberatungsstellen helfen auch weiter auf den Flughäfen Heathrow, Gatwick und Prestwick sowie in den Einreisehäfen Hull, Harwich, Dover, Folkestone, Portsmouth und Southampton. London-Urlauber finden sachkundige Helfer in den Travel Information Centres auf den U-Bahn-Stationen Charing Cross, Euston, King's Cross, Heathrow Central, Oxford Circus, Piccadilly Circus, St. James's Park und Victoria.

Telefonische Informationen (auf Band gesprochen) auf Deutsch sind das ganze Jahr über in London zu erhalten unter der Rufnummer 246 80 45; in Edinburgh laufen die Tourismus-Informationen vom 1. Mai bis zum 30. September unter der Nummer (031) 246 80 41 und in Cardiff für Wales in der gleichen Zeit unter (0222) 39 78 78.

Die Verkehrsvorschriften

Autofahrer aus der Bundesrepublik Deutschland, Österreich und der Schweiz benötigen für Großbritannien den nationalen oder internationalen Führerschein. Das entsprechende Nationalitätskennzeichen (»D«, »A«, »CH«) muß am Auto angebracht sein.

In Großbritannien wird auf der linken Straßenseite gefahren, meist gewöhnen sich die Autofahrer, die vom Kontinent anreisen und nur Rechtsverkehr gewöhnt sind, schnell an die neue Situation.

Die britischen Verkehrsregeln sind im »Highway Code« zusammengefaßt, den es kostenlos gibt bei The Automobile Association (AA), The Royal Automobile Club (RAC) oder bei der Britischen Zentrale für Fremdenverkehr (siehe Adressenliste). Der »Code« enthält nicht nur die wichtigsten Straßenbestimmungen, sondern auch die Straßenschilder, von denen die meisten zwar mit den hiesigen identisch sind, einige jedoch ausschließlich in Großbritannien aufgestellt sind.

Mit strenger Bestrafung muß rechnen, wer dem Ale oder dem Stout zu sehr zugesprochen hat und sich dann ans Steuer setzt: In Großbritannien ist ein Promillegehalt bis 0,8 erlaubt. Der Kraftfahrer, der gegen diese Regel verstößt und erwischt wird, erhält automatisch ein einjähriges Fahrverbot im Vereinigten Königreich und wird außerdem zu einer Geld- oder Freiheitsstrafe verurteilt.

In geschlossenen Ortschaften beträgt die erlaubte Höchstgeschwindigkeit 48 km/h (30 Meilen/h), sofern nicht eine höhere Geschwindigkeit ausgeschildert ist. Auf Autobahnen und allen Straßen mit getrennten Fahrbahnen dürfen bis zu 112 km/h (70 m/h) gefahren werden. Sonst liegt das Tempolimit bei 96 km/h (60 m/h).

Haftpflichtversicherungszwang besteht in Großbritannien für Personenschäden, nicht aber für Sachschäden. Für Autofahrer ist es jedoch ratsam, vor der Abreise eine Kurzkaskoversicherung abzuschließen. Bei Versicherungspolicen sollte vorher geprüft werden, ob Seefahrtsrisiko und Gepäckversicherung (für die Fährüberfahrt) besteht.

Unterkünfte und Verpflegung

Hilfe bei der Suche nach einem Quartier bietet ein von der Britischen Zentrale für Tourismus herausgegebener Hotelführer »Britain Hotel & Restaurant 1982/83«.

Geeignete Unterkünfte gibt es in Großbritannien für jeden Geldbeutel und jeden Anspruch. Vom komfortablen Hotel, modern oder in historischen Mauern, über Pensionen, Bauernhöfen bis zu den privaten Vermietern mit ihrem »Bed & Breakfast«. Ferienhäuser werden in allen Landesteilen angeboten. Selbst bei Reisen auf eigene Faust und ohne vorherige Zimmerreservierung läßt sich immer ein »Bed & Breakfast« finden. Probleme könnte es aber in London oder Edinburgh geben, deshalb empfiehlt sich hier eine Reservierung.

Das »Haus-Tausch« ist eine weitere Möglichkeit: Man verbringt die Ferien in der Wohnung oder dem Haus einer britischen Familie, während diese ihren Urlaub im Haus der Gäste verlebt. Zu zahlen ist nur eine Bearbeitungsgeführ für die Agentur Home Rooms Ltd. (siehe Adressenliste). Jugendliche finden in den Semesterferien in manchen Universitäten und Colleges preiswerte Quartiere, Interessenten wenden sich an British Universities Accommodation Consortium (siehe Adressenliste).

In allen Teilen Großbritanniens sind gute Campingplätze eingerichtet. Die von den National Tourist Boards registrierten Plätze sind in einer Broschüre der Britischen Zentrale für Fremdenverkehr zusammengefaßt. Ansonsten geben Auskunft: The Camping and Caravanning Club sowie The Caravan Club (siehe Adressenliste). Nicht registrierte Plätze können Campingurlauber auch bei Bauern, an Gasthöfen und Tankstellen erfragen.

Auf den Zeltplätzen sollten sich die Reisenden möglichst früh am Tage einfinden, wenn sie nicht angemeldet sind; dies gilt besonders für die Monate zwischen Juli und September und vorzugsweise am Meer und an Seen.

Wohnmobil-Fahrer müssen auch in Großbritannien nicht auf das rollende Heim verzichten, selbst wenn sie das eigene nicht mitnehmen wollen. Einige kontinentaleuropäische Veranstalter offerieren einen solchen Urlaub, Auskünfte hierüber geben die Reisebüros.

Böse Zungen behaupten, das typisch britische Essen sei ungenießbar. Der Reisende kann sich – mit Glück oder einem guten Führer – vom Gegenteil überzeugen.

Der Tag der Briten beginnt bekannterweise üppig: Nach dem »early morning tea« folgt das »English breakfast« mit Fruchtsäften, Porridge (Haferbrei schottischen Ursprungs), gegrilltem Fleisch, Nieren, Würstchen, Speck, Schinken, Tomaten, Rühr- oder Spiegelei, Toast Marmelade, Jam, Honig, Tee, Kaffee.

Wer das bewältigt hat, schafft zum Mittag nur noch ein leichtes »Lunch«, wenn man sich nicht gerade mit Sandwiches oder den berühmten »fish and chips«, gewürzt mit Essig, zufriedengibt.

Gegen 17 Uhr wird zum »afternoon tea« gebeten, wo es Tee und Kleingebäck gibt, oder aber zum »high tea«, dem »großen« Nachmittagstee, zu dem mehr aufgetischt wird: Toast, warme

Brötchen, Butter, Konfitüre, Gebäck und oft phantasievoll belegte Sandwiches.

Dinner gibt es ungefähr ab 19 Uhr. In sehr guten Restaurants wird bei dieser Gelegenheit Abendkleidung vorgeschrieben.

Lieblingsgetränke der Briten sind – wie könnte es anders sein – Tee und Bier. Die zahlreichen Brauereien des Landes bieten eine große Auswahl an Biersorten. Im Südosten Englands wird wegen des milden Klimas sogar erfolgreich Wein angebaut, und zwar trockene Weißweine. Wer nach Schottland reist, wird nicht am Whisky vorbeikommen, Nordirland-Urlauber müssen natürlich den dortigen Whisky probieren. Die britische Küche ist durchaus abwechslungsreich: Als Vorspeise kann man beispielsweise in Schottland eine »kipper paste« (Heringspastete) bestellen oder »potted hough« (Rindfleischsülze), Austern und »cockels« (Muscheln) in Wales, sonst auch Krebse, geräucherter Lachs und kleine, mit feinem Ragout gefüllte Pasteten.

In Nordirland steht »Clam soup« (aus frischen Venusmuscheln) auf dem Speiseplan, »cock-a-leekie« ist eine schottische Hühnersuppe mit Lauch. Die walisische »leek and potatoe soup« wird aus Lauch, Kartoffeln und Hühnerbrühe gekocht.

Als Hauptgericht sollten Reisende neben den bekannten Speisen wie Roastbeef mit Yorkshirepudding (eine Teigspeise als Beilage) oder Lammkeule mit Mintsauce (die Sauce, auch als Gelee serviert, ist nicht jedermanns Sache) einmal eines der zahlreichen britischen Fischgerichte probieren: zum Beispiel »baked Bream«, ein Süßwasserfisch, der nur in britischen Gewässern lebt; oder schottischen »finnan haddock«, gesalzener und geräucherter Schellfisch; ein Leckerbissen ist sicher auch »halibut Bristol«, ein im Ofen gebackener Heilbutt.

Zur Jagdsaison kommen Wildgerichte und Fasane und Moorhühner auf den Restauranttisch. Beef stew ist geschmortes Rindfleisch, das zum Beispiel als »Welsh stew« mit Lauch, als »Exeter Stew« mit Karotten und Rüben oder als »devilled stew« mit Senf, Essig und Zwiebeln serviert wird.

Zum Abschluß eines Essens bevorzugen die Briten Puddings: apple and honey pudding, Caledonian cream, custard pudding (Vanille), Syllabub (aus Wein oder Bier).

»Echte« britische Gerichte werden in Gaststätten gekocht, die eines der Schilder »Taste of England«, »Taste of Scotland« oder »Taste of Wales« aushängen haben.

Öffnungszeiten und Trinkgelder

Die britischen Banken sind in der Regel von Montag bis Freitag von 9.30 bis 15.30 geöffnet. In Schottland haben sie von Montag bis Donnerstag über Mittag meist eine Stunde geschlossen (12.30 bis 13.30 Uhr), sind dafür aber am Donnerstag zusätzlich von 16.30 bis 18.00 auf. In Nordirland werden die Bankschalter erst um 10 Uhr geöffnet und ebenfalls über Mittag geschlossen. Einkäufe können in der Regel von montags bis freitags zwischen 9 und 17.30 Uhr gemacht werden, sonnabends von 9 bis 13 Uhr (Supermärkte haben teilweise auch bis 17.30 Uhr auf). In den Warenhäusern der Großstädte wird an einem Tag der Woche – meist mittwochs oder donnerstags – bis 20 Uhr verkauft.

Wer in einen Pub einkehren will, kann sich werktags zwischen 11 und 22.30 Uhr dort ein Bier zapfen lassen, nachmittags wird zwischen 14 und 17.30 Uhr geschlossen. Die Londoner Pubs haben in der Woche noch eine halbe Stunde länger Betrieb, sonntags auch hier zwischen 22 und 22.30 Uhr Feierabend, in Nordirland und Wales machen sie am Sonntag gar nicht erst auf. Nach Inkrafttreten des neuen Ausschankgesetzes sind in Schottland jetzt auch viele Pubs am Sonntag geöffnet.

Es gibt auch in Großbritannien keine feste Regeln, wieviel Trinkgeld zu geben ist, fest steht nur, daß hier wie überall auf der Welt für kleine Dienstleistungen ein Extra-Tip erwartet wird. Viele Hotels berechnen 10 bis 12 1/2 Prozent Bedienungszuschlag, einige große Hotels sogar 15 Prozent. Sofern nicht extra auf der Rechnung aufgeführt, ist es üblich, unter dem Personal etwa 10 bis 12 Prozent des zu zahlenden Betrages zu verteilen. Taxifahrer erwarten etwa 10 bis 15 Prozent des Fahrpreises, etwas mehr sollte der Reisende geben, wenn diese beim Tragen des Gepäcks mithelfen.

Telefonverbindungen und Feiertage

Die Telefonvorwahl für Großbritannien von der Bundesrepublik Deutschland, Österreich und der Schweiz aus ist 0044. Wer von England aus in Deutschland anrufen will, wählt zuerst 01049. Für Anrufe nach Österreich ist die Vorwahl 01043, Schweiz-Telefonate müssen stets mit der Nummer 01041 beginnen.

Gesetzliche Feiertage in England, Wales und Nordirland sind:
1. Januar; 17. März (St. Patrick's Day), (nur in Nordirland), Karfreitag, Ostersonntag und -montag (Osterdienstag auch in Nordirland), May Day (erste Maitage, variierend), letzter Montag im Mai (Spring Bank Holiday), 12. Juli (Orangeman's Day), nur in Nordirland, letzter Montag im August (Late Summer Holiday), 1. und 2. Weihnachtsfeiertag.
In Schottland: 1. und 2. Januar. Die übrigen Feiertage haben in Schottland abweichende Daten.

Adressenliste

Diplomatische Vertretung der Bundesrepublik Deutschland:
London SW1X8PZ (Botschaft), 23 Belgrave Square, Tel. (01) 235 50 33

Diplomatische Vertretung Österreichs:
London SW1X 8HU (Botschaft), 18 Belgrave Mews West, Tel. (01) 235 37 31

Diplomatische Vertretung der Schweiz:
London W1H 2BQ (Botschaft), 16–18 Montague Place, Tel. (01) 723 07 01

Königlich Britische Botschaft:
D-5300 Bonn 1, Friedrich-Ebert-Allee 77, Tel. (0228) 23 40 61
A-1030 Wien, Reisnerstraße 40, Tel. (0222) 73 15 75/9
CH-3005 Bern, Thunstraße 50, Tel. (031) 44 50 21-6

Britische Zentrale für Fremdenverkehr:
D-6000 Frankfurt, Neue Mainzer Straße 22, Tel. (0611) 23 64 28-29
A-1040 Wien, Wiedener Hauptstraße 5/8, Tel. (0222) 65 03 76
CH-8001 Zürich, Limmatquai 78, Tel. (051) 47 42 97

In Großbritannien:
London SW1, Queen's House, St. James's Street 64, Tel. (01) 629 91 91

English Tourist Board, 4 Grosvenor Gardens, London SW1W0DU
Scottish Tourist Board, Edinburgh EH4 3EU, 23 Ravelston Terrace, Tel. (031) 332 24 33
Wales Tourist Board, Cardiff CF1 2RE, 3 Castle Street, Tel. (0222) 27 28 1
Northern Ireland Tourist Board, D-6000 Frankfurt, Neue Mainzer Str. 22, Tel. (0611) 23 45 04
Belfast BT1 2DS, River House, 48 High Street, Tel. (0232) 31 21 21

Autoclubs

The Royal Automobile Club, 83–85 Pall Mall, London SW1Y 5HB, Tel. (01) 930 43 43

The Automobile Association, Fanum House, Basingstoke RG21 2EA, Tel. (0256) 2 01 23

Fluggesellschaften

British Airways, Speedbird House, Heathrow Airport (London), Hounslow, Middlesex, Tel. (01) 759 55 11

D-1000 Berlin, Europa Center, Tel. (030) 2 61 60 36

A-1010 Wien, Kärntner Ring 10, Tel. (0222) 65 76 90

CH-8023 Zürich, Schweizergasse 21, Tel. (01) 25 26 22

British Caledonian Airways

Gatwick Airport (London), Horley, Surrey, Tel. (0293) 2 78 90

D-6000 Frankfurt, Roßmarkt 23, Tel. (0611) 28 32 81

DAN-AIR Service

Bilbao House, 36–38 New Broad Street, London EC2 M1NH, Tel.(01) 283 42 88

D-1000 Berlin 52, Flughafen Tegel, Tel. (030) 41 01 27 20

British Midland Airways, East Midlands Airport, Derby DE7 2SB, Tel. (0332) 3 11 11

Bahn/Bus

British Railways, D-6000 Frankfurt, Neue Mainzer Str. 22, Tel. (0611) 23 23 81

National Travel Office, Victoria Coach Station, Buckingham Palace Road, London SW1W 9TP, Tel. (01) 730 02 02

Joint Tourist Ticket, Wharf Station, Tywyn, Gwynedd LL36 9EY

Scottish Omnibuses, Bus Station, St. Andrew Square, Edinburgh, Tel. (031) 556 82 31

Camping

The Camping and Caravanning Club, 11. Lower Grosvenor Place, London SW1W 0EY

The Caravan Club, East Grinstead House, East Grinstead, West Sussex

Fährlinien

Hamburg/Bremerhaven–Harwich

DFDS Prinzenlinie, D-2000 Hamburg 50, Jessenstraße 4, Tel. (040) 389 03-71

Scheveningen–Great Yarmouth

Norfolk Line B.V., Scheveningen/Niederlande, Kranenburgweg 211, Tel. (070) 51 46 01

Rotterdam–Hull

North Sea Ferries B.V., NL-3180 AC Rozenburg ZH, Postfach 11 23, Tel. (01819) 6 20 77

Hoek van Holland–Harwich

Generalvertretung der Britischen Eisenbahnen (siehe Bahn/Bus)

Generalvertretung der Stroomvaart Maatschappij Zeeland SMZ, D-5000 Köln 1, Schildergasse 84, Tel. (0221) 23 14 34

British Rail, CH-4002 Basel, Centralbahnplatz 9, Tel. (061) 23 14 04

Vlissingen–Sheerness

Olau Line, D-2000 Hamburg 11, Mattentwiete 8, Tel. (040) 36 01 1

D-4000 Düsseldorf 1, Immermannstr. 54, Tel. (0211) 35 33 88

Zeebrügge–Felixstowe und Dover Townsend Thoresen Car Ferries

D-4000 Düsseldorf, Graf-Adolf-Straße 41, Tel. (0211) 37 80 81

CH-8032 Zürich, Gottfried-Keller-Straße 7, Tel. (01) 69 47 77

ÖAMTC

A-1010 Wien, Schubertring 3, Tel. (0222) 75 26 01

RUEFA Reisen

A-1010 Wien, Fleischmarkt 1, Tel. (0222) 66 36 26

Zeebrügge–Hull

North Sea Ferries (Belgium) N.V., B-8380 Zeebrügge, Prins Filipsdok, Lancelot Blondeellaan, Tel. (050) 54 56 01

Ostende–Dover und Folkestone

Generalvertretungen der Britischen Eisenbahnen (siehe Bahn/Bus)

Generalvertretung der Belgischen Seetransport Verwaltung, D-5000 Köln 1, im Hauptbahnhof, Tel. (0221) 13 49 82

British Rail Basel (siehe Hoek van Holland–Hull)

Dünkirchen–Dover

Generalvertretung der Britischen Eisenbahnen (siehe Bahn/Bus)

British Rail Basel (siehe Hoek van Holland—Hull)
Calais—Ramsgate (Hoverspeed-Luftkissenboot)
Generalvertretung der Britischen Eisenbahnen (siehe Bahn/Bus)
Calais—Dover
Townsend Thoresen Car Ferries (siehe Zeebrügge—Felixstowe und Dover)
ÖAMTC (siehe Zeebrügge—Felixstowe und Dover)
RUEFA Reisen (siehe Zeebrügge—Felixstowe und Dover)
Generalvertretung der Britischen Eisenbahnen (siehe Bahn/Bus)
British Rail Basel (siehe Hoek van Holland—Hull)
Calais—Folkestone
Generalvertretung der Britischen Eisenbahnen (siehe Bahn/Bus)
British Rail Basel (siehe Hoek van Holland—Hull)

Wandern

Countryside Commission, John Dower House, Crescent Place, Cheltenham GL50 3RA
The Forestry Commission, 231 Corstorphine Road, Edinburgh EH12 7AT

Reiten

The Association of British Riding Schools, 56 Green End Road, Sawtry, Huntington, Cambridgeshire PE17 5UY
The British Horse Society, National Equestrian Centre, Kenilworth, Warwickshire

Sprachferien

The Association of Recognised English Language Schools (ARELS), 125 High Holborn, London WC1V 6QD, Tel. (01) 242 31 36/7
The Federation of English Language Course Organisations (FELCO), 28a York Street, London W1, Tel. (01) 935 57 43

Unterkünfte

Home Rooms Ltd., 7 Provost Road, London NW3 4 ST, Tel. (01) 722 89 73
British Universities Accommodation Consortium, Box U32, University Park, Nottingham NG7 2 RD

Autoren- und Quellenverzeichnis

Es war ein britischer Schriftsteller und Politiker, Edward George Earl Bulwer-Lytton (1804-1873), der eines der schmeichelhaftesten Attribute für die Deutschen schuf: das »Volk der Dichter und Denker«. Doch diese Zuneigung war immer schon gegenseitiger Natur, in allen Epochen besuchten deutsche Autoren oft und gerne die große Insel in der Nordsee und berichteten darüber in ihren Werken. Das ist bis heute unverändert und spiegelt sich wider in der deutschsprachigen Presse: Über kein anderes Land jenseits unserer Grenzen werden wir so kontinuierlich informiert. Das gilt auch für die Reiseseiten der Zeitungen, Großbritannien ist da ein sehr geschätztes Thema. Einige Autoren sind mittlerweile Spezialisten für das Vereinigte Königreich, dies spiegelt sich auch in der Liste der Mitarbeiter dieses Bandes wider.

Ein Spezialist besonderer Art ist **Erich Loest**, der die Hauptstadt dieses Landes detailliert schildern mußte, ohne sie je gesehen zu haben. Der Schriftsteller wurde 1926 in Mittweida bei Chemnitz geboren. Nach dem Krieg engagierte er sich in der SED, aber seine Bücher deckten sich nicht mit der Auffassung der Partei. Er wurde schließlich aus dem Schriftstellerverband ausgeschlossen, dann verhaftet und wegen angeblich »konterrevolutionärer Gruppenbildung« zu sieben Jahren Haft im Zuchthaus Bautzen verurteilt. Seit 1978 lebt er in Osnabrück, 1981 wurde Loest mit dem Hans-Fallada-Preis ausgezeichnet. Sein London-Beitrag erschien in der »Zeit«. In der »Frankfurter Allgemeinen Zeitung« und im »Mannheimer Morgen« erschienen die hier übernommenen Beiträge von **Ingeborg Meyer-Sickendiek**. Die gebürtige Münsteranerin hat die Britischen Inseln häufig bereist, ihr jüngstes Buch schildert die Missionsbemühungen irischer Mönche auf dem europäischen Festland. Im hessischen Groß-Karben wurde **Silvia Lehner** geboren, die nach dem Abitur in München Zeitungswissenschaften studierte, ehe sie in die Reiseredaktion des »Rheinischen Merkurs« eintrat. Dort erschien auch ihre Schilderung einer poetischen Tour durch das Themsetal. Die Autorin lebt heute als freie Journalistin in Frankfurt.
In dieser Stadt ist jetzt auch **Dr. Hans-Joachim Nimtz** tätig. Er wurde 1928 in Konstanz geboren und studierte Historische Wissenschaften in Heidelberg und Oxford. Nach dem Studium zog es den Journalisten bald wieder über den Kanal, für die »Ruhr-Nachrichten« und den »Hessischen Rundfunk« ging er als England-Korrespondent nach London. Anfang 1980 kehr-

te er nach Deutschland zurück und übernahm die Chefredaktion der »Frankfurter Neuen Presse«. In dieser Zeitung erschien auch sein Beitrag über die britischen Kathedralen. Großbritannien besonders verbunden fühlt sich ebenfalls **Henry Braunschweig**, was angesichts seiner maritimen Vorlieben nicht verwunderlich ist. Der 1922 in Berlin geborene Reisejournalist lebt heute in Frankfurt, der einstige Schiffsjunge ist aber fast ständig auf allen Meeren und Binnengewässern unterwegs, um entsprechende Reiseberichte für eine Vielzahl deutscher Zeitungen, Magazine und Fachblätter für Wassersportler zu verfassen. Auch **Joachim Wille** arbeitet in Frankfurt, in der Lokalredaktion der »Frankfurter Rundschau«. Im Reiseteil dieses Blattes erschien sein Bericht aus York, wo er einen Teil seines Studiums verbrachte. In Bochum, Mainz und seiner Geburtsstadt Frankfurt (1956) studierte er Germanistik, Anglistik und Politik.

Nach seinem Studium in Hamburg und München ging **Hans Dieter Kley** nach Großbritannien und in die USA, ehe er sich in München als freier Journalist und Mitarbeiter vieler Zeitungen und Zeitschriften niederließ. Wobei man das mit dem »niederlassen« nicht wörtlich nehmen darf. Der Bielefelder vom Jahrgang 1933 ist ständig in der ganzen Welt unterwegs, um Stoff für neue Reportagen zu sammeln. Sein Bericht über den Hadrianswall erschien in der »Neuen Zürcher Zeitung«. Redaktionsmitglied des »Zeit-Magazins« ist **Dr. Peter Sager**, der 1945 in Sielbeck/Schleswig-Holstein geboren wurde. Nach seinem Studium in Bonn arbeitete er als Kunstkritiker und Rundfunkredakteur in Köln. Seit 1975 gehört er als Reporter zur Redaktion der »Zeit«, in der auch viele seiner Großbritannien-Berichte erschienen sind; andere wurden in der »Frankfurter Allgemeinen Zeitung« oder in »Westermanns Monatsheften« abgedruckt. Sager hat mehrere Kunstführer und Reiseführer über England und Schottland geschrieben. In der »Zeit« erschienen auch die Berichte des treuen England-Reisenden **Ernst Hess**. Er wurde 1944 in Schlangenbad im Taunus geboren, studierte Rechtswissenschaften und Geschichte; heute lebt er als Rechtsanwalt in Heidelberg und ist ständiger Mitarbeiter der »Zeit«.

Für die Hamburger Wochenzeitung, aber auch für andere führende Blätter schreibt **Christoph Wendt**. Der freie Journalist, Jahrgang 1935, studierte Geographie und Kunstgeschichte, ehe er sich der schreibenden Zunft zuwandte. **Julie Stewart**, eine freie Journalistin aus Deutschland, ist verheiratet mit einem Schotten und lebt bereits seit langen Jahren in Edinburgh. Sie lehrt an der Universität von Aberdeen Deutsch. Sie arbeitet für eine Reihe deutscher Blätter und ist Mitautorin eines Schottland-Reiseführers. Ihr Bericht über Nordirland erschien in der »Zeit«. In der »Schönen Welt« des Süddeutschen Verlags in München erschienen die hier übernommenen Beiträge von **Dieter Wachholz**. Der Münchner, Jahrgang 1951, besuchte nach dem Gymnasium die Deutsche Journalistenschule in seiner Vaterstadt. Nach dem Abschluß arbeitete er eine Reihe von Jahren im Süddeutschen Verlag, ehe er sich als freier Journalist selbständig machte.

Als Koordinator der »Aktion Sühnezeichen« war **Elmar Schenkel** anderthalb Jahre in Großbritannien. Der 1953 in Hovestadt/Westfalen geborene Autor studierte in Marburg und Freiburg Neuere Sprachen, er ist jetzt am Englischen Seminar der Freiburger Universität beschäftigt. Sein Bericht erschien in der »Zeit«. Seit zwölf Jahren lebt und arbeitet **Franz-Josef Oller** in München. Der Gelsenkirchner, geboren 1944, gehört dem Redaktionsstab der »Schönen Welt« an, für eine Reportage in diesem Bundesbahn-Magazin rollte er über die Gleise von Wales. Zwei Jahre lang, von 1975 bis 1977, arbeitete **Horst Bacia** als Lektor an einer englischen Universität, ehe er in die Nachrichtenredaktion der »Frankfurter Allgemeinen Zeitung« eintrat. Er wurde 1946 in Bad Lauterberg im Harz geboren, an der Universität Freiburg studierte er nach dem Abitur Geschichte, Germanistik und Politik. Seinen Beitrag über Bath schrieb er für das Magazin der FAZ.

Dr. Bernd Rink, geboren 1945, studierte Anglistik, Philosophie, Kunstgeschichte und Geschichte; er promovierte über ein historisches Thema und ist heute in Bad Salzuflen in der Weiterbildung tätig, arbeitet aber auch als Journalist. Seine hier übernommenen Beiträge erschienen in der »Süddeutschen Zeitung«. Im schleswig-holsteinischen Eutin wurde 1922 **Heinz Ohff** geboren. In München, Heidelberg und Chicago studierte er Kunstgeschichte, dieses Wissen brachte er in seine journalistische Arbeit ein. Seit 1962 ist er Ressortleiter des Feuilletons beim Berliner »Tagesspiegel«, in dem auch sein Bodmin-Beitrag erschien. In Bukarest wurde **Nana Claudia Nenzel** geboren; an der Frankfurter Universität studierte sie Germanistik und Kunstgeschichte. Seit 1974 arbeitet sie als Buchautorin und freie Reisejournalistin in München. Sie schrieb Reiseführer über die italienischen Gebiete Toscana, Lombardei und Sardinien, ein Fernreise-Lexikon und zwei Reisebücher über »Traumstrände« zählen zu ihren weiteren Veröffentlichungen. Ihr Scilly-Text erschien im »Tagesspiegel«.

Eine gebürtige Braunschweigerin ist **Dr. Carola Lentz**. Die Gymnasiallehrerin, die über das Thema »Agrar-Ethnologie« promovierte, lebt und arbeitet heute in Göttingen, eines ihrer Spezialgebiete ist die Aufnahme mündlicher Traditionen. Ihr Bericht aus Cornwall erschien in der »Zeit«. Stuttgarterin ist **Annerose Lohberg-Goelz**, die nach der Schulzeit in Frankfurt Theater- und Zeitungswissenschaften studierte. Um bei Gunter R. Eggert den Tanz in seinen klassischen und modernen Formen zu studieren, kehrte sie nach Stuttgart zurück. Unweit der schwäbischen Metropole führt sie heute gemeinsam mit ihrem Ehemann ein Redaktionsbüro. Als freie Autorin ist sie darüber hinaus für den Süddeutschen Rundfunk und eine Reihe von Zeitungen und Zeitschriften tätig. Ihr Guernsey-Artikel erschien im Reiseblatt der »Frankfurter Allgemeinen Zeitung«. Im französischen Nantes wurde **Gabrielle Wittkop-Menardeau** geboren. Im Jahr 1946 kam sie nach Deutschland, literarisch war sie mit dem Nachbarland längst vertraut. Hier veröffentlichte sie unter anderem zwei Bücher über E.T.A. Hoffmann, in Frankreich ist sie bekannt als Autorin von Novellen und Romanen mit einem von ihr geschätzten dekadenten Unterton. Gemeinsam mit ihrem Mann schrieb sie ein Paris-Buch, sie ist unter anderem Mitarbeiterin im Abendstudio des Hessischen Rundfunks und bei der »Frankfurter Allgemeinen Zeitung«, in der ihr Jersey-Beitrag erschien.

Peter Hays, ein Brite, der seit 1967 in Deutschland lebt, bezeichnet sich selbst als »Allround-Reporter und Gesinnungs-Trinker«. Der Autor, Jahrgang 1944, schloß in Großbritannien sein Studium deutscher und französischer Literaturgeschichte ab, ehe er sich dem Kontinent zuwandte. Er lebt heute bei München und arbeitet in der bayerischen Metropole, in der Redaktion von »Ambiente«. Führende Zeitungen und Zeitschriften schätzen seine Mitarbeit, der Beitrag über Sark erschien im Magazin der »Frankfurter Allgemeinen Zeitung«. Zur Redaktion dieses Magazins gehört **Dieter Vogt**, in diesem Magazin erschien auch sein Artikel über Brighton. Der Frankfurter, geboren 1937, blieb damit seiner Heimatstadt zwar treu, er verläßt sie aber, so oft sich ihm ein Luftweg öffnet. Der begeisterte Pilot, der 1977 für seine publizistischen Arbeiten zum Thema Luftfahrt mit der »Goldenen Dädalus-Medaille« geehrt wurde, ist auch mit seinen Rollenreportagen vom Müllmann bis zum Fließbandarbeiter in einer Reihe von Anthologien vertreten. Fremd war **Rosemarie Noack** die Umgebung von Managern und Handelsleuten in Ihrem Sprachkursus nicht, die Reiseredakteurin der »Frankfurter Rundschau« war vor ihrem Überwechseln in das publizistische Lager eine ausgebildete Industriekauffrau. Heute hat sie sich auf tourismuswissenschaftliche Fragestellungen und auf Reportagen für die Zeit-und-Bild-Seiten ihres Blattes spezialisiert.

Gigi Dethleffsen wurde in Bredstedt in Nordfriesland geboren. Sie gehörte zeitweise den Redaktionen von »Schöner Wohnen« und der »Welt am Sonntag« an, heute lebt sie als freie Journalistin und Autorin in Hamburg. Für die deutsche »Vogue« ist sie als Korrespondentin in der Hansestadt, für das Fernsehen hat sie mehrere Drehbücher geschrieben. Ihr Bericht aus Glyndebourne erschien im »Hamburger Abendblatt«. **Dr. Klaus Viedebantt**, 1943 in Krefeld geboren, ist Leiter des Reiseressorts der »Zeit« und Mitherausgeber der Heyne-Reisebücher. Seine bekannteste Buchveröffentlichung ist der Band »30mal Australien« in der Reihe »Panoramen der Welt«. **Hella Leißner** aus der Reiseredaktion der »Zeit« stellte die historische Zeittafel, die Großbritannien-Tips und die Adressenliste zusammen. Die gebürtige Hamburgerin hat schon eine Reihe von Beiträgen für Taschenbücher verfaßt.

Register

269